圈子的智慧

的智慧

政治舞台上的圈子藝術
大小官員要知道的基本功課

[張健鵬、陳亞明 ◎著]

目　錄

中國古代政治舞臺上圈子藝術　　中國古代大小官員的基本功課

第一部分

在中國古代政治系統中，「圈子」是一個非常重要的關鍵字。

對圈子的研究和經營，可以說是古代政治官員最重要的基本功之一。小人物要選好圈子，設法投靠加入，並逐漸在其中提升自己的地位；大人物要組建經營好自己的圈子，上下其手，形成自己的資本和勢力；最高級的領導者（如皇帝）則要平衡好各種圈子：讓其存在並競爭，但不能容忍其中一支勢力太大而威脅到自己的地位。

第二部分

如果圈子中除了領袖，只有一個全面型的二把手作為次級核心的話，那領袖晚上肯定睡不著覺；如果有兩個次級核心的話，這兩個人很容易聯合起來共同謀逆——最高首長很容易成為他們共同的敵人，而三個人聯合的難度要大得多；再者，如果沒有得力的次級核心和幹部，也不行，事情辦不成了。

作為最高領導，隨時要掌握全局，不可能讓其中的一股勢力發展壯大到威脅其他兩人的地步，更不要說威脅自己了。

最頭疼的難題之一。

她十四歲進宮時，微不足道，也許有可能在侍奉太宗時偷學了一些處理政務的基本常識，但唯一的階段成果就是「結識」了太子李治，這也僅僅是一線縹緲的希望。及至高宗接她回宮，武則天就有了一個新的舞臺，進入了一個新的圈子，在站穩腳跟、爭取皇后之位的一系列鬥爭中，她手腕之狠辣老到，對局勢的把握，運用一切可以利用的力量和手段，無所不用其極，充分顯示出了她的不尋常之處。等登上皇后寶座，武則天已經處於後宮的權力圈子核心，在後宮中已經沒有敵人和對手了。

但武則天夢寐以求的是進入最高層的權力圈子——國家的權力中樞。她新的對手是自己的丈夫以及一大群位居權力中樞的精英男人，還有就是無形的文化傳統——男權主義。

鬥爭進入了一個新的歷史階段。

在這種微妙的局勢下，不能輕舉妄動，可也絕不能完全不動，或長時間地不動——因為你在政治上越軟弱，就有可能幫助你的敵人越強大！有很多中間力量甚至是自己人都會對你失望，轉而去投靠敵人，使自己的力量逐漸耗散，再難凝聚！

政治學的奧妙無窮！

康熙要動，要不動聲色地動，要密，要狠，要準，還要快！

孫中山的「術」不如袁世凱，但其道德學識無疑均要高出袁許多，中山先生說：「世界潮流，浩浩蕩蕩。順之者昌，逆之者亡。」陰謀權術可以得逞於一時一地，又豈可改變得了歷史前進的方向？偉大政治家的高瞻遠矚，就是要把握歷史的潮流與方向，為人民謀福祉，帶領自己的國家與

人民，行進在正確的方向上，這是最基本的前提和最大的政治之「術」！
——偏離了這個根本，那麼再高明的權術和經營，也沒有用，且終將被人民和歷史拋棄！

第三部分

在任何政治利益集團中，一、二、三號等主要人物都要保持一個微妙的權力格局的平衡。這其中，二把手的角色是很困難的：他要臣服於一把手的權威之下，還要充分顯露自己的才華；太能幹了遭忌，不行的話又保不住自己的位置，容易被下面的人取而代之。也就是說，要自保——防住上下兩個方向的暗箭，還要做出成績——做好自己的分內工作，不能授人以柄。即便如此，綜觀中國古代歷史，作為丞相之類的二把手人物的下場多不美妙。

1、諸葛大名垂宇宙——政治家的典範　　　166

諸葛亮軍事上雖然計謀百出，但在政治上卻是君子之風，沒有什麼陰謀手段。這一點上，有點類似唐太宗。因為其有一個明確的站得住腳的政治理想，自己獻身於所追求的事業，公正無私，所作所為都是堂堂正正，大氣凜然——這是德才識能合為一體的大政治家的風範，可以說達到了政治的最高境界。

諸葛亮贏得了同事、百姓以至敵人、對手的由衷的尊敬。諸葛亮逝世的消息傳到成都，官民哀慟，奔走哭泣。現在還有這樣的傳說，老輩的四川人愛在頭上裹塊白布，是在給諸葛亮戴孝，這個孝一直戴了一千多年。

曾左彭胡四人，個個都是一等一的人才。他們出身和經歷雖然不同，但當天下大亂之時，卻都勇於任事，以書生之身領軍馳騁沙場。他們四人可謂是志同道合，有共同的理想和追求，道德人品上沒有問題，性格能力上又有較強的互補性，形成牢固的政治同盟，是一個經典的政治圈子典範。

古往今來，凡是成就大事者，無不需要一批人追隨左右，以及同僚的鼎力相助，那麼人家為什麼願意追隨你、幫助你呢？這四人再厲害，也僅僅只是一個強有力的領導班子而已，還需要中低層的大量幹部以及最基層的追隨者。

第四部分

我們前邊已經觀看了許多主角人物的表演，在這裏，我們所要研究的，就是舞臺的背景因素，藏在幕後的起決定性作用的諸多因素。

從秦漢到明清這兩千年間，在中國官場上形成了一套基本的傳統和制度，或者說是一種基本的遊戲規則。只要你登上這個舞臺，你就必須遵守這套規則，否則，你就無法表演下去。這不是小層次上的圈子、山頭、派系，而是大格局下的規則、條件、基礎，許多政治人物的命運，其實是由這些因素決定的。

第一部份
總論

在中國古代政治系統中，
「圈子」是一個非常重要的關鍵字。
對圈子的研究和經營，
可以說是古代政治官員最重要的基本功之一。
小人物要選好圈子，
設法投靠加入，並逐漸在其中提升自己的地位；
大人物要組建經營好自己的圈子，
上下其手，形成自己的資本和勢力；
最高級的領導者（如皇帝）則要平衡好各種圈子：
讓其存在並競爭，
但不能容忍其中一支勢力太大而威脅到自己的地位。

圈子裏的政治 —— 中國古代政治生態研究

一

圈子本是個數學名詞，標準的定義是：圓而中空的平面形；環形；環形的東西。引申到社會生活中，意指：集體的範圍或活動的範圍。

這個定義是簡潔而準確的，是普通老百姓所理解的圈子。在我們日常生活中，以自己為圓心，以不同的紐帶為半徑，就可以畫出不同的圈子：以血緣而定的親人親戚圈，以交際而定的朋友圈，一起工作的同事圈，此外還可以有同學圈、老鄉圈、娛樂圈等等，不一而足。

在社會職業框架上，我們也經常說各種圈子：演藝圈，體育圈，學術圈，政治圈……

圈子無所不在。

各種大大小小的圈子交織而存，各色人等也就生活在各種各樣的圈子中。有的人圈子多，有的人圈子少；有的人是圈子中重要人物，有的人就是跟著人家混；有的圈子慢慢變小甚至不存在了，有的圈子卻逐漸變大了；有的圈子很封閉，外人難以進入，充滿了神秘色彩，也有的圈子鬆散無序，散漫自由……

圈子給人一種歸屬感和安全感，這是每個人生存的心理需要。

二

在中國古代政治系統中,「圈子」是一個非常重要的關鍵字。

本書所要討論的就是中國古代政治舞臺上的「圈子藝術」。

在中國歷史上,政治官場一直是凌駕於百姓之上的特權系統,也因遠離普通民眾而充滿了神秘色彩。改朝換代,榮辱沉浮;「有人辭官歸故里,有人星夜趕科場」;有人呼風喚雨縱橫捭闔,有人蹉跎坎坷黯然失意;有人長袖善舞左右逢源,有人崖岸剛毅潔身自守;有人特立獨行君子和而不同,有人見風使舵結黨營私……

數千年的歷史舞臺,你方唱罷我登場,上演了無數精采故事。秦磚漢瓦,野草荒塚,又掩埋了多少王侯將相的是非成敗?

政治是一個很複雜的生態系統,得失成敗很難簡單地總結,政治人物的是非功過也很難用簡單的標準來衡量。但是,對於我們這些對歷史和政治都有些興趣的普通人來說,大可以用自己的方法去研讀舞臺臉譜和帷幕後隱藏的一些東西,見仁見智,自得其樂也!

圈子一說,在百姓而言只是個生活範圍的概念,但在政治系統中,卻是一個官員安身立命的本錢。在政治辭彙中,與圈子相近的表述還有很多:宗派,幫派,山頭,派系(或一般稱「××系」),黨羽,勢力,班子,集團(體)等等。

簡言之,一個官員置身於這個系統中,或主動自覺加入一個圈子,或無意識地捲入一個派系,或純粹是被別人當做是某某的「人」,多多少少都會被歸類和貼標籤。一個圈子就是一股政治勢力,要想完全置身事外,其結果很可能就是被邊緣化了:上邊沒有人照顧你,下邊也不會有人追隨你,孤家寡人一個,既成不了氣候,也就難以施展自己的抱負。「朝中有人好做官」——被人推薦賞識和提拔了,你就應該站到這個人的隊伍中,如左右搖擺,不但會被這個圈子拋棄,也很容易被別的

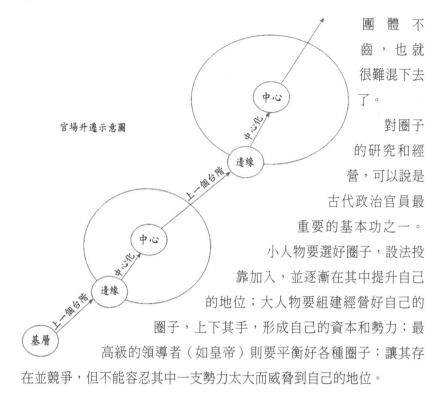

官場升遷示意圖

中心

中心化

邊緣

上一個台階

中心

中心化

邊緣

上一個台階

基層

團體不齒，也就很難混下去了。

對圈子的研究和經營，可以說是古代政治官員最重要的基本功之一。小人物要選好圈子，設法投靠加入，並逐漸在其中提升自己的地位；大人物要組建經營好自己的圈子，上下其手，形成自己的資本和勢力；最高級的領導者（如皇帝）則要平衡好各種圈子：讓其存在並競爭，但不能容忍其中一支勢力太大而威脅到自己的地位。

三

就圈子的組建和形成的目的而言，可以分出一定的層次來：

第一層面是志同道合，為了共同的政治理想而團結到一起的「君子」。在中國古代，這類人物基本上是一些理想色彩比較濃厚的讀書人，抱著「修身齊家治國平天下」的理想，「學而優則仕」，想為君王分憂，想為天下蒼生謀福利。范仲淹說得好：「是進亦憂，退亦憂，然則何時而樂也？其必曰，先天下之憂而憂，後天下之樂而樂。」

這一類人物因著共同的追求而逐漸走在一起，他們會互相欣賞和支持，同氣連枝，其中的優秀政治家也會為了達到自己的目的而採取一些

圈子
的智慧

必要的手段，但他們的目的基本上不是為了自己的私利，不是為自己的升官發財，而的確是憂國憂民，如果有點個人想法的話，無非也就是在青史上留個好名聲。

這些君子們如果能夠將理想和現實相結合，不是迂腐的書呆子，能夠隨機應變，能夠委曲求全，有些必要的政治謀略和手段，有些堅韌不拔的毅力，還能夠控制住自己的欲望，那麼多半能「內聖外王」，做出一番事業，成為後世所景仰的典範。這樣的一流人物注定了不會太多，但歷朝歷代都會有那麼幾個，如「漢初三傑」中的張良、蕭何，三國時的諸葛亮，唐時的有「房謀杜斷」之稱的房玄齡、杜如晦以及魏徵、郭子儀等，宋時的范仲淹，明時的戚繼光，清朝的曾國藩、左宗棠、胡林翼等等。

在上述的人物中，以我們大家都比較熟悉的清朝的四大中興名臣「曾左彭胡」以及其身後的湘系集團最具有代表性，我們在後文將分析個中細節，此處先按下不表。

另有一些人物是我們心目中的英雄，如岳飛、文天祥等，時勢也好，他們個人的局限也好，不能簡單地把他們劃分到政治家的陣營中來。還有一些人物評價起來就要複雜許多，如宋時的王安石、司馬光，明時的張居正以及東林黨人，晚清的李鴻章等等。他們都曾對當時的政局有巨大的影響，甚至左右了歷史的進程，但是非功過則難有定論。我們在以後的文章中對之將有所涉及和分析。

一般來說，受儒家「仁義禮智信」教育多年，從嚴格的科舉制度中「鯉魚躍龍門」者，道德學問還是可以的。我們不能因為少數才子科場失意和科舉實施數百年後的八股流弊就全盤否定科舉制度，須知，有西方學者甚至將科舉制度譽為中國的第五大發明。因為科舉制度確實實現了政治的部分平民化，使很多寒門子弟得以通過自己的努力而晉身上層，西方國家的文官制度在很大程度上就是借鑒中國的科舉制度演進而

成的。當然，關於科舉制度的討論時下仍非常熱鬧，我們只說其與本書主旨有關的部分。

我們還注意到一個特殊的圈子：清議派，或者稱之為清流。

從科場考試中脫穎而出而成為各級政府官員，是一個從讀書人到行政人才的轉變。有的人綜合素質本來就高，觸類旁通，經過簡單的實習即可勝任，爾後邊做邊學；但也有許多書生意氣很濃的，指點江山激揚文字，紙上談兵是高手，而一旦實際任事，就眼高手低了。再加上古代政治制度中特有的言官制度，即專門有一批御史、言官之類監督官員，可以「風聞上奏」，沒有事實根據也可以批評官員，向皇帝告狀，且說不對也沒有罪：他們就是國家發俸祿專門「說話」的——這大概就是清議派的由來。

沒有實際工作的壓力和責任，又專門挑做事情的人的錯——老百姓稱之為「站著說話不腰疼」，而對實際工作的人來說，非常頭疼這些慷慨激昂唱高調的傢伙，往往會無可奈何地長歎：「書生誤國啊！」如當年曾國藩處理天津教案，就差點被這些唱高調的清流毀掉一世英名，李鴻章獨撐晚清危局，無時無刻不受到輿論的攻擊……

大多數慷慨激昂的清流是「天下為公」，認為自己是在為江山社稷著想的，否則，就不成為清流，而成為「濁流」了。

在中國政治史上，這樣的「政治評論家」圈子是屢見不鮮的，他們往往會左右社會輿論，對政壇也有一定的影響力——有好的影響也有壞的影響。總體來說，這個「清流」圈子還是基本上可以歸入第一個層面的。但因為他們只是「動口不動手的君子」，即使他們位居要津，掌握了權力，往往也難有實際建樹。

明時的天啟年間，東林黨由於扶持熹宗即位有功而命運出現了轉機，當時的首輔劉一景、葉向高，吏部尚書趙南星、禮部尚書孫慎行，兵部尚書熊廷弼，都是東林黨人或東林的支持者，可以說明朝的軍事、

故宮中的銅獅子，象徵著權力的威嚴。

政治、文化、監察和人事大權全都被東林掌握，他們從在野的清流成為了主持朝政的主要力量，《明史》記述此時：「東林勢盛，眾正盈朝。」按理說，這是他們治理國政的最佳時機。然而，東林黨人的先天不足之處很快就暴露無遺。

當時的另外一大政治勢力是閹黨——以魏忠賢為核心人物的宦官集團。熹宗不喜歡管理朝政，只喜歡木工，經常沉溺於此，不覺厭倦，而魏忠賢總是等熹宗做木工的時候故意拿出一大堆奏章出來讓熹宗批閱，而熹宗這時總是不耐煩地讓魏忠賢去處理，時間長了，朝中大小事務都由要先請示魏忠賢，魏忠賢也就實際控制了朝政，被東林排斥的齊楚浙諸黨也爭相依附魏忠賢。魏忠賢排斥異己、收羅爪牙、建立了遍布各地的特務網路，時人甚至稱之為「九千歲」。

閹黨的行為引起了正直官員的痛恨。但書生君子難敵小人，他們唯一的手段就是上書彈劾，可碰上一個昏君，對魏忠賢寵信有加，這樣的招數豈能奏效？反過手來，魏忠賢對東林黨採取了殘酷的鎮壓行動，他借熊廷弼事件，誣東林黨的左光斗、楊漣、周起元、周順昌、繆昌期等人（後來這五人加上自殺的顧大章被稱為「前六君子」）有貪贓之罪，大肆搜捕東林黨人，許多著名的東林黨人冤死獄中，天啟六年，魏忠賢

又殺害了高攀龍、周起元、周順昌、繆昌期、周宗建、黃尊素、李應升七人（史稱「後七君子」），東林書院被限期全部拆毀，講學亦告中止。

曾經掌握朝政的東林黨，在短短四年後就被宦官魏忠賢驅盡殺絕，全部覆沒，其中的一個重要原因，就是他們坐而論道的本領一流，但實際政治中卻束手無策，在掌握政權的時候坐失良機。作為當權的群體力量，他們沒有趕快拿出一套行之有效的治國方案，解決現實問題，也沒有對敵人進行致命的打擊，而是津津樂道於君子小人的爭論中——以君子小人作為分野，凡是他們認為君子的一律贊成，凡是他們認為小人的一律反對，對人不對事，所以很快喪失了在朝中的優勢地位，被閹黨輕而易舉地消滅，成為千古冤案。

對於此類人物，雖然道德文章俱佳，但在政治上還是稚嫩了些，我們也只是點到為止，不做過多的討論了。

四

第二個層面可簡單定義為利益集團。這部分的人物相對前一部分來說，要「低級」一些：他們的才幹和抱負要小些，地位也低些，在圈子中多屬於二流人物，但他們人數眾多，枝葉繁雜，是政治系統中承上啟下的骨骼部分。他們所結成的圈子是一個建立在現實利益基礎上的集團。

公正地說，這些人並不是一開始就胸無大志自甘平庸的。初出道時，他們也同樣有理想有追求，是想做事業的熱血青年。但理想往往在現實面前被擊碎，幾番碰壁和挫折之後，他們無力改變現狀，畏難而退，變得世故和圓滑起來。宦海沉浮，伴君如伴虎，他們開始明哲保身，而且，經過多年的為官生涯，他們已經變成了大大小小的既得利益者——要保住這一切，他們免不了要媚上欺下，左右逢源，見風使舵……一句話，稜角被打磨掉了，他們庸碌但圓潤，不求有功但求無過。

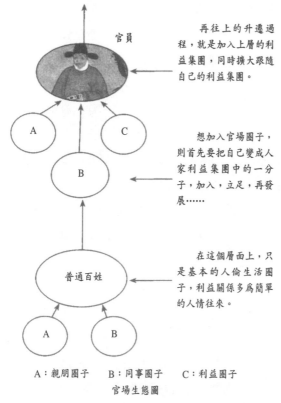

再往上的升遷過程，就是加入上層的利益集團，同時擴大跟隨自己的利益集團。

官員

想加入官場圈子，則首先要把自己變成人家利益集團中的一分子，加入，立足，再發展……

在這個層面上，只是基本的人倫生活圈子，利益關係多爲簡單的人情往來。

普通百姓

A：親朋圈子　　B：同事圈子　　C：利益圈子
官場生態圖

在這個層面，我們還要強調一點的是，他們也非大奸大惡，沒有什麼爲非作歹禍國殃民的惡跡。他們只是官僚系統中的普通人——有較多私心和較少犧牲精神的普通人，這樣的人在任何地方可能都是多數，是「棗核」中間圓突部分。本來，世界上就難說有絕對的好人和壞人，任何人的身上都有「好的成分」和「壞的成分」，大英雄和大奸臣都是少數，中間的大多數是一個系統的穩定成分。

在政治生態系統中，這部分人群的數量也是最多的，所以，雖然他們不是耀眼的明星，但往往是政治力量的基礎。

「人在江湖，身不由己」。江湖中恩怨情仇、門戶幫派也是一種圈子，圈子會形成一張潛在的大網，把你裹在其中，把你的命運同很多人聯繫在一起。

古代的政治江湖更是如此。對於眾多的官員來說，他們要解決好兩個最重要的問題：

第一個重要問題是跟對人，也就是站在哪一個陣營加入哪一個圈子

的問題。思考這個問題，一般要從幾個方面著手：

首先是政治勢力的大小。是權傾朝野如日中天呢，還是鋒頭已過在走下坡路？有沒有發展潛力？有沒有牢固的根基？核心領袖人物的前途如何？身體健康情況如何？性格如何？是一時的小人得勢還是長盛不衰？有沒有潛在的危機？……諸如此類的因素，不可不細細盤算，否則「一失足便成千古恨」啊！

曾國藩本人最終當然是歸屬於第一集團的，但他的政治生涯也並非一帆風順，他的細節我們將在後文展開，我們先來看一個小故事。

曾國藩帶湘軍圍剿太平天國時，清廷對其是一種極為複雜的態度：不用這個人吧，太平天國聲勢浩大，無人能敵；用吧，一則是漢人手握重兵，二則曾國藩的湘軍是曾一手建立的子弟兵，又怕對自己形成威脅。在這種指導思想下，對曾國藩的任用經常是用你辦事，不給高位實權。苦惱的曾國藩急需朝中重臣為自己撐腰說話，以消除清廷的疑慮。

忽一日，曾國藩在軍中得到胡林翼轉來的肅順的密函，得知這位精明幹練的顧命大臣在西太后面前薦自己出任兩江總督。曾國藩大喜過望，咸豐帝剛去世，太子年幼，顧命大臣雖說有數人之多，但實際上是肅順獨攬權柄，有他為自己說話，再好不過了。

曾國藩提筆想給肅順寫封信表示感謝。但寫了幾句，他就停下了。他知道肅順為人剛愎自用，很有些目空一切的味道，用今天的話來說，就是有才氣也有脾氣。他又想起西太后，這個女人現在雖沒有什麼動靜，但絕非常人，以曾國藩多年的閱人經驗來看，西太后心志極高，且權力欲強，又極富心機。肅順這種專權的做法能持續多久呢？西太后會同肅順合得來嗎？

思前想後，曾國藩沒有寫這封信。後來，肅順被西太后抄家問斬。在眾多官員討好肅順的信件中，獨無曾國藩的隻言片語。

其次是自己與理想中的圈子的淵源。能不能與其中的關鍵人物發生

直接的關係？諸如同鄉、同年（科舉考試時的同一屆）等等。自己能否體面地加入？以自己的身分在圈子中能處於什麼樣的位置？有沒有發展前途？自己能得到的眼前好處和長久利益是什麼？要付出什麼樣的代價和機會成本？……

第二個重要問題是要有人跟，也就是說你還需要經營好自己的小圈子。這個以你自己為核心的小圈子是你的重要政治本錢之一，它也決定了你在上一個層面的圈子中的地位。一個政治官員，要善於跟「上」，上邊要有人，也要善於禦「下」，下邊也要有人。要妥善分配好下層的利益關係，學會用各種手段團結人，用理想，用利益，等等。

歷史上有一個著名的「商山四皓」的故事。

漢高祖劉邦平定天下之後，一度非常寵信戚姬。戚姬一心想讓自己的兒子如意繼承王位，而劉邦也十分喜愛如意，呂后的兒子劉盈生性怯懦不討劉邦喜歡，劉邦有意廢掉太子劉盈另立劉如意。

為了鞏固兒子的太子地位，呂后求計於張良。張良本不想捲入這些麻煩事中，但禁不住呂后的哀求，便出主意讓呂后去請「商山四皓」來輔佐太子。所謂「商山四皓」就是商山之中的四位隱士，名叫東園公，綺里季，夏黃公，周里。這四位飽學之士先後為避秦亂而結茅山林。經過張良的穿針引線，劉邦都沒有請動的「商山四皓」被太子劉盈和呂后的誠心感動，答應出山，作太子的賓客。經過這四位長者的教導及潛移默化，劉盈的修養和見識大有長進。

一天，漢高祖劉邦與太子飲宴，見太子身後有四位從未見過的白髮老者侍候相隨，一問才知是「商山四皓」。四皓上前謝罪，言道：「陛下輕視謀臣，我等不願挨罵而隱居不仕；太子仁義，敬重士人，故此來投太子。」

劉邦回宮黯然對戚姬說道：太子羽翼已豐，不能再廢了。

羽翼已豐，班底已成，就有了勢力，就不會任人擺布了。足見在政

治角逐中，自己小圈子的重要性。當年秦王李世民玄武門政變能夠成功，不也是得益於秦王府的一班文臣武將嗎？

為官行政者，要組建自己的圈子，最忌諱的是貪婪和刻薄寡恩：好處和利益都歸功於自己，過失和責任推諉給下屬，而且對下屬嚴苛，少有籠絡和示恩。具體的行政事務千頭萬緒，再好的政策也必須要有得力的人手為你去實施，所以，沒有一支精明能幹忠心耿耿的隊伍，自己在政治上也很難有好的前途。

另外要注意的是，在歷史上，有許多的政治家自己並不貪婪，很精明，也有好的抱負和追求，但往往功敗垂成，其中的一個重要原因就是過於清廉：嚴於律己，也嚴於律人，結果「水至清則無魚，人至察則無徒」，不見容於上下以及同僚，搞得就剩下自己一個好人了，即使是很好的政策，也讓下邊的歪嘴和尚給念壞了。

給下屬利益和好處是最起碼的條件：人家跟著你有前途，那麼幹得才有勁。而且，必要的時候，還要保護他們，甚至是「護短」！——有個小毛病小問題，要能保住他們，因為他們是你的羽翼！羽翼被人家剪除了，你自己還怎麼飛？當然，如果是大的原則問題，那就只有怪自己管理不嚴了。

「有聲望，沒勢力」——這是一些政治家的致命傷之一。聲望固然重要，但只是面上的東西：無根的浮萍也很好看，可一陣風就給吹跑了。反觀另外一些人，也許沒什麼大「本事」，不顯山，不露水，可盤踞政壇多年，皇上都換了好幾任了，他還是個「常青樹」、「不倒翁」，怪哉乎？不怪也，他的勢力如同海平面下的冰山，大得很呢！政治上的角逐可不像我們在戲劇舞臺上看見的那麼簡單。大家見面都客客氣氣，桌子下拳腳相接，基本上都是「內功」和勢力的比拼，你死我活，來不得半點客氣和謙讓。

更多的時候，政治是一種妥協和平衡。局勢如此，高層的領導者也

雕刻著龍鳳圖案的故宮大殿前的台階，如同權力之階。

希望如此。

細察中國古代的政治歷史，我們會發現：如此廣大的疆域，自然需要龐大的行政管理系統。龐大的系統運行的時間久了，自然會有它的惰性和慣性，這些惰性和慣性造成了行政效率的低下，而任何改革新政又需要大部分原來的人馬去施行，道理很簡單，你不能把所有的人全換了吧？你不能把所有的事都做了吧？

在現實面前，就需要一定程度的妥協，新的政治力量與原有勢力的交鋒和均衡，至剛至猛的外功，不一定就能敵得過看不見的網和陰柔的太極拳。商鞅、王安石、張居正、雍正皇帝等等，都有過類似的教訓。其中北宋著名的政治家、文學家，「唐宋八大家」之一，「中國十一世紀的改革家」（列寧語）王安石的例子很具有代表性，他的新政與大多數人的意見相左，包括司馬光、蘇家三父子等，王安石就只好大力提拔「新貴」來實施自己的政策，結果……

所以說，古代政治系統中的這些「無名之輩」是很嚴密的關係圈子網，是盤根錯節的生態系統，是政治舞臺上表演不精采沒有太多掌聲的眾多配角似的人物，但他們卻是最基礎的力量。

任何一個優秀的政治家都不能輕視他們的力量。

　　還有一種圈子類型不得不提：那就是結黨營私的小人集團。

　　林子大了什麼鳥都有。孔孟詩書，道德文章，嚴格的科舉制度選拔了不少人才，但也有書讀得不錯的小人鑽了進來，也有人本來還不錯，在政治染缸中浸染得面目全非，也還有從其他渠道混進來的（有些朝代為解決財政問題，甚至公開賣官鬻爵）……

　　近年來由於清宮戲的流行，大家都知道了清朝的大奸臣和珅，此人貪得無厭，結黨營私，把天下的小人都聚集到了自己的周圍，自己也富可敵國，他的家產居然比國庫還要富裕。他的「事蹟」我們後邊再說。

　　其實，不獨和珅，中國歷朝歷代都不乏這樣的小人集團。君子與小人、忠臣與奸臣的交鋒鬥爭是歷史劇目中最常見的內容——老百姓最愛看的就是這類的演義。但也要從政治的高度來看這個問題，北宋的大政治家、文學家歐陽修曾寫過一篇流傳千古的《朋黨論》：

　　臣聞朋黨之說，自古有之，惟幸人君辨其君子小人而已。大凡君子與君子，以同道為朋；小人與小人，以同利為朋。此自然之理也。

　　然臣謂小人無朋，惟君子則有之。其故何哉？小人所好者，利祿也；所貪者，貨財也。當其同利之時，暫相黨引以為朋者，偽也。及其見利而爭先，或利盡而交疏，則反相賊害，雖其兄弟親戚，不能相保。故臣謂小人無朋，其暫為朋者，偽也。君子則不然。所守者道義，所行者忠信，所惜者名節。以之修身，則同道而相益；以之事國，則同心而共濟。終始如一，此君子之朋也。故為人君者，但當退小人之偽朋，用君子之真朋，則天下治矣。

　　……

歐陽修老先生所講的是一種理想的狀況：君子以道為朋，小人以利為朋，那麼，為人君者，「但當退小人之偽朋，用君子之真朋，則天下治矣」——道理就這麼簡單。

　　但在現實中，沒有百分之百的君子，也很少有百分之百的小人，利和道也往往糾纏在一起，道和道也有水火不容的時候：王安石與司馬光、蘇東坡都不能說是小人，也不能說就是為了自己的私利，但這兩大派系「道」不同所導致的政治鬥爭，使北宋的政壇成為「黨爭」最激烈的舞臺之一。

　　我們在前一節講述的第二個層面的大小官員，又豈能簡單地以君子和小人劃分之？利和道又如何可以清晰地劃分出界限？

　　而小人集團，也不是那麼好「退」的。

　　第一，忠奸之辨、君子與小人之別，非常非常的困難。大家都標榜自己是君子忠臣，誰承認自己是小人奸臣？我們來看大詩人白居易詩的一首《放言》詩：

　　　贈君一法決狐疑，不用鑽龜與祝蓍。
　　　試玉要燒三日滿，辨材須待七年期。
　　　周公恐懼流言日，王莽謙恭未篡時。
　　　向使當初身便死，一生真偽復誰知？

　　千百年之後，我們評價諸多歷史人物尚一頭霧水，何況當初？王莽當年謙恭下士，博得美名，誰知道他竟懷有篡位之心？他篡位之後的新政又如何評價？有人說他是大奸臣，也有人說他只不過是個理想色彩很濃的書呆子罷了等等。我們再來看一個不太有名的人物的誇張表演。

　　南宋末年的湖州守臣蹇材望，在蒙古大軍殺奔而來的時候，他一臉毅然決然之色指天發誓，要自殺殉國。為了表明這份決心，他還特意找

人做了一面錫牌，刻上「大宋忠臣蹇材望」字樣，又把兩塊銀子鑿了孔，拿根繩子繫到牌子上，並附上一個詳細的說明：「凡是找到我屍首的，請代為埋葬並樹碑祭祀，碑上題『大宋忠臣蹇材望』。這兩塊銀子是埋葬、立碑的費用。」此後他便每天腰上掛著這牌子和銀子，聲稱只等元軍兵臨城下就投水自殺。不僅如此，他還把這個想法不厭其煩地一一交代給鄉親們和相熟之人，人們聽了，無不油然而生悲壯之感。

後來，蒙古兵果然破城而入，混亂之中，蹇材望不知去向，大家都以為他英勇殉國了，但不久以後卻發現，蹇材望竟然一身蒙古裝束騎著高頭大馬回來了，滿臉喜色，彷彿衣錦榮歸。後來才知道，他在城破之前就出城投降了，元人任命他為本州同知。

假設由於各種原因，蒙古兵沒有兵臨城下，沒有進攻湖州，那麼這個蹇材望大概就會以大忠臣而千古流芳了。

第二，小人集團也絕非那麼好「退」。在歷史上還從來沒有發現過主動退出舞臺的「反動勢力」，你不打他，他是不會主動投降的，就是打，他也會為保護自己的既得利益而垂死掙扎和反撲的——這就會上演一場刀光斧影的政治大戲。

小人之間可能如歐陽修說的那樣，不是真正的朋友，是「偽朋」，但既然上了一條賊船，成了一丘之貉，也就有一榮俱榮一損俱損的共同利益。哪怕相互之間也勾心鬥角，可真要面對外來的威脅時，他們也能同仇敵愾的。而且，小人出招，君子更難以招架，因為「君子可以欺之以方」，當年秦檜害岳飛，以「莫須有」三個字就敢下手，還有歷史上許多宦官集團，其陰損招數也令君子防不勝防……

對付小人，也必須有非常的招數。北宋開國名將曹彬為人誠實，寬厚仁義，尤以御將有恩而為時人稱道，史稱「氣質淳厚」。但這個老實君子在小人面前也不老實。

有一次，宋太祖趙匡胤任命曹彬為主將，率軍征討南唐，臨行前太

祖交給他一把尚方寶劍，說：「副將以下，不用命者斬之。」接著又問曹彬還有什麼要求。曹彬說，請求皇上恩准，調用將軍田欽祚擔任另一路的前敵指揮官。這一請求弄得部下們莫名其妙，因為大家都知道，這個姓田的既狡猾又貪婪，愛爭功名，最討人嫌的是愛在背後打小報告。這樣的人大家躲都來不及，為什麼還要把他弄到軍中呢？

曹彬事後曾對心腹言明個中道理：此番南征，任務艱巨，時間要很長，需要朝中群臣的全力支持，自己領兵在外，若朝中有人不斷進讒言搗亂，這很有可能壞了大事，而這個田某就極可能是這樣的角色；要防他，最好的辦法就是把他放到自己的眼皮底下，派他點用場，分他點功名，堵住他的嘴；再者還有尚方寶劍嘛，不怕他鬧事。

這樣一說，心腹才明白曹彬的深遠用意，連稱高明。

有君子就有小人，這是社會的客觀存在。討厭和一味躲避都不是上策，曹彬將其納入自己的掌握之中不失為一種聰明的辦法，一個好的軍事家也必須是優秀的政治家，明代的戚繼光就是個好的例子，但宋代的岳飛和清代的袁崇煥就被眾小人整得慘死在自己人手中。

但是非公道自在人心。魏忠賢以一個太監「之尊」就敢在自己活著的時候立生祠，石崇、和珅均曾權傾朝野富可敵國；岳飛父子被吊死在風波亭，袁崇煥臨刑前千萬百姓唾罵不絕，可千載以後，秦檜夫婦還跪在岳飛墳前……

政治家要想成就自己的事業，要「親賢臣遠小人」，但有時候也須採用手段，利用好小人，或者最低限度要不讓他壞自己的事情。個中學問，後文中再探討。

六

上述對政治圈子的描述和分類，只是一種理論上的分析，在實踐中

就不那麼簡單了，「半部論語治天下」，那是說書的演繹。「治大國如烹小鮮」——政治是個文火慢燉的功夫活兒。

江山社稷，黎民百姓，多少人想幹一番轟轟烈烈的事業，「留取丹心照汗青」，然千古以來，功成名就者寥寥，令人扼腕長歎者多矣。

首先說，這裏邊有運氣的成分。

「馮唐易老，李廣難封」，說的就是西漢時的兩個著名的「運氣不好」的人物。

馮唐歷經文帝、景帝、武帝三朝，自視雖高，但一直未能得到重用。據說，有人曾問他一生蹉跎的原因，馮唐無奈地說：文帝喜歡用年紀大的人，我那時候年輕；景帝重用文臣，我是武將；到了武帝，又喜歡用年輕人，而我已經老了。

這是野史的說法。而據司馬遷的記載，馮唐以孝行聞名，其實在文帝發現他時年紀就不小了，及至武帝時馮唐已九十多歲，不能再做官了，於是武帝任用他的兒子馮遂做了郎官。司馬遷跟馮遂的關係不錯，大概是從他那裏聽說了馮老爺子的故事，就把他寫進了自己的千古名著中——在《史記》中與另一位合起來做了個列傳——「張釋之馮唐列傳」，如此，也使馮老爺子流傳千古了。

飛將軍李廣的知名度要大得多，其美譽的「始作俑者」當然也是司馬遷先生。司馬遷與李廣的孫子李陵是好朋友，司馬遷就是因為給李陵辯護而受的宮刑。

「李廣難封」是事實，但原因也是眾多的，司馬遷雖然與李陵的關係好，在寫書時還是比較客觀的，把李廣的缺點也都寫了出來。比如說李廣任隴西太守之時，羌人發生叛亂，李廣誘騙八百多人投降後，又殺之。軍出雁門擊匈奴之戰中，李廣兵敗被俘，後又僥倖逃脫。漢法當斬，贖為庶人。賦閒在家時，有一次，李廣和隨從外出打獵，夜歸時路過灞陵亭。灞陵尉酒醉，呵斥李廣，按規定不讓其通行。李廣只好夜宿

灞陵亭。李廣被任命為右北平太守後，便請命使灞陵尉一起戍邊，灞陵尉至右北平後遭李廣殺害。灞陵尉讓李廣在其管轄地留宿完全是履行公務。灞陵尉雖然醉酒，但依然知道自己的職責並依法辦事。而李廣卻公報私仇，濫用職權，報復並殺害了秉公執法的灞陵尉。

李廣沒有封侯，最終憤而自殺，運氣是差了點，但是司馬遷還為他寫了篇「李將軍列傳」，「但使龍城飛將在，不教胡馬度陰山」，後人屢屢稱頌不絕。而與他同時期的另一位名將程不識的「運氣」還要差些。

程不識與李廣的官職相同，都是太守，但兩人的指揮風格完全不同。李廣基本上是個人英雄主義作風，不是帶領大軍團作戰的優秀統帥，他冒險傾向很強，要麼大勝，要麼大敗；而程不識呢，就極其穩健，他不像李廣那樣帶五千人就深入敵後，能擊潰五萬敵人，他的一萬人就只能當一萬人用，但他紀律嚴明，治軍很有一套，他從未讓匈奴人討過便宜，也就是從未吃過敗仗，是個常勝將軍。在西漢時期，程不識的名氣甚至還在李廣之上，但到了今天，除了研究漢史的專家以外，幾乎沒有多少人知道這個名字——司馬遷沒有寫過「程將軍列傳」。那麼，這個程將軍的運氣顯然更不好了。

歷史有其大方向上的必然性，但也充滿了小事件上的偶然性。這些偶然性就如同大路上的溝溝坎坎，雖然不足以扭轉歷史前進的方向，但要改變一個人的命運，卻是再容易不過了。

假設你是一個亂世梟雄，卻生在太平盛世，那就是「蒼生有幸君不幸」了；你是個太平宰相的料，偏偏這時候軍閥混戰，你也只好徒呼奈何了，誰讓你不是曹操那樣的全才呢？「曲有誤，周郎顧」，周公瑾的軍事政治才華都不在諸葛孔明之下，且向有滅蜀之志，如果不早死（老百姓說是被孔明氣死的），三國又將如何？諸葛亮「出師未捷身先死，長使英雄淚滿襟」，周郎豈非死得更早？再說，如果三顧茅廬的不是劉備，而是孫權或曹操，那又將如何？……

一個優秀的政治家豈能不審時度勢知天命乎？有時候，人力窮盡，天意如此，何必過於強求？

七

其次，雖則成事在天，但謀事在人，如何謀事則大有學問。

總結歷史上的「成事者」，運氣因素以外，多半在政治謀略和手段方面有其獨到之處，每一個圈子和每一股政治勢力中都魚龍混雜，如何經營得當，可以說有下面幾點規律：

第一，是要以所謂的「道」激勵和鼓舞人，廣交志同道合的政治朋友，為一個共同的政治理想而奮鬥，為天下蒼生謀福祉。

有了正義和公理這面大旗，就如同曹操把漢獻帝掌握在手中一樣，在政治理論上和社會輿論上就站住了腳。事實上，追求和信仰的力量是巨大的。中華民族數千年的歷史上，多少仁人志士為了建設一個理想的大同社會而拋頭顱灑熱血，又有多少文臣武將為了民族大義而彪炳千古。岳飛、文天祥、于謙……清末譚嗣同「我自橫刀向天笑」，言：「各國變法，無不從流血而成，今中國未聞有因變法而流血者，此之所以不昌者也；有之，請自嗣同始！」——何等的英雄氣概！

但隨之而來的問題就是，光有「道」和熱血並不足以實際成事，實現政治抱負要有相應的政治勢力做後盾，還要有高超的政治謀略，否則，何以康有為、梁啟超流亡海外，譚嗣同等「六君子」血灑菜市口？袁世凱卻自朝鮮和小站起家，成為「竊國大盜」？

第二，要有胸襟擔當，有百折不撓的毅力和韌性，而且能容人，能用利益團結人。我們前文已經講過，政治系統中的基礎力量是龐大的「唯利是圖」集團，他們不好也不壞，只用政治口號是解決不了他們的實際問題的，他們既「沽名釣譽」，也講究實際利益，名和利都要給他

們一些：高帽子帶著，銀子給著（至少不能危及他現有的銀子和地位），事情就會很順利。

政治家是忌諱意氣用事的，政治家的境界是委曲求全，任勞任怨——這也是一種犧牲，沒有這種犧牲精神，那麼最多成為一個「清流」政論家罷了。中國歷史上，最能夠受委屈的，大概要算越王勾踐，最能夠任怨的，可能是周公吧。韓信受委屈的本領還可以，但政治謀略和手段卻差著火候，玩不過劉邦，也玩不過呂后，還是不得善終。

中國古代還有一位大政治家伊尹，孟子曾評價說：「伊尹，聖之任者也。」伊尹生於亂世，夏之末，商之初，孟子書裏說他「五就桀五就湯」，無道昏君夏桀怎麼會用他呢？他就再到商湯那裏去。《韓非子‧難言》說伊尹屢次陳政見於商湯之前仍不獲賞識，無奈之餘只好屈身以為廚師，進獻各種美味討好商湯。商湯對他的烹調手藝非常滿意，他這才有機會得以同商湯談話，講述他的治國方略，最後得以重用，幫助商湯平定天下。

所以政治家要能曲能伸，不僅僅是立言、立德，更重要的是立功。而要想立功，很少有人為你搭建好舞臺來請你表演，要自己努力為自己建造舞臺，自己努力設法登臺表演。孔子說：「天下有道則見，無道則隱。」孟子也主張：「達則兼濟天下，窮則獨善其身。」——這只是思想家、道德家等知識份子的寫照，政治家是不能按照這個標準行事的。

如果一言不合就轉身拂袖而去，那就只能當隱士苦待明君三顧茅廬了，要是等不來，怎麼辦？姜子牙垂釣，諸葛亮躬耕——心裏不定多著急呢，而且還得選好地點，太偏僻了，沒有人知道和為自己製造輿論了，或者君王出遊也不可能碰上，豈非就要終老林泉，滿腹經綸不見天日？伊尹就主動得多，一次不見，我就去兩次，實在不行，我就當廚師，先討好你的胃，對我有了好感，再聽我談天下大事……

有韌性還要有肚量，容得下自己的人，自己不喜歡的人，比自己低

的人，在某方面比自己高的人，對國家有用的人，對自己有用的人……

比如當年的曾國藩和左宗棠，曾左二人的功業也許難判高下，但在學問、修養等別的方面，左與曾應有距離。當時的朝野一般多以「曾左」並稱他們兩人。曾國藩年長於左宗棠，並且對左宗棠也予以提拔，但左宗棠為人頗為自負，對曾國藩並不怎麼尊重。

據說有這樣一個故事。有一次，左宗棠很不滿地問身旁的侍從：「為何人都稱『曾左』，而不稱『左曾』？」

一位侍從回答：「曾公眼中常有左公，而左公眼中則無曾公。」

這一句話，讓左宗棠沉思良久──可能最優秀的政治家與優秀的政治家就差這麼一點點。

第三，還要有必要的謀略和手段籠絡、威嚇、打擊人，尤其是在對付小人集團和政治敵人的時候，或者是在特殊形勢下自保時，非常時期的非常謀略和手段都非常重要。韓信就是差了這一點，所以，儘管將兵時「多多益善」，卻「生死一知己，存亡兩婦人」。我們後文再細談。

當年灞上鴻門宴的故事大家都知道。大家都想不明白：項羽為什麼不殺掉劉三那小子？「力拔山兮氣蓋世」的英雄，被劉邦這個地皮無賴最後逼得「時不利兮騅不逝」而自刎烏江。所以，後人說，項羽只是一介武夫，有勇無謀而且還有婦人之仁。他自視太高了，根本就沒有把劉邦放在眼裏和心上，對手下的謀臣武將也不怎麼重視，反正自己厲害，有自己就夠了。結果，韓信跑了，「亞父」范增也被這個傻小子給氣跑了，「豎子不足與謀」──如果項羽有點謀略的話，何至於有漢家數百年江山？

項羽有「婦人之仁」，可搞政治的女人卻比男人都狠毒。中國古代政治歷史上有幾個著名的婦人：呂后，武則天，莊妃，慈禧，除卻莊妃以外，個個都以陰狠而著稱，我們後文再細表。此處可以說說莊妃的幾個特殊時期的特殊策略。

莊妃即歷史電視劇中習稱的「孝莊」皇后，她本是蒙古族，十三歲嫁給清太宗皇太極，被封為「莊妃」。她先後輔佐清太宗皇太極（夫君）、清成宗義皇帝多爾袞（下嫁）、世祖順治福臨（兒子）、清聖祖康熙玄燁（孫子）「四代」帝王，主持了入關、定都、滅明三件大事，對清代的建政、鞏固和政治清明，起到了非常重要的作用。她當時在朝廷中的地位不亞於唐代的武則天，但她卻不稱帝；她的權力不小於後代的慈禧太后，但她也不「垂簾聽政」可謂是一流的政治家。

　　西元一六一四年，皇太極與明朝軍隊松山一戰，大獲全勝，活捉了明軍統帥薊遼總督洪承疇。如果洪承疇能歸降，對皇太極吞併中原會有極大的幫助。皇太極不惜一切代價勸其降清。又是金錢，又是美女，但洪承疇不為所動，大義凜然地說：「本帥只知有明，不知有清，只知有死，不知有降！」皇太極真是拿他毫無辦法。

　　但是，洪承疇最終還是歸降了。

　　個中的關鍵人物，就是這位莊妃。據說，莊妃做漢族打扮，親自到牢房勸說洪承疇。到底莊妃使用了什麼樣的手段，史書語焉不詳，但結果是，在明朝崇禎皇帝以為洪承疇已經「殉國」親自為他主持了「追悼會」之後，洪承疇卻跟隨多爾袞入關，攻城掠地，滅明輔清，為清王朝馳騁疆場二十餘年，真正成為了滿清掃平中原的先鋒。

　　此後，當皇太極去世後，莊妃與世祖順治福臨成了孤兒寡母。而皇太極的弟弟多爾袞手握兵權，虎視眈眈，莊妃毅然下嫁多爾袞……

　　第四，當局勢發生變化時，要及時調整自己的策略，完成在不同圈子之間的轉換。這種轉換並不完全是小人般的見風使舵、賣身求榮，而是在一定時期的政治策略（不是民族大義的大是大非）。

　　政治的升遷其實就是圈子的轉換。人往高處走，水往低處流，這種流動是自然規律。一般來說，一個官員在一個職位上做上幾年，兢兢業業，有些成績，沒有什麼過錯的話，總能得到升遷的機會，更上一層

樓。運氣好的話，一步一個臺階，做到二三品的大員，然後能夠平安著陸，告老還鄉，這一輩子就算是成功了。

政治上每上一個臺階，周圍圈子的構成自然就發生了變化。比如說，原來的一個縣令，雖然是一方百姓的父母官，是百姓眼中的「大老爺」了，但在政治系統中，卻只是毛細血管類的末梢，人微言輕，在圈子中也是邊緣和底層的角色。假設三五年後，升為知府了（以清朝的官制為例，各個朝代的設置不一樣），政治地位提升了，那麼他在圈子中的位置自然就不同了，對上他可以直接見到巡撫一級的官員，對下，他便成為管轄區域內（好多縣）的政治核心人物。他原來班子中的成員，有的跟隨他上一個臺階，也有的就被淘汰了，不在他的視線範圍之內。這時候他的經營策略必然要有相應的調整。如果他的官運不錯，十年後他做到了巡撫、尚書這一級，那就可以見到皇上了，「上達天聽」，就要結交朝中權貴，敏感地關注著皇上的好惡、朝中力量的變化、政策的動向等等，下邊的各級官員，哪些是自己人，哪些不太聽話，哪些有點背景來歷等等，也要清楚明白……

上述是太平時期的一般規律，還有很多的特殊情況。在亂世或其他一些特殊時期，情況就要複雜得多。

比較常見的開國皇帝對付開國元勳的例子，這幾乎在歷朝歷代都會發生，「飛鳥盡，良弓藏；狡兔死，走狗烹。」當年依靠死黨來打天下，可是一旦坐了天下，這些功臣就成為讓新皇帝坐臥不安的政治勢力，必要除之而後快。「漢初三傑」中，張良功成身退，韓信被殺（劉邦要沒有除他的意思，呂后殺得了嗎？），蕭何被逼自汙聲名以自保，後來平定「七王之亂」的周亞夫被誣陷為「地上不反，到了地下也必反」而餓死牢中；李世民對功臣還可以，那確實是因為他自己了得，可到了郭子儀平定「安史之亂」後，就不太好過日子了，也像蕭何一樣自毀名譽；宋太祖「杯酒釋兵權」；朱元璋最狠，借個胡惟庸案幾乎將功臣誅

殺殆盡⋯⋯

　　武則天為了上臺和鞏固統治，剛開始任用一批酷吏，殘酷迫害打擊
「老同志」，一旦地位穩固了，那些酷吏得罪的人也太多，又失去了用
處，馬上就翻過手來，打掉這個小集團，團結利用其他的政治力量⋯⋯

八

　　中國古代的政治舞臺，還有一些特殊集團。嚴格意義上，他們不能稱
之為官員，但往往對官場有重大影響。我們來看兩個有代表性的例子。

　　一個是太監妃嬪之類的後宮集團。太監是中國宮廷中的畸形人，是
很可憐的一群人，他們多半是被生活所迫，才出此下策，但他們的位置
太特殊了：天天伺候著皇上太后這些最高權力者。皇宮裏的妃嬪們本就
是個是非堆，吃醋邀寵，勾心鬥角，但他們的家長里短可不是一般的老
百姓家裏的那點事能比的：天下是他們家的，那些男孩子長大了不是皇
上就是王爺，都是在政治上舉足輕重的人物。公主們也不敢小視，將來
的婆家也非同一般。

　　在正常的政治生活中，這些後宮裏的妃嬪以及她們身後的外戚，還
有那些大小太監，是沒什麼戲唱的，可中國歷史上非正常的時期很多，
老皇帝死了，新皇帝年幼，或者皇帝迷上了「楊貴妃」、「李娘娘」不
理朝政了，還有的皇帝愛好琴棋書畫，更有甚者，如我們前邊講過的明
熹宗最愛做木匠活，天天拿著木匠的工具在宮裏玩，大太監魏忠賢就在
皇上興頭正濃時用政事去煩他⋯⋯凡此種種，就使政治生活不正常了。

　　君王不早朝後，大權旁落，有的落到了權臣手裏，有的就落在了太
監、外戚手裏，這些亂七八糟的傢伙實在是中國政治的禍胎。治亂循環
中，老百姓受了多少罪？可沒辦法，家天下，世襲制，誰知道大家會攤
上個什麼樣的皇帝呢？趕上李世民，大家就跟上過幾十年好日子；碰上

三十年不上朝的明神宗、想當木匠的明熹宗，那大家就認倒楣吧。

這些亂七八糟的事情我們點到為止，說多了讓大家都窩心。

另一個特殊集團就有點意思了：以師爺為代表的幕僚以及胥吏集團。

官與吏，原來是沒有嚴格界限和區分的。譬如在兩漢時代，每個機關的長官稱為「官」，其他的屬下就稱為「吏」。唐朝的時候，吏和官之間的分際就很明顯了，吏的地位逐漸下降，杜甫的「三吏」所指稱的，就是差役了，「吏呼一何怒，婦啼一何苦」——這已經不是官員的概念。及至明朝，情況更加不同，朝廷規定了胥吏不准當御史和考進士，這就基本上把胥吏的出身和前途給限制死了。到了此時，吏便成為沒有品級的行政公務人員。我們在舞臺上經常看到的扛著水火棍吆喝的衙役，拿把扇子搖頭晃腦的師爺，就是所謂的「吏」一類的人物。

這些舞臺上的三花臉，在實際政治中可不是點綴，他們雖然沒有品級，但卻是不可缺少的實際行政人才，特別是師爺。

說起師爺，我們多半會以為他們只是幕僚，也就是古代的秘書和參謀一類的人員，這樣理解沒有錯，但至少是不全面的。

我們知道，古代的官員大部分是科舉出身，有了功名，但不等於就有了實際理治的才能，尤其是到一個地方上任以後，對地方行政系統的運作以及當地情況，基本上是兩眼一抹黑，不甚了了，這時候，挑選一個好的師爺就至關重要了。在明清兩代，師爺已經成為遍布全國行政系統的重要力量。

當然，師爺中最有名的是「紹興師爺」。明代有一位理學家陳幾亭，他有一位朋友到紹興去當知縣，陳先生寫了一篇文章送行。文章的大意是：天下的治亂在六部，而六部的胥吏全是紹興人，這些紹興人的父兄子弟都在老家。你到紹興後，要多注意教化他們的子弟，他們長大了也會做胥吏，如果他們教化好了，天下就可治理好。所以，紹興是天下治亂的根本。

這些話是有一定道理的。因為很多實際政務都操持在胥吏手裏，有人這樣說：銓選可疾可弛，處分可輕可重，財賦可侵可化，典禮可舉可廢，人命可出可入，訟獄可大可小，工程可增可減——全在師爺之手。大概說來，具體的行政業務不外乎上述這七件事，而胥吏師爺就是承辦這些具體事務的行家裏手。一般有兩種師爺：錢糧和刑名。他們的本事師徒相傳，形成一個特殊的政治勢力。

好的胥吏和師爺與官員配合起來，則政治清明，否則，「任你官清似水，怎奈吏滑如油」，用人不當，治下無方，便會斷送自己的政治前程。

在地方行政事務中，總有一批類似胥吏的基層工作人員，他們不是科班出身，沒有政治地位，也沒有太大的發展前途，但很多實際工作要他們完成。對付這些人，一般而言，一是禮遇，適當的尊重；二是利益，多給予實際的好處；三則不失本官的威嚴和對實際事務的精明，使其不敢放肆。

「當官難，難當官」，在中國古代，當個官也實在不容易，想當好了更不容易，可也唯有當官，才能光宗耀祖，顯赫門楣。

難煞讀書人也！

九

人事有代謝，往來成古今。

古人不見今時月，今月曾經照古人。

其實，古月今月，還是一樣的月，古人今人，還是一樣的人。無論怎麼代謝，一代又一代，政治還在延續。

很多時候，今人會覺得自己比古人高明。大家評點歷史人物時，指手畫腳，口若懸河，頭頭是道，這時候，大家都忘了一個基本事實：千

年的風雨，早已將歷史沖刷得面目全非。有的內容是水落石出，真相大白；也有的部分更加模糊不清，迷霧一團。我們不過是根據前人留下的隻言片語，加上自己的揣測推斷，詮釋著自己的主張罷了。

歷史和古人都埋到了地下。每個人都根據自己找到的一點東西，想像著自己心目中的歷史。每個人讀歷史，都在搜尋著自己感興趣和對自己有用的東西，經史子集，風花雪月，都是愛好和謀生手段而已。

當然了，我們要承認歷史的客觀性，興衰成敗，是非功過，千百年的口水和文章可以樹起一座座豐碑，也足以淹沒一座座宮殿和皇陵。

政治人物是每個時代風口浪尖上的人物。天下大勢，合久必分，分久必合，分分合合，就是治亂的循環；「興，百姓苦；亡，百姓苦」，就在這興亡之間，才是政治家的最好表演舞臺。偌大的疆土，眾多的人口，悠久的歷史，龐大的行政系統，汗牛充棟的歷史記載和文學演繹⋯⋯

中國古代的政治家往往是矛盾的結合體。他們讀四書五經長大，儒家文化的仁義禮智信可以說是深入其骨髓，可政治舞臺波譎雲詭，他們不得不權謀機變，施展手段。連孔老夫子解《易經》的時候也說過：「君不密則失臣，臣不密則失身，凡事不密則害成，是以君子慎密而不出也。」這個時候，就不講究「君子坦蕩蕩」、「事無不可對人言」了。

這豈非成了兩套標準？

是否可以理解為：在生活中以「君子」的標準嚴格要求自己，而一旦躋身政壇，在政治生活中，只要目的不「卑鄙」，謀略和手段就可以「下流」？而「卑鄙」與「下流」又以何為標準？

不以成敗論英雄，又豈能以道德論英雄？那麼應該以什麼論英雄？青梅煮酒，曹孟德「大言不慚」：「天下英雄惟使君與操爾。」一聲霹靂，劉備把筷子都扔到了地上⋯⋯

送大家一聯：

說不清，說不破，說不得！
看著玩，看著逗，看著樂！
橫批：光看不說

可還是有人喝了點酒，忍不住要說──
一壺濁酒喜相逢，古今多少事，都付笑談中。
說就說吧，你說我說大家說，說完一樂……

第二部份｜
天下英雄誰敵手
——一把手的圈子構建與經營

如果圈子中除了領袖，

只有一個全面型的二把手作爲次級核心的話，

那領袖晚上肯定睡不著覺；

如果有兩個次級核心的話，

這兩個人很容易聯合起來共同謀逆——

最高首長很容易成爲他們共同的敵人，

而三個人聯合的難度要大得多；

再者，如果沒有得力的次級核心和幹部，

也不行，事情辦不成了。

作爲最高領導，隨時要掌握全局，

不可能讓其中的一股勢力發展壯大到威脅其他兩人的地步，

更不要説威脅自己了。

劉項原來不讀書──劉邦的帝王術

一

竹帛煙消帝業虛，關河空鎖祖龍居。

坑灰未冷山東亂，劉項原來不讀書。

這首唐詩不是很有名，但喜歡讀歷史的人多半知道它，尤其是後兩句，往往被無奈的書生長歎吟頌，表達自己酸溜溜的心境。

詩中「坑灰未冷」指的是當年秦始皇焚書坑儒一事。始皇統一天下後，意圖「二世三世於萬世，傳之無窮」，怕儒生「不師今而學古」、「道古以害今」，故先焚書後坑儒。但僅過了十多年，「坑灰未冷」就天下大亂，造反的「劉項」，卻是「不讀書」之人。

「學而優則仕」，是中國文人士大夫的傳統；「朝為田舍郎，暮登天子堂」是讀書人的理想。但是，這一般是在太平時期，讀書人通過正常的渠道，一步一個腳印，按部就班地來。如果在動盪時期，讀書人就沒有多大的市場了，這種時候一般是英雄、梟雄、土匪、流氓、無賴等等的時代和樂園。

因為亂世是沒有秩序和遊戲規則的時候，而讀書人讀得書越多，所受到的約束就越多，他們思想潛意識中，倫理道德君臣父子等都是規範自身行為的規則。所以說，秀才造反，三年不成，其實，三十年也成不了。讀書人即使加入造反隊伍，也不可能稱王稱霸，成為隊伍中的領袖

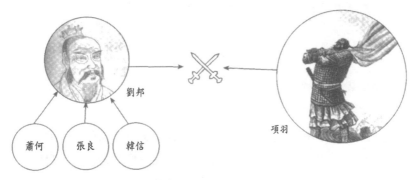

劉邦

項羽

蕭何　張良　韓信

1.劉邦以一個優秀的團隊與孤膽英雄項羽作戰，項羽焉能不敗？

2.劉邦的圈子是一個穩定的三角結構，三個次級核心平行而不交叉，互有分工和制約。

人物，多半做個軍師之類二三把手的角色，出謀劃策，把自己的理想寄託於明君身上，自己則希望以帝王師的榮譽而載入史冊。秦始皇加強思想文化統治情有可原，可焚書坑儒確實不該——什麼時候見讀書人造反成功過啊？反過來想，秦始皇沒有「歷史知識」，他是第一個皇帝啊，對中國書生的認識還不到位。

所謂不讀書的「劉項」，就是亡秦的兩位主角：漢高祖劉邦和楚霸王項羽。

秦末農民戰爭尤其是四年的楚漢戰爭，是中國歷史上一齣大戲，個中的許多精采故事歷經兩千年而流傳不衰，我們隨口就可以說出許多與之相關的成語：破釜沉舟，項莊舞劍意在沛公，約法三章，霸王別姬，四面楚歌，十面埋伏，孺子可教（張良遇黃石公習兵書），蕭何月下追韓信，（韓信受）胯下之辱，韓信將兵多多益善，明修棧道暗度陳倉……

中國最普及的棋類遊戲象棋中，兩軍對壘，分界線上標注的就是：楚河，漢界。

「劉項」是當時起義部隊中勢力較大的兩支，也是滅秦的主力。共同的敵人消滅後，二人爭奪天下。初始，項羽的力量要強大得多，但四年戰爭的結果，卻是項羽自刎烏江，劉邦開創了漢家數百年基業。

劉邦是勝利者，項羽是失敗者。但人們常說項羽是英雄，劉邦是流氓。

據說，清末的科舉考試，有個題目是《項羽拿破崙論》。有位考生實在不知拿破崙是何方神聖，冥思苦想半日，終於提筆破題：夫項羽力拔山兮氣蓋世，豈能一破輪不能拿乎？……

司馬遷是漢朝人，他在《史記·高祖本紀》中對漢朝的開國皇帝做了諸多的描述，雖不敢直言其為流氓無賴，但通過件件史實，還是基本上勾勒出一個生動的劉邦真面目。如果僅僅從道德的層面來看，劉邦確實不怎麼樣。司馬遷同時也給失敗的西楚霸王項羽做了一個只有帝王資格才有的「本紀」，這也表明司馬遷對項羽還是比較欣賞的。司馬遷的這種態度對後世的影響很大。

司馬遷不以成敗論英雄是對的，可我們要說的是：不能以是否英雄來論政治家。劉邦不是英雄，但他是政治家；項羽是英雄，但不是政治家。

二

「滅六國者六國也，非秦也。族秦者秦也，非天下也。」套用一下這個邏輯，亡項羽者，非劉邦也，是項羽自己的一系列錯誤使自己一步步走到了烏江岸邊。

據《史記·項羽本紀》記載：

項籍者，下相人也，字羽。初起時，年二十四。其季父項梁，梁父即楚將項燕，為秦將王翦所戮者也。項氏世世為楚將，封於項，故姓項氏。

項籍少時，學書不成，去；學劍，又不成，項梁怒之。籍曰：「書足以記名姓而已。劍一人敵，不足學，學萬人敵。」於是項梁乃教籍兵

法，籍大喜，略知其意，又不肯竟學。項梁嘗有櫟陽逮，乃請蘄獄掾曹
咎書抵櫟陽獄掾司馬欣，以故事得已。項梁殺人，與籍避仇於吳中，吳
中賢士大夫皆出項梁下。每吳中有大繇役及喪，項梁常為主辦，陰以兵
法部勒賓客及子弟，以是知其能。秦始皇帝遊會稽，渡浙江，梁與籍俱
觀。籍曰：「彼可取而代也。」梁掩其口，曰：「毋妄言，族矣！」梁
以此奇籍。籍長八尺餘，力能扛鼎，才氣過人，雖吳中子弟，皆已憚籍
矣。

　　項羽出身世家，少年時即「力能扛鼎，才氣過人」，「吳中子弟，
皆已憚籍矣」。起兵時二十四歲，自刎烏江時也僅僅三十一歲，可以說
是個少年英雄，熱血青年。從他的年齡來看，還遠非成熟，不可能是玩
弄權謀的高手，他是個大力士，是個傑出的青年將領，打仗時身先士
卒，勇武過人。事實上，從起兵到楚漢爭霸那如烈火般灼熱的七年之
中，項羽一直是憑藉個人的力量而作戰。而無論是在鴻門宴、分封諸侯
乃至最後的烏江自刎，他所表現出來的，都是一個尚未成熟的熱血青年
之真實性情。

　　著名詞人李清照曾有詩讚歎這位英雄：生當做人傑，死亦為鬼雄。
至今思項羽，不肯過江東。

　　因此項羽只是一個快意男兒，而不是一個政治家。

　　相反，劉邦斬白蛇起義時，已是四五十歲的人了（其出生年代一說
是西元前二五六年，一說是前二四七年，其於前二○九年起兵），而
且，可以說是老奸巨猾之輩。

　　劉邦出身社會底層。關於他的出生有各種傳說。一說他左屁股上有
七十二顆黑子，上應天象。還有說他母親劉媼有一次外出，在湖邊休息
的時候，「夢與神人交」，他父親劉太公前去找劉媼，卻看見湖被雲霧
罩住，隱約露出鱗甲，似有神龍往來，後來劉媼就生出了這個兒子劉
三。還說劉邦起兵時曾於道上斬了一條大白蛇，後來就有一個老婦人哭

劉項原來不讀書
第二部份

043

著說：「我兒子是白帝的兒子，卻被赤帝的兒子殺了。」至於劉邦惹了禍躲在芒、碭之間，別人都找不到他，只有他老婆呂雉能夠根據他頭頂上的雲彩找到他之類的故事，就更多了。總之一句話，正因為其出身低下，所以才要大造各種輿論，以說明其是「真命天子」。

事實上，劉邦的底層經歷對他日後的霸業不無益處。我們將劉邦的性格特點與項羽做一個簡單的對比分析。

首先，史書上說：高祖曠達。這種曠達的性格除了生性以外，就是在底層市井中歷練出來的：挫折少得了嗎？不曠達的話早就憋屈死了，所以凡事他都拿得起放得下。失敗了沒什麼，接著再來就是了，反正本來也沒有什麼。

這一點是年輕氣盛的項羽所無法做到的。許多人在年輕的時候，一點小小的挫折就足以讓他覺得經歷了人生的最大悲痛，絕望得幾乎要自殺，但數年過後回想起來，卻發現那些挫折根本就微不足道。項羽正是這樣，他的人生道路太過意氣風發，不懂得失敗的難能可貴，因此一旦遭遇失敗，立刻就來了個烏江自刎，這乃是他年紀太輕，人格尚未成熟的緣故。

而劉邦卻不同，他在項羽面前不知道失敗多少次了，簡直就可以說是家常便飯了，但他能忍，不以失敗退縮為恥，忍到最後獲得了成功。這種能屈能伸的性格，在成年人身上能夠看到，但在意氣風發的年輕人身上，卻很難發現。

其次，臉皮厚，不怕丟人，隨機應變謊話張嘴就來，這也是在底層混的必備本領。據說劉邦經常去蹭吃筵

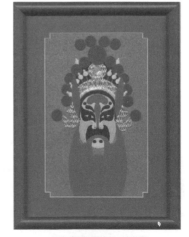

戲劇舞台上的項羽臉譜

席，誰家有個紅白喜事，他也不上禮錢（當然也是因為窮）就去白吃白喝。有一次縣令擺席，劉邦居然也去混吃喝。主人待客的規矩是：賀禮不滿千錢的，坐在堂下。堂上當然是貴賓席了，劉邦沒有錢還要坐貴賓席，拿張名帖往禮臺上一扔，嘴裏喊道：「禮金一萬上帳。」然後就大搖大擺地坐到堂上。湊巧席間有位貴賓姓呂，是縣令的朋友。這呂公倒是個人物，不僅沒有因此而看不起劉邦，反覺得劉邦器宇不凡，倒把自己的女兒呂雉許配給了他，這就是日後的呂后。

劉邦最後一統天下，建立了漢朝，在一次群臣畢集的慶功會上，劉邦居然當著群臣的面向父親問道：「爸爸您看，我和哥哥相比，究竟誰的產業更多呢？」劉邦的父親見他一副小人得志的模樣，氣得哼了一聲，轉身走入殿內。

而項羽呢？鴻門宴時劉邦說了幾句好話，項羽顧著面子就下不了手了。還有一次，雙方在打了三年以後，難分勝負，項羽不耐煩了，就給劉邦下戰書，提出他們兩個人決戰來解決問題，不要再牽連無辜百姓了。劉邦接書後哈哈大笑，說項羽真是無知，要這樣的話，天下早就平定了，還用帶什麼兵馬呢？並讓使者回去轉告項羽：我只鬥智不鬥力。項羽大怒，率軍來攻，劉邦不戰，登上城樓罵項羽，項羽一箭射來，劉邦應聲倒地，這一箭射中了劉邦的胸口，所幸距離較遠，沒有大礙，劉邦讓人把箭砍斷，裝作若無其事的樣子站起來，接著擠兌項羽，說：你不是自負有能耐嗎？射箭又沒有力氣又沒有準頭，只射到了我的腳指頭，就這本事，還要和我決鬥嗎？項羽羞愧地引軍而退。

再者，為了生存和達到目的，不擇手段，沒有什麼道德的顧忌。這也是無賴的基本功之一。

楚漢相爭之際，有一次劉邦兵敗彭城，狼狽逃走。楚兵越追越緊，劉邦嫌車重太慢，竟將自己的兩個年幼子女推下車去。部將夏侯嬰跟在車旁，急忙揀起孩子放回車中，如此反覆了三次。劉邦大怒，拔劍就砍

西漢壁畫鴻門宴圖

夏侯嬰，夏侯嬰不敢把孩子再放回車中，只好抱在自己懷裏，最後還算好，終於逃脫了。

還有一次，楚漢兩軍對峙。項羽情急之下，把劉邦的父親抓到軍中，想借此來要挾劉邦。項羽派人對劉邦說：「你如果不撤兵，我就把你的父親烹煮了。」劉邦回答說：「我們倆曾經結拜為兄弟，我父親就是你父親，你要是把咱倆的父親煮了，請把肉湯分一杯給我喝（分我一杯羹）。」項羽無奈，只得把劉邦的父親放了。

還有，在底層混，要講義氣，要能團結兄弟朋友，給大家好處，用切實的利益籠絡人，這一點上劉邦沒得說。

說到劉邦的慷慨大方，比較典型的例子是對待黥布。

黥布原名英布，盜賊出身，是項羽麾下的大將，能征善戰。項羽滅了秦王朝之後，封他為九江王，他嫌地盤小，不大滿意，因此在劉邦與項羽爭奪天下的時候投奔到了劉邦這邊。劉邦這傢伙，無賴慣了，黥布拜見他的時候，他不把人家當一回事，竟然高坐床上一邊洗腳一邊接見黥布。黥布退出來之後，又氣又悔，差點羞愧得自殺。然而等到黥布回到自己的住處一看，卻又大喜過望。原來劉邦這人很慷慨，對部下的賞賜從不吝惜。黥布住處的宮室、飲食、從官，其待遇竟然和劉邦本人一模一樣。黥布這才覺得跟著劉邦混有前途，願意效忠於他。

不僅對黥布如此，劉邦對手下的其他人也同樣慷慨，甚至往往超過對方的期望。一言合用，賞賜立至；封疆裂土，毫不吝嗇——反正天下

不是他劉家的，給出去也不心疼。因此他的部下對他都很忠心，願意為他效死力。不過這也出了一個毛病，就是韓信所說的「驅逐利之徒以奪天下」，就是說他的部下都是些爭名逐利的小人，沒有幾個君子。但對於劉邦來說，君子也好，小人也好，只要能為他所用，就都是好的。

對部下慷慨這一點是非常重要的。因為這個世界上的絕大部分人，都只是普通人，都是為了利益而來的。他們沒有什麼青史留名的雄心壯志，也懶得理會自己的主子究竟是什麼人，考慮的僅僅是自己的實在利益：荷包裏多了多少錢，手裏有了多少權。他們的境界不高，但人數眾多，力量強大。得到這批人的幫助，才是最最主要的──這是政治勢力的底層基本力量。

韓信在分析劉邦與項羽之間的差別時就說過，項羽英猛威武，驍勇善戰，一旦發起怒來，數千人都擋他不住，而且他為人仁慈，謙恭下士，別人生病的時候，項羽「涕泣分食」，很得人心。在這一點上，劉邦是無論如何都比不上項羽的。然而項羽卻非常吝嗇，有功當封爵的人，項羽能把官印玩弄得殘缺了，也捨不得賜給人家。

也就是說，項羽是個將軍，知道心疼士兵，而不會籠絡幹部──這絕對是政治家的致命傷！

而劉邦則不然，「陛下使人攻城略地，因以與之，與天下同其利」──誰打下來就是誰的，自然人人爭先。彭城之戰後，劉邦說：「吾欲捐關以東，等棄之，誰可與共功者？」──我拿函谷關東面的地區來封賞，不要那塊地了，誰能夠和我共建功業？其慷慨大方如此！而俗話說得好，重賞之下必有勇夫！結果劉邦這麼一高高懸賞，黥布就立刻來歸降，彭越緊跟其後。這兩個人再加上一個韓信，逼得項羽打了東面又打西面，顧得上前方顧不上後方，雖然他蓋世英豪所向無敵，但畢竟雙拳難敵四手，最終被拖得筋疲力盡一敗塗地。而之所以出現這樣的結果，就是因為劉邦捨得封疆裂土，得到了韓信等人的幫助，而項羽吝嗇不肯

劉項原來不讀書
第二部份

放權，結果手底下無人可用，不得不獨自作戰的緣故。

劉邦畫像

最後一點是，出身底層，沒有貴族氣，劉邦除了對知識份子有看法不夠尊重以外，對其他各色人等，都沒有瞧不起的態度，自己沒有大本事，那麼我就用有本事的人。所以，劉邦周圍是一個優秀人才組合成的圈子和班子，他能用人會用人，而項羽則完全是個人英雄主義，部下的才能基本上被他個人的光環所掩蓋了。

劉邦在項羽敗亡取得天下之後曾說過一段話，他說：張良制定戰略，韓信指揮軍隊，而蕭何則負責穩固後方，我就是靠著這三人而取得天下的。項羽有一范增而不能用，能不被我擒獲嗎？

相對於任何個人，組織和隊伍的力量是更強大的。項羽的個人才華不錯，但相對於以劉邦為核心，張良、韓信、蕭何等人為骨幹的政治勢力的絕佳組合，項羽一個人與之對抗，最終必敗無疑。

所以說，政治家不可能有個人英雄主義，他必須以自己為核心，畫出一個美妙而穩固的圈子來，建立起一個龐大的勢力集團，然後，驅使著這個集團軍抗衡、蠶食、消滅各種異己力量，最終的大一統，就是一個巨大的圈子。到那個時候，開國帝王的新任務就是要處理好大圈子中各個小圈子的平衡和制約……

三

與項羽這個「娃娃」相比，劉邦的出身和閱歷使他具有了許多優勢，他利用這些優勢，組建好班子，所以擊敗了項羽。

但打敗了一個項羽，不等於就擁有了天下。我們進一步把劉邦作為一個政治家來考量，把他個人以及他起家的圈子與其他優秀的政治家和歷代的帝王來比較，劉邦也不遜色，而且，他有三個非常顯著的優點。

　　第一是自知之明。他知道自己的斤兩，能重用比自己強的人，自己也能忍讓，而且在下屬面前也敢於承認自己的不行，不怕丟人。他無賴出身，打得過就是打得過，打不過就是打不過，從來不講什麼面子、榮譽之類的東西，單從這一點上來說，是很難能可貴的。這也是後世人稱「高祖曠達」的主要原因。

　　也就是說，他雖然是圈子的領袖和核心，但並沒有把自己放在一個高高在上不可侵犯的「神壇」之上——至少在打天下的過程中是這樣。

　　比如在鴻門宴前夕，張良問他：「您現在與項王翻臉，打得過嗎？」他老老實實承認：「打不過的。怎麼辦？」於是就有了鴻門宴上那齣戲。再比如他稱帝之後，有人告韓信謀反，陳平問他：「您打得過韓信嗎？」他也老老實實承認：「打不過。」於是就有了偽遊雲夢計擒韓信那齣戲，並沒有顧及到自己身為皇帝的面子。

　　劉邦稱帝後，有一次與韓信談論諸將能將兵多少。劉邦興起，問韓信道：「你看我能領多少兵呢？（如我能將幾何）」韓信說：「陛下不過能將十萬。」劉邦問：「那你能帶多少兵？（於君何如）」韓信說：「至於我麼，帶得越多越好（臣多多而益善爾）。」劉邦笑了：「你既然多多益善，那為什麼卻為我所用呢？（多多益善，何為為我禽）」韓信又回答說：「陛下雖然不善於將兵，卻善將將，所以我才為陛下所用。而且陛下的地位，是老天爺授予的，不是人力所能為的。（陛下不能將兵而善將將，此乃信之所以為陛下禽也。且陛下，所謂天授，非人力也）」

　　韓信真的是毫不給劉邦面子，居然敢說自己比皇帝強，但卻也不得不承認一個事實，那就是劉邦善於「將將」，心裏又不大服氣，酸溜溜

地說著什麼「所謂天授非人力也」之類的話。

正因為他有自知之明，所以才將事務交給專家去做：讓蕭何鞏固後方（總後勤部長），讓張良制定戰略（總參謀長），讓韓信領軍打仗（前敵總指揮）。他只負責攬總，從不對這些人負責的事務加以干預。

比如他讓陳平離間項羽的部下，給了他四萬斤黃金之後就不聞不問了。陳平是個什麼人？盜嫂、受金！很多人說他是個貪污受賄之徒，這批黃金他說不準要貪污多少呢！但劉邦不管這些，只問結果不問過程。結果項羽最重要的謀士范增就被陳平的離間計活活氣死了。又比如張良，屢屢出謀劃策，大的戰略方針幾乎都是由他制定的：彭城之戰後提出聯合韓信、黥布、彭越共擊項羽；韓信自立為齊王時勸說劉邦穩住了韓信；楚漢和約簽訂提出窮追猛打的戰略，終於徹底消滅了項羽。可以說，沒有張良，劉邦最後的軍事勝利，是很難想像的。而劉邦也從來沒有懷疑過張良的戰略，對他言聽計從。

事實上，劉邦的這種特質是非常重要的。第一，他承認自己的不足，所以能夠聽得進別人的意見；第二，他知道自己本事不夠，所以不會賣弄聰明對部下指手劃腳。對於像蕭何、韓信、張良、陳平這樣的精英來說，劉邦確實可以說是「明君」——他們可以盡情施展才華，不用擔心自己沒有用武之地，所以這些人，願意為劉邦效力。

第二是知人之明。作為一個優秀的領導者和政治家，只有自知之明是遠遠不夠的，還需要有知人之明才行。自知之明僅僅能保住自己不出錯，知人之明才能把手下的人才都擺放到最合適的位置上，從而組建出最佳的組合，發揮出團隊的最大威

張良畫像

力。

劉邦的知人之明更為人所稱道。對「漢初三傑」蕭何、韓信、張良
的知遇我們先放下不表，看其他幾個例子。

他派韓信前去攻打魏王豹，以灌嬰、曹參為副手。他問酈食其說：
「魏王豹以誰為大將？」酈食其回答說：「柏直。」劉邦就說：「那是個
乳臭未乾的毛頭小子，不是韓信對手。是誰統領騎兵？」酈食其說：
「是馮敬。」劉邦說：「是秦朝大將馮無擇的兒子啊，雖然有些本事，也
不是灌嬰的對手。誰統領步兵？」酈食其回答：「項陀。」劉邦這下就
高興了：「項陀也不是曹參的對手。我再沒有什麼可擔憂的了。」他對
敵我雙方將領的能力了解得清清楚楚，因人而用，的確是很了不起的。

後來劉邦臨死，呂雉問他：「您駕崩後，蕭相國如果也去世了，誰
可以取代他？」劉邦回答說：「曹參可以當相國。」呂雉又問：「要是
曹參也去世了呢？」劉邦說：「可以用王陵。只是王陵不大聰明，需要
陳平輔佐他。陳平才智是夠了，卻缺乏獨當一面的能力。周勃重厚少
文，但將來安定劉家天下的必然是他，可以任命他為太尉掌管兵權。」
結果後來發生的事情正如他所料。蕭何死後曹參為相國，蕭規曹隨，與
民生息，天下傳為美談。緊接著諸呂擅權，危及劉家天下，正是依靠陳
平、周勃等人的力量才得以挽救。劉邦之知人，不可謂不明矣。

第三是用人之明——籠絡人和團結人的高超手段，劉邦在此方面堪
稱一流的專家。

對於黥布、彭越等輩，劉邦是採用利誘的策略。但對於蕭何、張
良、陳平等這班人，他採用的又是另外一種辦法，就是言聽計從，放手
使用，讓他們充分發揮自己的才華。因為這班人和那些「逐利之輩」不
同，他們是所謂的「士大夫」，境界比較高，他們追求的是建功立業，
實現自己的政治抱負，所以光靠功名利祿是很難拉攏的，必須採用其他
的辦法才行。

關於這一點，三國時期的周瑜給出了更明確的解釋。那是在赤壁之戰前夕，蔣幹受曹操之命前來勸降，周瑜就說：「我與主公，外托君臣之義，內結骨肉之親，言必聽，計必從，君臣融洽如此，即使蘇秦張儀復生，又豈能說動我？」這段話，正好說明張良等人之所以效忠於劉邦的原因。

韓信平定齊國，自立為齊王，不久之後又擊敗了項羽的部下龍且。當此之時，天下歸屬大權掌握在他的手中，向楚則漢亡，向漢則楚亡，就算擁兵自立，也並非沒有奪得天下的可能性。在這個時候，項羽派人來遊說他，韓信回答說：「我在項王麾下的時候，官不過郎中，位不過持戟，言不聽計不從，所以我才離開項王投奔漢王。漢王任命我為大將軍，授予我兵權，解衣衣我，推食食我，對我言聽計從，所以我才能得到今天的地位。別人提拔我重用我，我卻背叛了他，這不是我該做的事情。」

我們且不論韓信此話是否迂腐，然而「士為知己者死」，卻是千古流傳的名言。前有豫讓漆身吞炭，後有諸葛亮鞠躬盡瘁，上到公卿士族，下到平民百姓，在中國人的心目中，「知遇之恩」四個字的分量是很重的。

劉邦搭起了臺子，讓大家唱戲。而且，劉邦抓大放小，大家盡情表演好了，具體的事物劉邦並不過問，在打天下的時候，也基本上做到了用人不疑──所以，劉邦的政治班底是很穩定的。

圈子
的智慧

四

劉邦圈子中的次級核心人物是蕭何、張良、韓信，這三人被後世稱為「漢初三傑」。劉邦自己也承認是靠這三人的力量擊敗項羽奪得天下的，如何駕御領導這三個人，是劉邦的最大課題。

一般來說，一個系統中最穩定的架構是一個的三角型結構。蕭何、張良、韓信三個人就是一穩定的三角：

韓信畫像

他們是平行的級別，只對最高首長劉邦負責。

他們是互相依賴的，工作上有明確的分工，這種分工也形成了互相之間的制約。

他們都是專業型人才，性格也不同，三個人不可能聯合起來對付劉邦——他們誰也領導不了誰，不可能產生新的領袖。

而且，如果圈子中除了領袖，只有一個全面型的二把手作為次級核心的話，那領袖晚上肯定睡不著覺；如果有兩個次級核心的話，這兩個人很容易聯合起來共同謀逆——最高首長很容易成為他們共同的敵人，而三個人聯合的難度要大得多；再者，如果沒有得力的次級核心和幹部，也不行，事情辦不成了。

作為最高領導，隨時要掌握全局，不可能讓其中的一股勢力發展壯大到威脅其他兩人的地步，更不要說威脅自己了。

劉邦與「漢初三傑」的搭配，可以稱得上是一個千古經典的政治組合。

在不同的時期，三人之間的關係很微妙，劉邦與他們之間的關係也很微妙。

首先，三人之間比較超脫的是張良。

張良是韓國官宦子弟，其先祖「五世相韓」。韓國被秦滅亡後，張良散盡家財，立志為韓報仇。秦始皇東遊時，張良與他找來的大力士刺客狙擊秦始皇於博浪沙，誤中副車。秦始皇大怒，大索天下緝拿張良。

後來天下義軍四起，張良也拉了一支小股部隊，遇見劉邦後就跟隨了劉邦。在隨後的征戰中，在幾乎所有的重大戰略問題上，劉邦都聽從了張良的意見。「夫運籌策帷帳中，決勝千裏外，子房功也。」

司馬遷在《史記》中寫道：「余以為其人計魁梧奇偉，至見其圖，狀貌如婦人好女。」張良雖然骨子裏很有俠氣，但長得卻很文弱，男生女相——按中國古代相書上的說法是貴人之相。

張良身體不好，多病。更重要的是張良給自己的定位就是「帝王師」——他沒有政治野心，也沒有政治勢力。他是總參謀長的角色，沒有實際帶兵，也沒有把持地方政務，與別的大臣、將領也沒有拉幫結派。天下平定後甚至閉門不出，修練黃老之術——劉邦對他是最放心的。

相比較之下，蕭何就要忍辱負重了。

蕭何是劉邦的同鄉。劉邦當泗水亭長期間，蕭何擔任沛縣的功曹，兩人相熟識。蕭何本人很能幹，劉邦對他很敬重。劉邦斬蛇起義之後，蕭何一直跟隨，劉邦對他非常信任。項羽分封天下諸侯，劉邦被封漢王，進入漢中。他手下的那些逐利之輩看著劉邦沒有什麼希望了，紛紛逃離，劉邦都沒有太在意，然而一聽到蕭何也逃走了，頓時大驚失色，如失左右手。後來蕭何回來，向劉邦推薦韓信為大將，劉邦立刻就聽從了，並沒有說「我再考慮一下」之類的話。這固然有劉邦本人曠達散漫的個性在裏面，但他對蕭何的信任也由此可見一斑。相比起劉備之於諸葛亮，苻堅之於王猛，其信任程度恐怕也不遑多讓。

但是，劉邦對蕭何也並非全無防備之心，但蕭何卻能較好地處理好與「一把手」之間的關係。在楚漢相爭之時，劉邦離開漢中來到關東與項羽展開了長達四年的戰爭，蕭何留在漢中，替劉邦鎮守根本之地，並兼供給糧草兵丁。蕭何很善於治國，不久就「漢中大定」，百姓皆樂於為蕭何奔走，蕭何對劉邦的糧草供應也很充足及時。但如此下去，劉邦深恐人心歸蕭，於己不利，他就託人捎信，探問蕭何，稱讚他把漢中治

理得很好。蕭何是何等聰明之人，立刻就知道了劉邦對自己起了猜忌之心。因為官場上有一個規則，就是「善歸於上」——所有榮譽都應該歸上司所有，下屬如果分了上司的榮譽，是會出問題的。蕭何立刻就將自己的子弟親屬凡是能參軍的都送到了劉邦

秦漢墓室壁畫

的軍前，說是要為漢王平定天下而效力。劉邦一見，果然十分放心，因為漢中既無蕭何的族黨，蕭何也就不會生二心了。

不過後來蕭何又犯了一次「錯誤」，那是在劉邦平定黥布叛亂的時候。蕭何身為相國，留守後方。他見上林苑中有很多廢棄不用的空地，就將這些空地交給老百姓耕種。這本來是一件善政，但劉邦回來之後卻大為憤怒。因為蕭何這樣做收買了人心，卻讓劉邦被老百姓罵。蕭何後來就多收財物以自穢——自己玷污自己的名聲，以讓劉邦放心。

其實不僅蕭何如此，聰明有能的大臣莫不如此。「善歸於上，惡歸於己」乃是安身保命的良方。如管仲，輔佐齊桓公稱霸天下，卻蓄妓以自汙。如王翦，率大軍六十萬攻打楚國，卻不斷向秦王要求田地，部下問其原因，則說：「我裝出一副求田問舍的小人樣子，秦王就不會擔心我謀反了。」還有張良，閉門自守學習黃老之術。後世則有郭子儀，敞開大門讓老百姓隨意進出，顯示自己無不可告人之事，才保住了性命。

做臣子的很苦，但當帝王的也不好受。用與防之間，是很微妙的平衡。我們再來看一個經典的例子。

那是戰國時期，燕昭王派樂毅伐齊，幾乎滅亡齊國。田單施離間計，一舉打敗燕軍，擁立了齊襄王，自己也被封為安平君。田單也可謂是功高蓋主了，因此很讓齊襄王猜忌。有一次田單看見一位老人在大冬

蕭何畫像

天過河，因為太寒冷了而幾乎凍僵，他就把自己的裘衣給了那位老人禦寒。齊襄王聽到這件事後很不滿，說：「田單收買人心，是想謀奪我齊國嗎？不早早處理他，恐怕會出禍亂。」他一時氣憤說了這話，卻又立刻擔心起來，趕緊四處看看有沒有人聽見，結果看見一個貫珠人站在一邊。齊襄王忙問：「我說的話你聽見了嗎？」那人回答說：「聽見了！」齊襄王嚇了一跳，忙問：「那你認為如何？」對方就說：「您這招不行。您想殺田單不僅很危險，而且會失掉民心的，不如讓他的善事成為自己的善事。您可以嘉獎田單說：『我擔憂老百姓饑渴，田單就把糧食給他們；我擔憂老百姓寒冷，田單就解下裘衣溫暖他們；凡是我的擔憂，田單都替我做了，非常合我的心意啊！』」齊襄王按照這種方法行事，結果齊國的老百姓都說：「原來田單這麼照顧老百姓，都是我們的王讓他這麼做的啊！」

三人中間，下場最不好的是韓信。

《資治通鑑》上曾經記載了這樣一個故事：韓信平定齊地之後，派使者到劉邦那裏說：「齊國人狡詐多變，容易反叛，而且又臨近項羽的楚國，請任命我為齊國的假王來管理他們！」劉邦看了書信之後，頓時勃然大怒罵道：「我在這裏被項羽圍困，時時刻刻盼望著你來救我，你小子卻乘人之危想自立當齊王？」他的話剛說完，張良、陳平兩個人就在桌子下面踢他的腳，悄悄說：「您現在情勢危急，能夠阻止韓信當齊王嗎？不如乾脆立他為齊王，安他的心，否則，恐怕他會生二心。」劉邦聰明得很，立刻就改口說：「男子漢大丈夫，要當就當真王，當什麼假王啊！」馬上就讓張良帶著印信封韓信為齊王了。為了不讓韓信反

叛，劉邦不得不忍，不得不接受韓信的要挾，但他卻也一直對韓信猜忌，最終讓呂雉殺了他。《史記》記載劉邦聽到韓信被呂后殺後的心情是：「且喜且哀之」——這話道出了多少幕後的故事？

其實韓信也是個頗能忍的人，「胯下之辱」一事千古留名。他氣度寬大，後來當了楚王回到故地，不僅沒有殺掉當初侮辱自己的那個人，反而給了他官做。數十年後出了個李廣，灞陵尉得罪過他，他再次掌權後就找個由頭把人家殺了。千古慨歎「馮唐易老，李廣難封」，然而李廣未能封侯，究竟是懷才不遇還是自身氣度不足，與韓信一比較，答案就已經出來了。

韓信雖然是個難得的軍事人才，但畢竟不是政治家。打仗有方，自保無術，在楚漢戰爭中幾次要挾過劉邦，及至天下太平，仍不知道在新形勢下自己已經處於一個危險的位置，還經常發牢騷，恃功而驕，焉能不招忌乎？司馬遷曾道：「假令韓信學道謙讓，不伐其功，不矜其能則庶幾哉！於漢家勳，可以比周、召、太公之徒，後世血食矣！不務出此，而天下已集，乃謀畔逆，夷滅宗族，不亦宜乎！」

後人歎曰：「生死一知己，存亡兩婦人。」當年蕭何月下追韓信，建議劉邦拜韓信為將，才有了韓信的功業榮耀；後來，蕭何又幫呂后將韓信騙入宮中而斬之。韓信自己不懂政治，又豈能怪蕭何這個「知己」？

五

毫無疑問，劉邦個人的品德、思想境界是不足道的。他拋妻兒，捨父母，言語粗俗，待人無禮，是個韋小寶似的潑皮無賴。但就這麼個潑皮無賴，卻竟然當上了皇帝，而且很受後人推崇。馬援稱光武帝劉秀不如高祖，劉文靜說李世民「曠達類高祖，神武同魏武」，竟然把他當作

了皇帝的楷模。究其原因，正是因為他擁有上面所說的諸特質。

畫有蕭何月下追韓信的瓷器

秦始皇東遊時，劉邦和項羽在不同地方分別見到了秦始皇的車馬儀仗。項羽言：「彼當取而代之！」劉邦曰：「大丈夫當如是也！」

豪爽勇猛的項羽「取而代之」的願望也實現了，但他也像秦始皇一樣，痛快了沒幾天。

陰柔無賴的劉邦「當如是也」的願望也實現了，而且開創了漢朝數百年的基業。

「大風起兮雲飛揚，威加海內兮歸故鄉，安得猛士兮守四方！」——劉邦沒有讀幾天書，可讀書人做得出這樣的詩嗎？

中國古代的大政治家也許並不討你喜歡，可他們的成就卻令你佩服。

所以，歷史不是英雄史。

圈子
的智慧

奸雄之手段，能臣之謀略——曹操的政治圈子經營

一

中國民間有句俗語：少不看「水滸」，老不看「三國」。

什麼意思呢？《水滸傳》裏多是梁山好漢殺人放火的故事，一言不合，就拳腳相見，少年人看了之後更容易莽撞惹禍；而《三國演義》裏多的是計謀韜略，你算計我，我算計你，老年人看後會更加「老成持重」、「老奸巨滑」。

先不說這話有沒有道理，單從文學作品的藝術成就來看，《三國演義》可以說是中國最成功的政治歷史小說。幾百年來，「三國」熱經久不衰，普通老百姓多少都會知道些三國的故事和典故，再加上各種評書演義，戲劇野史——據說「三國戲」是戲劇舞臺上第一大類，比任何一個朝代的戲都多，可以說三國時代的人物和歷史故事是所有歷史朝代中普及率最高的。

這是文學藝術的力量。但《三國演義》也有巨大的負面作用，它就像今天許多的「戲說XX」一樣，把許多人物和事件給戲劇臉譜化了，代代口口相傳，用文學演義和故事掩蓋了歷史的真正面目。

三國歷史文學化的最大受益者是諸葛亮，其他得到好處的還有關羽、劉備、張飛等；最大的受害者是曹操，「心胸狹窄」被孔明「活活氣死」的周瑜也是蒙冤的典型，曹操與孫權手下的其他人等也多被刻畫成了小丑形象。

諸葛亮是忠義和智慧的化身，千百年來高居神壇；曹操成為奸相權臣的典型，塗著大白花臉在舞臺上被人一次次嘲弄。

諸葛亮我們下文再談，在此先說說曹操。

二

天下大勢，分久必合，合久必分。

自黃巾起義開始，漢家江山就處於風雨飄搖之中。各路豪強紛紛施展自己的十八般武藝，登臺表演，十足地你方唱罷我登場。今天甲乙聯合攻擊丙，明天乙和丁又共同消滅甲，如此這般幾近有三十年的時間。大浪淘沙之後，基本上成為三分天下，進入曹魏、劉蜀和孫吳三國時代。這三家雖然是三足鼎立，處於一種相對均衡的狀態，但實際上孫劉兩家的力量要小得多，各自憑險據守，偏安一隅，政治軍事上都處於守勢。

曹操的力量和地盤都要強大得多，他統一了中國北方，為日後的大一統奠定了基礎。其實，如果赤壁之戰曹操的運氣好一點的話（史書上有一種說法是曹操因軍中瘟疫太盛，自燒戰船而撤兵的），也許在他手裏就完成了這個「分久必合」。無論後人稱他為英雄也好，奸雄也好，我們都不得不承認，曹操的確是一個了不起的領袖人物，是這個時代當之無愧的主角，

早在曹操少年時期，其才華就被人所肯定。當時的汝南名士許子將，一向以識人知名，其給曹操所下的政治考評是：「治世之能臣，亂世之奸雄」──此話因其靈驗和精闢而被後人津津樂道。能臣也好，奸雄也罷，反正他是不同於常人。的確如此，曹操先是在亂世中崛起，稱雄一方，爾後在治理「三分之一」天下時也顯示出其卓越的政治才能。

曹操的的「奸」，在其小的時候就有過表現。《曹瞞傳》中曾記

載：曹操小時候飛鷹走狗，遊蕩無度，他叔叔很不喜歡他，經常在他父親面前數落曹操，害得曹操總挨父親的批評。曹操就想辦法「修理」這個叔叔。一次，曹操見到叔叔後，假裝嘴角抽搐，口吐白沫，叔叔問他怎麼回事，曹操說中風了。叔叔趕緊告訴曹操的父親，父親趕來後，曹操卻什麼事也沒有，曹操說：「叔叔不喜歡我，所以總說我的壞話，我什麼事也沒有啊！」此後，叔叔再說什麼，曹操的父親就不以為然了。——小小年紀就有如此心機和手段，這是生性，後天想培養都不太容易。其他能夠證明曹操奸猾狡詐的故事很多，如望梅止渴、軍糧不夠時改小斛發糧後又諉罪於糧官等等，我們就不一一例舉了。

曹操的「能」同樣也有非常多的例子。沒有史料說曹操如何刻苦攻讀，但他在各方面都有不俗的表現，包括他的詩歌等文學成就，當然其中最突出的還是他的見識和謀略。

在大將軍何進與袁紹策劃除掉宦官集團時，準備召董卓帶兵進京。曹操聞之大笑，說：「閹豎之官，古今宜有，但世主不當假之權寵，使至於此。既治其罪，當誅元惡，一獄吏足矣，何必紛紛召外將乎？欲盡誅之，事必宣露，吾見其敗也。」——就是說，殺個宦官，一個獄卒都可以做到，為什麼還要調大軍進城呢？這肯定是要失敗的，沒有這麼做事的。後來事情的發展果如曹操所料。

董卓之亂既起，各路諸侯組織聯軍討伐董卓。此時，曹操與袁紹曾經有過一段關於如何建功立業的對話。袁紹說：如果事情不順利，「吾南據河，北阻燕、代，兼戎狄之

曹操畫像

眾，南向以爭天下，庶可以濟乎！」曹操說：「吾任天下智力，以道御之，無所不可。」「湯武之王，豈同土哉？若以險固為資，則不能應機而變化也。」

這一段對話，使當時中國北方的兩個主要人物的境界高下立判。曹操認為建功立業的辦法就是，將天下的人才集中到自己手中，用自己的「道」來駕馭驅使他們，那就沒有什麼是不能成功的了。如果僅僅是佔據一塊險要的地方，其實會失去更多的機會，偏安自保也許還可以，是不可能有大的成就的。袁紹的見識與曹操相比，確實低了一籌，雖然當時他的勢力比曹操要大得多，但最後還是敗於曹操手下。

曹操一生，也有過許多挫敗，但其在大事上是沒有犯過糊塗的，當得起「遠見卓識」四個字。在其「挾天子以令諸侯」平定整個北方後，曹操的威望可以說是如日中天，建安二十四年，曹操已經六十五歲的時候，孫權曾上書稱臣，勸曹操稱帝。曹操說：「孫權這小子是想把我放在火爐上烤啊！」屬下文臣武將多次勸進，曹操說：「若天命在吾，吾為周文王矣。」——南征北戰三十年，天下基本平定，文治武功均達到鼎盛，自己距離九五之尊僅僅一步之遙，可曹操就能抵抗住這種巨大的誘惑。後人多將梟雄袁世凱相比曹操，雖然袁也堪稱奸雄能臣，但其竟冒天下之大不韙復辟稱帝，就從這一點來看，就與曹操相差甚遠。

一個政治領袖，最重要的能力就是「遠見卓識」——對天下局勢清楚正確的判斷，在這個基礎上，才能夠談到具體做事情的方法和謀略。否則，前提錯了，勤勉奮鬥、機謀百出以及人格魅力都是沒有用的。

從個人道德的角度來講，曹操可能會招致許多非議，如殺完呂伯奢全家後說：「寧我負人，毋人負我」（這個說法僅僅見於孫盛《雜記》，而其他幾種記載則與此不同，史學界對此也難有定論），雖不像劉邦那樣無賴，也難說上是什麼正人君子，其猜疑狡詐的性格多為人詬病，如殺楊修、華佗，確實是曹操的污點，是其「白臉奸臣」的最大證據。他

的人格魅力與唐太宗等明君相比也差得很遠，但他的「奸」和「能」確實是中國歷史上第一流的。而且，從歷史功績的角度來看，曹操也是有功於天下的，他在政治和經濟上都採取了許多有利於社會進步的措施。魯迅也說：「其實，曹操是一個很有本事的人，至少是一個英雄。」

曹操並沒有當過皇帝，可後人一般都把他當作開國皇帝來看待，是他為後來的魏國，乃至西晉統一天下打下了基礎。

三

在討論曹操如何發家之前，我們首先得看看曹操的出身。

曹操的出身其實並不光彩。他的祖父曹騰，是東漢後期赫赫有名的大宦官，做官做到中常侍大長秋之職，被封為費亭侯。宦官是沒有子嗣的，因此他就從夏侯家過繼了一個養子來繼承他曹家的香火。而這個養子，就是曹操的父親曹嵩，曾經做到三公之一的太尉職位——當然，這個官是花錢買來的，而不是憑本事自己掙來的。也就是說，曹操出身於宦官家族，而且還有一個喜歡買官做的父親。

在中國歷史上，宦官歷來都是不太光彩的角色，而在東漢末年那個時期，由於宦官專政而導致朝政混亂，這個角色就更加為人所不齒。因此，在官渡之戰前夕，陳琳在幫袁紹寫的《討曹操檄》中就大罵曹操是「贅閹遺醜」，將他的家醜全都給抖露了出來，罵得曹操一點面子都沒有了——據說曹操當時正患頭疼病，看完這篇檄文後，一躍而起，連呼精采，竟然頭也不疼了。

這篇赫赫有名的檄文是否治好了曹操的頭疼，我們無法考證，事實是從中就可以看出，曹操的先天政治資源實在不怎麼樣。由於他那不光彩的出身，當時的主流社會的所謂名士起先是瞧不起他的。而這些當時的名士和世家大族的實力是相當強大的，可以說是當時政府機構的主要

構成力量。

東漢時代的人才選拔制度，是叫地方長官每年選舉地方上的孝廉推舉給中央，稱為郎，或者叫郎官。只有擔任了郎官在郎署歷練幾年之後，才能正式進入仕途做官。比如曹操的履歷就是：「年二十，舉孝廉為郎，除洛陽北部尉，遷頓丘令，徵拜議郎。」也就是說，不被推舉為孝廉的話，是無法做官的。而所謂的孝廉，基本上都是在讀書人中產生的，也就是說，東漢政府是士人政府，讀書人的地位之高，是毋庸置疑的了。但這樣就產生了一個問題。大家都知道，在東漢時期，造紙術剛剛被發明，還沒有得到普及，而印刷術則更是在很久以後才被發明的，這樣一來，讀書就成為了少數人的特權。古代書本必須傳抄，一片書簡只能寫二十來字。抄一本書，其費時費力可想而知。帛是絲織品，其貴重也不言自喻。而且要抄一本書，必須不遠千里尋師訪求。因此讀書求學，便有著極大的限制。但若你生長在一個讀書家庭中，那一切困難，便都易解決了。因此雖然官位不一定能世襲，但書本可以家傳，雖然不是世代簪纓，卻是世代經學。世代經學，便可以世代跑進政治圈子，便無異於原來的封建傳襲的貴族了。因此當時一個讀書家庭，很容易變成一個做官家庭，而同時便是有錢有勢的家庭。這樣一來，地方上推舉的孝廉，往往也就落在了有數的幾個家庭之中，便形成了世族大族。而這些世族大族，在地方上也就有了所謂的「郡望」了。

了解了這個背景之後，再來看當時的名士和世家大族的力量，就很容易理解了。

先來說說名士。所謂的名士，指的是那些非常有名望的讀書人，或者說是天下讀書人的精神領袖。這些名士，當他們還在野隱居的時候，雖然並沒有什麼實質上的權力，但卻因為他們的名望地位，代表著當時的輿論導向和讀書人的價值取捨觀，而擁有極其強大的政治影響力。

東漢末年比較有名的名士，如許子將、橋玄、司馬徽等人，不僅可

以影響天下讀書人的價值取捨觀，甚至能夠影響到實權人物的人事分配。比如小霸王孫策平定江東的時候，勇將太史慈自告奮勇要去與他對敵，他的上司揚州刺史劉繇就諷刺他說，我要是用你做大將，許子將豈不笑話我不識人？而劉備之所以重視諸葛亮，願意降尊紆貴三顧茅廬去拜訪他，也是受了荊州名士司馬徽與龐德公的影響。而曹操殺了名士邊讓，就激起了兗州士大夫的強烈反抗，甚至連他的心腹部下陳宮都因此而背叛了他，勾結呂布霸佔了他的老窩，差點將他逼到走投無路的地步。後來曹操就學乖了，對於另一個名士彌衡，就採用了借刀殺人的計謀，不敢親自動手了。由此可見，這些名士的影響力量有多大。

再來說說世家大族。事實上，正如上面所說，由於紙張、印刷等客觀條件的限制，讀書一直是少數人的特權，也就是世家大族的特權。因此從西漢漢武帝開始，一直到唐朝科舉制度的實行，這數百年的時間裏，世家大族從來都是政權的統治力量。

世家大族的力量究竟有多大？西晉的王導、桓玄家族可以控制整個朝廷的命運。唐朝時期的名門望族甚至不屑於與皇帝結親。而在三國時期，各地諸侯無一不是在世家大族的扶持下才得以割據一方的，如劉表得到了蔡、蒯兩族的幫助統治了荊州，陶謙、劉備都是依靠麋（竺）、陳（登）家族的幫助才能統治徐州，孫策得到呂范、孫河等人家族幫助得以平定江東，其中最厲害的就是袁紹。袁門四世三公，門生故吏遍布天下，有了這樣的背景，袁紹甚至敢當面與董卓叫板，拔出寶劍說：「天下健者豈惟董公！」而董卓竟無奈他何。後來諸侯聯盟討伐董卓，袁紹成為當之無愧的盟主，憑藉的是什麼？依舊是他世家大族的身分而已。《後漢書》上說，「是時豪傑既多附紹，且感其家禍，人思為報，州郡蜂起，莫不以袁氏為名」，可見袁家的社會地位之高。

由上面的介紹可以看出，由於出身的緣故，曹操最初起兵的時候，與袁紹等人比較起來，他的政治影響力是相當小的，甚至可以說是負面

的。他不僅沒有獲得政權的主要構成力量——讀書人的支持，反而被他們所輕視。在這樣的背景下，我們再來看曹操的崛起，就更能理解曹操的政治才能。

四

曹操與袁紹對話時說：「吾任天下智力，以道御之，無所不可。」那麼，曹操的出身不好，又沒有道德和人格的感召魅力，如何才能將天下的「智力」團結到自己的周圍，又以什麼樣的「道」而「御之」呢？

曹操起兵的時候，論將領不過夏侯惇、夏侯淵、曹仁、曹洪等數個有著血緣關係的宗族兄弟而已。論兵力，不過五千（「陳留孝廉衛茲以家財資太祖，使起兵，眾有五千人」）。而這五千軍馬，在追擊逃往長安的董卓的過程中，「戰不利，士卒死傷甚多」，差點連他自己的小命都丟在了那裏，還是幸虧同族兄弟曹洪將馬匹讓給他騎才逃過一劫。接著呢？《三國志·武帝紀》上記載，在這次戰鬥之後，「太祖兵少，乃與夏侯惇等詣揚州募兵。」——像募兵這種下級官吏就能做的事情，也需要曹操親自去做，可見他當時狀況之窘迫。

更要命的是，募來的兵竟然還鬧起了叛亂，「夜燒太祖帳，太祖手劍殺數十人，餘皆披靡，乃得出營，其不叛者五百餘人。」——真是苦到了極點。後來好不容易才募到一千多兵，在河內駐紮。我們大致上計算一下曹操這個時候的兵力，再多也不會超過五千人，甚至連一個稍稍強大一點的地方豪強都不如，更不用談與那些諸侯比較了。當時群雄逐鹿，諸州郡互相兼併來擴大自己的力量。在這樣的大環境中，曹操的這點力量，不要說建功立業了，甚至連自保都很困難。因此曹操首先要做的，就是在這樣的大環境中生存下去，不會被別人兼併。

怎樣才能保住自己不被別人所兼併呢？第一要手中有兵。槍桿子裏

圈子
的
智慧

面出政權，這是千古不變的道理。第二要擁有屬於自己的地盤作為根據地，養得起自己的兵。「有兵斯有地，有地斯有民，有民斯有糧，有糧斯有兵」，這是相互依存的關係。

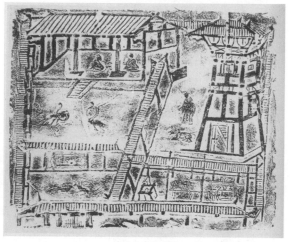
漢代官員的庭院

初平三年，也就是西元一九二年，曹操終於抓住了這樣一個機會。青州黃巾攻入兗州，殺死了刺史劉岱。曹操在鮑信、陳宮等人的協助下，擔任兗州牧與青州黃巾交戰，並最終降服了他們，收編其中的精銳三十萬，號為「青州兵」。也就是說，在這個時候，曹操才擁有了自己的根本——兗州這塊地盤與青州兵這份武裝力量，因此史學家都認為「魏武之強自此始」。

青州兵是個頗為有趣的存在，理想主義十分濃重，歷史上很罕見的，如果細究起來足以寫成一本書，在這裏只是略略提一提。

由於種種原因，青州兵在降服時曾與曹操約定：一，只聽命於曹操一人；二，不接受任何形式的改編，保持完全的獨立性與自主性。因此，在曹操的整個軍事生涯之中，青州兵雖然一直效忠於曹操，對他忠心不二，但對於曹操派遣下來管理他們的將領，卻是「只聽從其指揮不歸其所有」，保持著自己的完整與獨立，未曾被改編吞併。而在他們所認同的領袖曹操去世之後，青州兵就不願意再為魏國的任何其他人效命了——哪怕你是曹操的兒子，領袖正統的繼承人，但只要我們不認同

你，你就和我們沒有任何關係。他們離開了軍隊回到自己的故鄉務農，只是臨走之時以震天鼓樂表示出對自己的領袖曹操的愛戴與懷念。

　　有了兵──青州兵，有了地──兗州之後，曹操終於站住了腳跟，不僅能保住自己不被別人所吞併，甚至有能力去吞併別人了。這個時候，曹操發家的基礎已經打下了，剩下的，就是如何將這片家業越滾越大了。而在這之前，他首先要做的，就是整合起一套屬於自己的強有力的班子來輔佐自己。

　　這套班子的組成結構此時已經有了雛形。那就是：以曹氏宗族為核心，在發掘自己隊伍中人才的同時打破當時的門第觀念，提拔重用出身於社會下層的文人武士，爭取中小地主階層的支持，並盡量利用投降過來的敵方人才。

<h2 style="text-align:center">五</h2>

　　我們來看看曹操集團的結構組成部分。

　　與任何政治勢力一樣，曹氏集團的結構組成部分，也可分為核心、中層和週邊三個圈子。

圈子
的
智慧

068

　　曹操集團的構成很複雜，其中最重要的一部分是曹操的家族兄弟──子弟兵，也就是與曹操有血緣關係的一批人，包括夏侯姓與曹姓兩族，其中比較有名的有夏侯惇、夏侯淵、曹仁、曹洪、曹休、曹真等人，這一部分是曹操起家時的本錢，是他隨後「滾雪球」的核心。在這個核心的週邊，一部分是他親自提拔重用的將領，如于禁、樂進、典韋等，一部分是敵方投降過來的將領，如張遼、徐晃、張郃、文聘等人；一部分是地方豪強，如李典、李通、許褚、臧霸等；一部分是中下層地主階級的人才代表，如賈詡、郭嘉、程昱等；而另一部分，卻是世家大族的代表，如荀彧、荀攸、王郎、孔融、司馬懿等。

漢帝

名義領袖
政治旗織

曹操集團

曹氏嫡系
外圍幹部
逐利集團

孫權集團

劉備集團

三國勢力圖

　　在上面的這些人名中，我們可以清楚地看到，曹操手底下的這幫
人，五湖四海，來源很雜，各個社會階層的都有。這固然是由於曹操採
用的是唯才是舉的用人方針，但正如前面所說，與他的出身也不無關係
——兩漢以來所一直信奉的「德行」和出身門第的傳統思想，導致大批
士人不願意為宦官家族出身的曹操所用。正是由於得不到那些名士和世
家大族的認同，曹操才不得已大力提拔中下階層中的人才，從而造成了
整個曹操集團中人才來源的複雜性。而最後一部分世家大族的人才也能
被他羅致麾下，與他的政治手段有很大的關係，我們在下文再詳細討
論。

　　我們可以將曹氏集團做如下的分類：

　　第一集團是核心集團。其中的代表人物是曹氏宗族，另外如于禁、
樂進等被曹操提拔起來的寒門之士也可以算作屬於這個集團。這個集團
的利益與曹操的利益緊密聯繫在一起，一損皆損一榮皆榮，因此這個集
團是曹操集團的核心力量，也是他最有力的支持者和賴以生存的根本。

　　第二集團是騎牆派集團。代表人物是臧霸、賈詡等。這個集團基本

上大都出身於地方豪強或者是中下層地主階級，他們擁有一定的能力和政治上進心，迫切需要提高自己的政治地位，但卻並沒有固定的政治理念，僅僅只是因為利益而跟隨曹操，也有可能隨時背叛他。這個集團是曹操集團的週邊組織，地位雖低，但人數眾多，能夠得到重用，卻不一定得到信賴。

第三集團是正統派集團。代表人物是荀彧、孔融等人。這個集團的實力最大，大多是名門世家出身，對漢王朝還具有一定的忠心，同時也想挽回已經失去的政治經濟特權，因此與曹操採取了合作方式。在這個合作過程中，他們的利益與曹操的利益有時相同，有時卻又截然相反。

現在，問題就來了。既然曹操手底下的這幫人來自於不同的社會階層，那他們所追求的目標或者說利益也肯定不一樣，與曹操的親疏遠近也各不相同，怎樣將他們團結在一起，很不容易。

在上面的分析中我們可以看出，真正死忠於曹操的，僅僅就是第一集團而已。他們要麼是曹操的親族，要麼就是沒有任何家世背景的寒門之士，離開了曹操無法立足。對於第一集團來說，曹操的利益就是他們的利益，曹操的損失就是他們的損失。因此，夏侯惇才會有「恥為漢官求受魏印」這樣的行動。而曹操對於第一集團的封賞也是最豐厚的。凡是看過《三國演義》的都知道，在整個曹魏政權中，政權的基礎力量——軍隊，一直都牢牢掌握在第一集團尤其是曹氏宗族的主要大將手中：曹操南征，留夏侯淵鎮守長安對付馬超、韓遂；赤壁之戰失敗，留曹仁統帥徐晃、樂進等守南郡；克張魯，留夏侯淵守漢中……總之，在曹操活著的時候，外姓大將幾乎就沒有掌握過能夠獨當一面的權力。

即使是在曹操死後，曹氏宗族掌握軍權的權力格局也沒有絲毫的改變。《三國演義》中記載了這樣一個細節：魏明帝太和五年，蜀漢諸葛亮出兵祁山，大都督曹真有病無法統兵，魏明帝任命司馬懿為大都督取代曹真，然而司馬懿竟然不敢接任，非得讓曹真主動讓出大都督印他才

北宋畫家喬仲常所繪的《後赤壁賦圖》（部分）

敢領命。司馬懿為什麼這麼做？不就是因為他是第一個外姓統兵大將，破壞了曹操留下來的規矩，擔心因此遭到曹氏宗族的猜忌嗎？

然而，在曹氏宗族的核心大將——先後過世之後，軍隊就直接落到了外姓的司馬氏手中，並最終導致了司馬氏的篡權。

對於第二集團，也就是騎牆派集團，曹操的辦法是利用但不信賴，給予他們一定的權力，卻不讓他們掌握真正的實權。這些人有主動投靠的，也有被曹操征服收降的地方豪強：今天不投降，就沒命了，可明天局勢發生變化了，他又可能成為曹操後院的不安定因素。對於這部分人，曹操是又拉又打，恩威並施：總不能把他們都趕到敵人那邊去吧？

大家都應該記得這樣一個故事：在官渡之戰結束之後，曹操收繳了袁紹帳中諸多的書信，其中就有許多是自己的部下與袁紹互通款曲的證據。這是典型的第二集團騎牆派做法，只追求自己的利益，才不管你誰當主子。

曹操的解決辦法是看都不看，就一把火燒了個精光，並說：「當時袁紹強盛，我都不能自保，更何況其他人！」

話雖說得漂亮，但卻也有幾分無奈。趨利避害乃是人之常情，他又能怎麼辦？水至清則無魚，人至察則無徒，這個道理曹操還是懂的。很明顯的，只要曹操的力量依舊強大，第二集團就會繼續為他效力。他不會絕對信任這幫人，但又不能沒有他們，這也是勢力的必然組成部分。

在這第二集團的騎牆派人物中，最典型的例子就是賈詡。

三國名將關羽的畫像

賈詡字文和，以謀略著稱，堪稱三國時代陰謀之士的代表人物之一。他的眼光謀略高超已極，做出許多驚天動地的大事：鼓動李傕、郭汜攻入長安控制朝政，為張繡謀主屢屢擊敗曹操，獻離間計協助曹操擊退馬超、韓遂等等。然而他換過好幾個主子，名聲因此變得很不好，因此在曹操手下，「懼見猜嫌，闔門自守，退無私交，男女嫁娶，不結高門」，活得很窩囊，最終還是依靠幫助曹丕成為世子的大功才得以善終。

第三集團，也就是正統派集團，是曹操集團中最不穩定的一個因素。一方面，這個集團大部分出身於世家大族，具有強大的政治影響力和軍事實力，能夠在群雄爭鹿戰中起到決定成敗的關鍵作用，不拉攏他們是不行的。而另一方面，正因為這個集團的力量過於強大，並且擁有自己的政治理念，並不一定完全聽從曹操的控制，有的時候還會和他別別苗頭，因此曹操也會對他們進行打壓，保住自己統治的穩固性。

我們先來看看曹操是如何拉攏這第三集團的。

上面已經說過，曹操由於出身的緣故，並不被當時的士人所看重。最明顯的例子就是，在曹操集團中佔據著非常重要地位的謀士如荀彧、郭嘉等人，最初選擇的主子都是名門世家出身的袁紹，只是眼見袁紹不爭氣不值得輔佐才不得已選擇曹操。這些具有識人之名的謀士尚且如此，更何況其他士人了。因此，為了樹立形象，拉攏人心，曹操手下的謀臣們，就給他出了一個點子，那就是將代表漢室正統的皇帝抓在手

中，「挾天子以令諸侯，奉詔命以討不法」。

在西元一九六年，曹操奉迎漢獻帝，定都許昌，以皇室的代言人自居，從而擁有了政治上無與倫比的優勢。此後的曹氏集團高舉漢帝這張政治牌，討了很大的政治便宜。用今天的話來說，就是給自己找了一個「名譽董事長」——實際權力在「總經理」曹操手中，但整個政治勢力的名義領袖卻是漢帝。

有了以皇帝為首的東漢政府在身邊，曹操就找到了名正言順的「道」，實現了政權兩面性的辯正統一，無論士人們在主觀上是向漢還是向曹，客觀上都不能分開。《三國演義》中關羽提出的「降漢不降曹」就代表了這種觀點。但這不過是自欺欺人的說法，正如曹操所言，他就是漢丞相，降漢就是降曹，只不過說法好聽了一點而已，本質上是沒有區別的。但別小看了這一點。清朝人趙翼在談到荀彧棄袁紹而投奔曹操時說：「彧計諸臣中，非操不能削群雄以匡漢室，則不得不歸心於操而為之盡力，為操即所以為漢也。」趙翼的說法一針見血地指出了當時很多士人不得不為曹操服務的事實。也就是說，曹操的所作所為符合了第三集團的政治理念，他對第三集團的拉攏因此而成功了。

然而，這個「道」有個先天性的致命弱點，而且是無法克服的，那就是：隨著曹操權力的不斷增大，他的利益不僅不再代表漢室的利益反而威脅著漢室利益時，就與第三集團的政治理念產生了根本性衝突，從而發生了碰撞。在這種衝突碰撞中，第三集團的一部分人承認了事實的不可逆轉性，即所謂的「天命」，放棄了自己的政治理念轉而為曹魏政權效命，如劉曄、王朗、華歆等人；而另一部分人，則成為了曹操打壓的對象，如荀彧、孔融等人。

在這些人物中，比較有代表性的兩個人是劉曄和荀彧。

劉曄出身於漢室宗親，是漢光武帝兒子阜陵王劉延的後人。他出身名門，很年輕的時候就為當時鄉人所敬重，曾單槍匹馬收服揚州地區的

多股盜賊勢力，智勇兼備，非常具有才幹。按照道理說，他既是漢室宗親，又如此有才，即使沒有像那個賣草鞋的大耳賊劉備那樣割據一方的野心，至少也不應該幫助曹操覆滅漢室政權才對，但他卻是曹魏政權的忠實擁護者之一。《三國志》上記載說：「曄在朝，略不交接時人。或問其故，曄答曰：『魏室即祚尚新，智者知命，俗或未咸。僕在漢為支葉，於魏備腹心，寡偶少徒，於宜未失也。』」其小心謹慎如此！

關於荀彧的事蹟，凡是略略了解三國歷史的人都應該知道得很清楚。他是曹操最重要的謀士之一，為曹操籌畫過許多重要的戰略決策，然而，他出身於官宦世家，對漢室政權還具有一定的忠心，因此，當曹操「進爵國公，九錫備物，以彰殊勳」，表示出對漢室政權的威脅之意時，「或以為太祖本興義兵以匡朝寧國，秉忠貞之誠，守退讓之實；君子愛人以德，不宜如此。」曹操的行為與荀彧的政治理念發生了嚴重的衝突。而這種衝突的結果，則是荀彧被曹操疏遠，鬱鬱而死（也有說法是被曹操毒死的）。至於孔融，則更慘了，身死族滅，成為了曹操殺雞儆猴的最佳對象。

但不論如何，曹操終於不敢（願）在自己手中滅掉漢室而自己稱帝，就是對輿論和這些力量有所顧忌。

六

就這樣，在組建了以第一集團為核心，第二集團為週邊，同時拉攏並控制第三集團這樣的一個政治軍事班子之後，曹操依靠著這個班子，終於完成並鞏固了整個曹魏政權的力量，實現了他建功立業的理想。

縱觀整個曹操集團，我們會發現，曹操本人各方面傑出的才能是組建、穩定和統帥這個集團的關鍵：劉備三顧茅廬請來了諸葛亮，諸葛亮則成為劉備集團中後期的核心；孫權則前有父兄的基業後有周瑜、魯

肅、陸遜等人；而在曹操集團中就只有曹操一個人是絕對的領袖與核心，政治、軍事其無所不能，集團中的任何一種勢力都不可能顛覆曹操，也不能不聽命於曹操。及至司馬懿之時，則世易時移，又是一番田地了。況且，從權力集團的穩定性來說，曹操之後，曹氏集團仍然強盛，曹操的兒子也比劉孫二位的後人強多了，更不用說其集團中的文臣武將人才濟濟。讀《三國演義》，有人說，諸葛亮一死，三國時代也就基本結束了：雖然暫時還是維持著三家的局面，但已經無人能再制約曹魏，曹魏一統天下是遲早的事了。

亂世之崛起後，在治世方面，曹操在各種政治勢力之間的縱橫捭闔、政策的制定與實施等方面也頗有可稱道之處。比如曹操命陳群創設九品中正制，就是因為漢末天下大亂，一切制度全歸紊亂，朝廷用人沒了標準，尤其是武人在行伍中濫用人員，不依制度而行，不僅與當時士人政府的傳統不符，而且很有可能造成武人擅權的局面。九品中正制將各地流亡在中央的人士分別記錄登冊由吏部斟酌任用，形成固定制度，讓士人有了出人頭地的機會，讓政府有了錄取人才的標準，不僅拉攏利用了讀書人，而且對於整個國家的安定穩固也起著重要作用。還有建安元年實施的屯田制，保證了軍糧，安置了流民，對於當時整個中國社會的由亂變治起著非常重要的作用，因此立刻就風行全國，甚至連作為其對手的蜀漢、孫吳兩家都採用了這一制度。

治世之能臣也好，亂世之奸雄也罷，事實上，中國歷史的治亂循環就是這類英雄人物表演的大舞臺。當天下紛亂之時，往往是群雄並起。初時看的是軍事實力的強弱，人多則勢眾，但幾個回合走下來，更多的卻要較量領袖的政治才能。這種政治才能是一種綜合素質，包括曹操所表現的奸和能，也有劉邦式的賴皮，也有李世民那樣的胸懷抱負和人格魅力，也有武則天所展露的狠辣權謀等等，無論如何，總得有幾方面的傑出和過人之處，否則，只能是政治舞臺上的匆匆過客。曹操同時期的

曹操故里安徽亳州市已成爲旅遊景點

各路諸侯，也不都是泛泛無能之輩，但與曹操相比，還是等而下之了。

正如我們前面一再強調的，政治家的根本是自己的隊伍和勢力，作為一個想有所作為的政治家，必須在此方面花費心血，這樣才能有實現自己理想的本錢。從無到有，從小到大，從弱到強，從短期的崛起到長久的霸業，根基紮得越牢固，則枝葉就會越繁茂——這是亙古不變的道理。

滾滾長江東逝水，浪花淘盡英雄。

是非成敗轉頭空，青山依舊在，幾度夕陽紅。

雖說一切皆如過眼煙雲，但曹操響亮的聲音卻會迴盪在歷史的殿堂：「設使國家無有孤，不知當幾人稱帝，幾人稱王！」

歷史在玄武門轉彎——政治接班人問題

一

遍觀整個中國歷史，從春秋戰國直到滿清滅亡，在這兩千多年的歷史長河中，若要推舉一位最賢明的君王出來，第一人選當之無愧的應該是唐太宗李世民。他所開創的「貞觀之治」，已經幾近於神話傳說般的存在。而整個中國歷史上最光輝燦爛的盛唐時代，也是他一手打下的基礎。一直到今天，國外華人的聚集之地，都依舊被稱之為「唐人街」。

隋末農民起義轟轟烈烈之際，隋朝的太原留守李淵乘勢起兵，最終雄霸天下，開創了李唐王朝三百年的基業。

李世民是唐高祖李淵的第二個兒子，同時也是唐王朝的實際開創者之一。早在青少年時期，他的才華就為當時人所矚目，「豁達類漢高，神武同魏武，年雖少，命世才也。」而在唐人傳奇中，則記載了這樣一個故事：

衛公李靖未發跡時，拜訪隋司空楊素。楊素雖然權傾天下，卻對李靖大為器重。他的歌妓紅拂女也非常欣賞李靖的才華，連夜前來投奔於他。這就是有名的「紅拂夜奔」。李靖與紅拂女為躲避楊素的追捕離開西京，半路上遇到豪俠虯髯客。

虯髯客意圖逐鹿天下，問李靖可曾見到什麼「異人」，李靖就推薦了當時還不滿二十歲的李世民。虯髯客一見李世民之面，就「默居座末，見之心死」，對李靖說：「真天子也！」但虯髯客還未完全心服，

又請了高人為李世民看相。據說李世民剛到之時，那高人正在下棋，一看到他，頓時面色慘然，落子道：「此局輸矣，輸矣！於此失卻局，奇哉！救無路矣！知復奚言！」勸告虬髯客「此世界非公世界也」，讓他死了爭奪天下的雄心。後來虬髯客就將家產全部贈送給李靖，自己到扶餘國（松花江流域的古國），殺其主自立，不再與李世民爭奪天下了。

其故事雖不可信，然而李世民少年英豪，風度亦可略見一斑。事實上，唐高祖李淵之所以下定決心起兵反隋，也正是因為年輕的李世民早已看清天下大勢，「首倡大義」之故，因此李淵當時就說：「今日破家亡國在你，化家為國也在你。」

李淵的宗族與隋朝是有著很深淵源的，他家跟北周的宇文氏，隋朝的楊氏均出自北魏的軍人，是關隴集團的成員之一。所謂的關隴集團，就是指的諸如宇文氏、楊氏、獨孤氏、李氏等北魏鮮卑貴族出身的軍事貴族。他們握有兵權，多以軍功致位通顯，世代承襲封爵、勳階，與皇室、關中郡姓通過聯姻方式相結合，成為西魏、周、隋三朝的政治核心力量，雖歷經改朝換代，仍然勢力不墜。例如隋文帝楊堅就是通過與獨孤氏的聯姻奪取的北周政權，而李淵的母親卻正是隋文帝獨孤皇后的姊妹，他與隋煬帝乃是表兄弟的關係。

正因為李淵的起點如此之高，再加上李世民雄才大略能征善戰，因此四、五年時間就掃平天下，統一全國。但在這個時候，李世民與太子李建成之間的矛盾也就變得尖銳起來。

二

大凡開國皇帝，多是英武人傑之輩，而一旦坐穩江山，回過頭來就要用權謀對付與自己出生入死打天下的功臣：高官厚祿，解除實際兵權；提拔新進文人，佔據要津——這樣就會形成有軍功有威望者沒有權

力，有權力實際工作者又沒有功勞和威望，不同的圈子相互交叉制約，自己超脫出來，分而治之，穩穩地當領袖和裁判。

但李淵的情況有點特殊。

一則他本人並不是很能幹，他起兵並奪取江山登上皇帝寶座，一方面是當時各路起義部隊已經把隋朝滅亡了大半，而各路義軍又群龍無首，互相廝殺，他揀了個大便宜；另一方面是他的幾個兒子很能幹，大唐的天下很大程度上是這幾個小傢伙東征西討打拼出來的。

二則是天下安定後，李淵要對付的開國功臣是自己的兒子。兒子是自己的親生骨肉，江山社稷是要傳給他們的。兒子窩囊，是英雄老子的悲哀，可兒子太能幹了，也不見得就是皇帝老子的好事——因為那張龍椅太有吸引力了，有很多等不及老子歸天的兒子會「想辦法」早日坐上去以免夜長夢多，這樣的例子並不罕見。而這個不太能幹的高祖皇帝李淵面對的是兩個很能幹的兒子，李淵確實很頭疼。

李世民南征北戰，打下了大半個江山，為爭得唐朝的天下建立了赫赫戰功，麾下也雲集了一幫文臣武將，在軍政各界中都有很高的聲望和勢力。為褒獎李世民的功績，李淵「以秦王世民功大，前代官皆不足以稱之，特置天策上將，位在王公上」、「開天策府，置官署」。

李淵的這個安排，其實是很不妥當的。且不論李世民的功績如何，然而天策府的存在，無疑將李世民放在一個特殊的位置上，天策上將的地位也「位在王公之上」——這樣在太子之下，又產生了一個「第三把手」的特殊人物。

李淵這種一廂情願的安排，使李世民的地位直接威脅到了太子李建成的地位，客觀造成了李世民可以與太子分庭抗禮的後果，雖然主觀上李淵也不曾鼓勵李建成李世民兄弟相爭，但卻在事實上為兄弟相爭提供了條件，這麼做不出問題才怪。所以曾有後人評論李淵的這種做法，斥之為一大昏招：「如果認同李世民的功勳才華，就應該立他為太子，讓

李建成退位讓賢；如果還想保住李建成的地位，就應該廢掉李世民的天策上將尊號，關閉天策府。一個國家有兩個儲君，玄武門事變的發生乃是必然的結果。」唐高祖李淵並不如何英明，由此可見一斑。

由於天策府的特殊資格，因此李世民可以名正言順地積聚自己的勢力與太子相抗衡。他的天策府可謂人才濟濟：十八學士中，房玄齡、杜如晦有「房謀杜斷」之稱，成為一代名相；陸德明、孔穎達精通經學，為後人所敬仰；褚亮、姚思廉擅長文史，虞世南才華出眾且以書法名世，其餘李玄道、薛元敬等十一人也都是當時的才俊人傑。至於武將，秦王府中的精兵猛將是極其著名的，如尉遲敬德、秦叔寶、程知節等，這些人多是李世民招收、提拔起來的，追隨他東征西討，屢立戰功且對他忠心耿耿，王府中還養著許多士兵。

客觀地說，太子李建成也是很精明能幹的。在起兵之初，他的軍功與李世民不相上下，但到了後來，他更多的是隨著父親駐守長安，幫助父親處理軍國政務，雖然也有一些成績，但與李世民比較起來，毫無疑問就相形見絀了。但太子的勢力也不容忽視，由於他身為帝位繼承人的正統身分，更是大張旗鼓地延攬人才，文臣如魏徵，武將如薛萬徹，都是一時之俊傑。而為了與天策府的精兵強將對抗，他還召集了天下勇士兩千人作為王府衛士，再加上弟弟齊王李元吉的幫助，他的勢力實際上比秦王府只強不弱。

還有一個重要的因素，就是唐高祖李淵雖然也曾有過猶豫，但還是比較支持太子李建成的。文干謀反時，李淵懷疑建成與此事有牽連，曾想立世民為太子，改

唐太宗畫像

封建成為蜀王，並且告訴世民：「蜀兵脆弱，他日苟能事汝，汝宜全之；不能事汝，汝取之易耳！」──但後來就沒有了下文。這一方面是因為沒有確鑿的李建成參與叛亂的證據，另一方面與他的手段也不無關係。李建成的手段之一，就是拉攏李淵身邊的嬪妃，送給她們大量的珍寶，讓她們給李淵吹「枕邊風」。

太平天下，皇帝多半會沉迷於聲色。李淵晚年多內寵，其中尤其以張婕妤、尹貴妃二人最受寵。李世民攻克洛陽，張貴妃等人派人向李世民索要珍寶並為她們的親屬求取官職，李世民毫不猶豫地拒絕了，引起這幫女人的嫉恨，自然偏向李建成。淮安王李神通因為作戰有功，李世民賞賜他良田數十頃，張婕妤卻向李淵求情，要求把這些良田賞賜給自己的父親。李神通當然不肯讓出良田，張婕妤就向李淵告狀說：「秦王奪了陛下賜予我父親的良田。」引得李淵大怒，罵李世民道：「我的詔書不如你的手令？」尹德妃的父親驕橫，打了秦王手下杜如晦，尹德妃卻反而向李淵告狀說：「秦王身邊的人欺辱我的父親！」又陷害了李世民一通。

這樣的事情幾次三番下來，李淵就對李世民開始不滿了。這個時候，張婕妤她們使出了最後一招，對李淵說：「秦王記恨我等。一旦陛下駕崩秦王登基，我們母子必不被秦王所容。太子李建成仁慈孝順，如果他繼位，我們母子的性命就可以保全。」李淵聽了頓感大有道理，也就偏向於李建成而厭惡李世民了。

除了拉攏李淵身邊的嬪妃吹枕邊風之外，李建成還利用手中的權力對李世民身邊的羽翼加以翦除，分散和瓦解天策府的將領和兵力。凡有調兵遣將派防出征的機會，李建成都要派給秦王府上的將領，還屢設計謀，讓秦王府的將軍調出外任。正史對此有記載，民間的野史傳說就更多了。《隋唐演義》就是一部精采的文學作品，其影響雖不及《三國演義》，但在中國民間也流傳甚廣。建成與世民鬥法，按正統的倫理道德

觀點，應該是世民理虧，是他以下犯上，可文學作品中把建成和元吉描述成了壞人，屢屢設計陷害李世民以及他手下將領這些「好人」，如戲劇舞臺上的《羅成叫關》，就描寫齊王李元吉用卑鄙手段害死大將羅成。

史書上還記載了幾件事：李建成曾經邀請李世民喝酒，卻在酒中下了毒藥。但不知道是李建成的毒藥不好還是李世民的身體夠強壯，他在灌了許多解毒藥之後竟然保住了性命。一計不成又生一計。李建成說服李淵出去打獵，幾個王子自然也一起陪同。李建成特意給李世民安排了一匹性情暴烈的馬，希望能夠把他摔死。但李世民是在戰場上廝殺出來的，騎術精湛，因此雖然被馬摔傷，卻並沒有什麼大礙。李建成的陰謀再次失敗了。

李淵當然也察覺到了這對兄弟之間的爭鬥。然而，他雖然偏袒李建成，但對李世民也無可奈何。一方面，畢竟是自己的兒子，手心手背都是肉，另一方面，李世民能征善戰，朝中離他不得。在這種情況下，他居然又出一昏招，竟然打算仿效漢朝梁孝王的故事，讓李建成、李世民兄弟倆分治長安和洛陽，也就是說，他準備將國家一分兩半各佔一邊。這下子將李建成嚇了個夠嗆，他知道真要與李世民憑武力來爭天下，自己肯定不是對手，於是趕緊讓李淵打消了這個主意。

當然，李世民也覺察到了建成的意圖，他想盡辦法保護自己的羽翼，並積極儲備力量。他曾派心腹領兵一千多人駐守洛陽，又派人帶著金銀財寶拉攏山東豪傑，

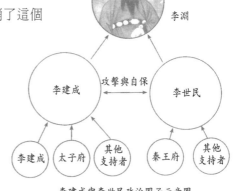

李建成與李世民政治圈子示意圖

引為外援。同時，他也採取收買的手段拉攏李建成手下的人，爭取到了一些關鍵人物，這其中就有負責防守玄武門的常何，常何的官階雖然不高，但卻是至關重要的角色，甚至可以說常何的倒戈直接導致了建成的失敗。

這對兄弟之間的爭鬥，是大唐開國後政治舞臺上兩大勢力的角逐，孰是孰非，很難從道德倫理上說清楚。以李世民之天資，他就沒有對皇位動過心思？這似乎不太可能，況且李淵也曾有過表示，所以他對建成太子地位的威脅是顯而易見的。太子建成為了保住自己的地位，可能採取了許多陰謀手段，但或是運氣天數使然，或是還不夠周密狠辣，總之並沒有除掉世民。而李世民玄武門反戈一擊，即置建成元吉於死地。

三

在持續數年的政治鬥爭中，大體上來說，是李建成處於攻勢，李世民處於守勢，但基本上還是僵局的狀態。僵局的打破是在武德九年，也就是西元六二六年。

當時突厥人入侵，圍住了烏城。一般情況下來說，應該是由李世民領軍出征討伐突厥人的，但李建成卻推薦了他的黨羽齊王李元吉領兵。原來他是有預謀的。他準備在李元吉領兵出征的時候，讓效忠於李世民的大將如尉遲敬德、程知節、秦叔寶等人跟隨出征，並將李世民帳下的精銳士卒也一併帶出去。這樣一來，李世民身邊就沒有了護衛。當李建成與李世民一起為李元吉餞行的時候，李建成就敢讓人當場殺了李世民，並強逼李淵讓出政權。同時，李元吉作為統兵大將，隨時都可以找個藉口殺掉尉遲敬德等人，永除後患。這招計謀不可謂不毒矣！然而，他的一個部下卻被李世民收買了，將他的陰謀告訴了李世民。

是年六月三日，秦王府戒備森嚴，李世民召集王府幕僚，召開緊急

會議。被貶斥在外的房玄齡、杜如晦兩人也應召假扮道士回到了秦王府。會議上，李世民開始還有些猶豫，怕骨肉相殘的名聲不好聽：「骨肉相殘，古今大惡。吾誠知禍在朝夕，欲俟其發，然後以義

有「房謀杜斷」之稱的房玄齡、杜如晦

討之，不亦可乎！」眾幕僚和將領以為不可，以離去相挾，「逼迫」世民下定了最後之決心，並制定了周密的行動計劃。

當天晚上，李世民首先入宮拜見李淵，狀告李建成、李元吉二人穢亂宮廷，並且說：「兒臣對於兄弟之情從未有過虧負，他們卻想殺我，似乎是想為王世充、竇建德報仇。我冤枉而死，到了九泉之下，恐怕會被王世充之輩恥笑。」李世民說這話是很有意思的，其實就是在表功。那麼他為什麼這麼說呢？是因為他想讓李淵召李建成、李元吉進宮好下手除掉他們，但他狀告李建成、李元吉穢亂宮廷並沒有什麼證據，李淵可能置之不理反而會大罵他一通，但扯上自己的功勞，李淵就得安撫他，也就必然會把那兩個人召進宮來雙方對質。果然，李淵愣了半天對他說：「明天就追究這件事情，你明天早上再來吧。」

然而還沒有等到第二天早上，李世民就帶著一千多人埋伏在了玄武門內外，等待著李建成、李元吉二人奉詔而來。其實這個時候宮內的張婕妤已經約略聽到了一些消息，派人告訴了李建成，李建成就和李元吉商議是否聽從詔令入宮。李元吉覺得不該入宮，李建成卻認為自己身邊人馬齊備，再加上負責玄武門守衛的將領常何是自己的人，應該沒有什麼大礙，於是就決定入宮。他卻不知道常何已經被李世民收買過去了。因此，當他帶著人毫無戒備地進入玄武門去拜見李淵的時候，常何卻很

圈子
的智慧

快就緊緊關閉了玄武門。建成等人便成為甕中之鱉，即使外邊的部屬得知了消息，增援都來不及。

建成和元吉來到臨湖殿前時發現殿角有埋伏的士兵，心知有異，立即轉身上馬就往玄武門奔逃，但已經晚了。這時，伏兵盡起，一番廝殺後，李世民親手射殺了太子李建成，尉遲敬德射殺了齊王李元吉。太子和齊王的衛士也被趕殺殆盡。

當太子的東宮和齊王府得到消息時，部分將領率領兩千精兵趕赴玄武門。由於玄武門守將常何拒不開城門，士兵強行攻打。但由於門既高大，守得又頑強，所以久攻不下。在這危急時刻，尉遲敬德用長矛挑著李建成、李元吉的人頭向太子的將士喊話道：「奉皇上的命令，在此誅殺太子和齊王，現在太子和齊王均已伏法，餘者無罪。只要放下武器，不僅保證生命安全，願意歸附者一律保持原職不動。」

太子的將士見到太子和齊王的頭顱，無不呆若木雞，大多數人棄戈投降，少部分人逃了出去。就這樣，太子李建成和齊王李元吉的多次蓄謀化為泡影，在秦王李世民的有力一擊之下，身首異處，灰飛煙滅了。

緊接著，李世民又怕李淵有什麼異動，就派尉遲敬德以宿衛之名告知李淵此事並守在他身邊。尉遲敬德披甲持矛而入，將正在「泛舟海池」的李淵嚇了個夠嗆。李淵見事情已經變成這樣，只好順水推舟承認李建成叛逆，立李世民為太子，兩個月後就將皇位讓給了他。

四

「汝何生在帝王家？！」

政治和權力是非常容易將人異化的，這個叢林遊戲中，有著獨特的遊戲規則。

君臣，父子，兄弟——在政治生態系統中，是最講究等級秩序的，

歷史在玄武門轉彎
第二部份

085

但正因為這些等級秩序的存在，使權力具有了無上的吸引力。那麼，反過來，為了自我保護和追求更高的權力，又必然要利用一切手段打破原有的等級秩序，弒父殺兄，宮廷政變，在這個時候，人倫道德，骨肉親情，對各路梟雄都沒有什麼約束力了。可一旦身登大寶，則又要滿口仁義道德了，又要用綱常倫理等級秩序來維護自己的統治，捍衛自己的權力地位。所謂此一時彼一時也！

帝王皇室，是權力金字塔的頂端，風光無限。所謂的那些龍子龍孫們，是一群非常特殊「特權階層」——他們離最高寶位是最近的，龍椅對他們的吸引和誘惑也是最直接的，所以接班人問題歷來是各朝各代帝王最頭疼的難題之一。

按照傳統，一般說來嫡出長子是未來皇位的繼承者，但是，變數太多了：弟弟比你這個哥哥能幹怎麼辦？父皇不喜歡母后了，寵愛上了別的妃子，那個妃子也生了個不錯兒子怎麼辦？你不害別人，可別人認為你是攔路石怎麼辦？某一個弟弟的娘家人（舅舅外公等）在朝裏很有勢力怎麼辦？……

帝王如何對繼承人做出一個妥善的安排，是很困難的事情。家天下，肯定是要把江山社稷傳給自己的兒子的。老百姓給兒子分家，幾個破銅爛鐵，都要鬧糾紛矛盾，何況江山天下？再說，也不能把天下分成幾份平均給兒子們。

作為帝王之尊，老婆多，兒子多，難免有喜歡的有不太喜歡的，煩心和鬧心；兒子不能幹平庸，窩心和傷心；兒子太能幹了，擔心（他做了幾十年太子，等不及了甚至會想辦法結果自己）；能幹的兒子多了，互相攻擊和殘殺，更是寒心……

把他們養在深宮，將來難當大任；放出去歷練，將來又難以收拾——後世的另一位英明皇帝康熙不就是這樣嗎？康熙因為看到了明朝諸王子是養於深宮之內而成廢物這一前車之鑒，讓自己的幾個兒子辦差歷

練增長才幹，給予了實權。然而，擁有了實權和勢力的皇子們卻瞄上了太子寶座，而太子為了自保也不得不培養私人勢力。因此康熙的晚年過得相當不順，幾個兒子爭權奪利，讓他天天提心吊膽，害怕自己也落個「李淵退位」的下場。康熙儘管比李淵英明得多，但太子幾度廢立，讓他傷透了腦筋，最後雖然開創了「遺詔繼位」制度，不立太子，讓兒子們的爭鬥沒有了共同的打擊對象，彼此互相牽制平衡，但臨終時的權力交接仍然是血雨腥風⋯⋯

而且，數王奪嫡這種事情，也非常容易傷害國之根本和元氣。

在這幾大圈子和勢力的鬥爭中，各種手段無所不用其極。皇子們的死傷倒還在其次，關鍵是會把政治舞臺切割成幾大圈子，把朝廷重臣捲入其中：你只要身在重要位置上，想置身事外幾乎沒有可能。

你所擁護的主子登基了，你有可能恃功而驕，或者你知道的機密太多，主子對你會有猜忌——雍正為何除掉年羹堯和隆科多？你反對的主子勝利了，你能保住身家性命就是萬幸，像李世民那樣重用魏徵的例子是千古罕見的。

而且，在政治圈子的交鋒中，要想打擊對手，首先就是要剷除對方的羽翼，逐步削減對方的勢力，扔石頭摻沙子都是必不可少的手段，很多良臣名將不就做了這樣的犧牲品嗎？假設建成、元吉計謀得逞，世民的那些文臣武將不就被剷除殆盡了嗎？這豈非國家之損失？

接班人的問題，是一個政治大問題，處理不好，就會造成政局的動盪。古今中外，這樣的例子很多。

五

我們再回到玄武門來。

在這場骨肉相殘的宮廷政變之中，第一責任人應該首推李淵。

李世民固然功勳卓著，但李建成也頗有才幹，他的功勞也不小，也並非絕對管轄不住這個弟弟。然而李淵封李世民為天策上將，在制度安排上將其提到了僅次於李建成的位置上。李建成自然感到自己的地位受到了威脅，而李世民也因此而得到了鼓勵，再加上其他種種原因，最終演變成骨肉相殘的局面。

　　當然，並不是說李淵壓制住李世民就一定能夠阻止這兩兄弟之間的爭鬥，但從他作為皇帝的角度來看，為了維護政權的穩定和平穩過渡，要麼就廢黜李建成立李世民，要麼就全力支持李建成壓制李世民，是肯定不應該讓這兩個人的地位差不多，而且都各自培養自己的勢力的。李世民晚年也犯了和李淵一樣的毛病，寵愛次子李泰，逼迫得太子李承乾不得不謀反。當時李承乾的處境，實質上和李建成面對李世民的處境差不多。後來李世民乾脆兩個兒子都廢黜了，立了三子李治為繼承人。

　　其次，作為李建成來說，他的手段雖然有些卑劣，但畢竟是為了維護自己的權利，而且，建成本人還是比較老實仁厚的，只是情勢所逼，不得不為之。即便如此，他也僅僅是想製造「意外」：讓世民喝毒酒，可以說是暴病身亡；至於騎馬摔下來，不更是意外了嗎？元吉曾建議在請世民吃飯時，直接加以刀兵，一了百了，建成不肯，而其他計謀又屢次失手，最後身死玄武門。

　　再說李世民，從打天下以及兵變之後坐天下的種種作為來看，他確實是千古帝王中的佼佼者，更無須說如本文開頭提到的那些民間傳說了。在大唐開國的歷程

唐名畫家閻立本的《步輦圖》，描繪了唐太宗接見松贊干布派來的迎婚使者的情形

中，李世民的見識、德行、才幹、胸懷等就展露了出來，眾多的人傑才俊追隨在他的周圍，把他作為「真命天子」來對待。李世民的志向和政治抱負也是以天下為己任的。有這樣一個弟弟在身邊，李建成就是當上了皇帝，也睡不安穩。情勢逼人，建成要是不想拱手讓出太子之位，龍爭虎鬥無法避免。

在兩人鬥爭的過程中，李世民一直採取守勢，他除了征戰天下以外，沒有或很少主動對建成搞小動作，好像一直是被欺負的對象，最後迫不得已了才有了發生在玄武門的事情——至少歷史是這麼記載的。

歷史在玄武門轉個彎，是偶然，其實也是必然。

雖然歷史無法假設，我們無從再設想李建成當了皇帝後會怎麼樣，但事實是正因他的失敗，使中國獲得了一位千古少有的明君，奠定了盛唐的基礎。

六

玄武門之後不久，即西元六二六年的八月初九，李世民登上了帝位，是為太宗皇帝，時年二十七歲。在他治下，大唐帝國成為中國歷史上最輝煌燦爛的篇章。

「上任」之初，李世民的首要任務就是處理玄武門事變的遺留問題，隨即調整中央政府的組織機構，穩固住自己的帝位。

在奪取帝位的鬥爭中，舞臺上主要的角色是世民和建成的兩大政治集團勢力，在這個階段的鬥爭結束後，李世民就要以一個新的角度來平衡當時政壇的基本力量了。

李唐王朝是由三股力量建立起來的：一支是關隴集團，一支是山東集團，一支是江南文士。關隴集團上面已經說過了，是由北魏鮮卑貴族組成的軍事集團，也包括胡化的漢人和西域的胡人。李氏家族就是屬於

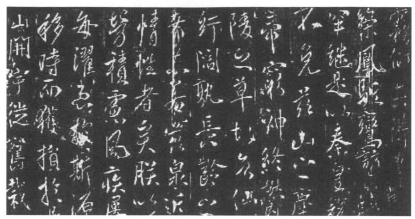

李世民書寫的《溫泉銘》碑文

關隴集團。山東集團則包括山東士族和山東豪傑兩部分。山東士族歷史
悠久，經濟實力雄厚，並且具有強大的宗族鄉里基礎，由此產生出巨大
的政治能量，進可以控制朝政，退可以挖禦鄉土。而山東豪傑則是在隋
末混亂下崛起的寒門地主集團，換言之，他們是在隋朝末年大動盪中勢
力迅速崛起的地方豪強。所謂山東豪傑是以暴力提升社會地位的。江南
文士則是在隋朝統一南方之前就已經存在的世家大族，他們一方面參與
唐朝政治制度、典章則例的制定，另一方面又在江南地區繼續發揮影
響。這三支力量對於唐朝的建立和前期國力的恢復壯大都起了很大作
用。

090

　　對於這三大政治勢力，李世民利用他們的長處，從中調控，保持平
衡，不讓其中的哪一支力量凌駕於其他集團之上。例如關隴集團，大部
分都是李氏家族的勳親貴戚，有些還在李唐開國過程中建立了戰功，如
李神通、李道宗等人。這些人雖然對李唐王室忠心，但如果插手國家政
務，則又會成為妨礙。李世民讓他們分居各地，一方面可以監督地方，
起到鎮邪的作用，而另一方面他們地位雖高但卻沒有實權，不會干預地
方行政。而對於山東士族和江南文士等歷史悠久根基深厚的豪門大族，

李世民一方面利用他們的力量，另一方面下令修撰了《氏族志》對他們加以抑制。《氏族志》的修撰，分化瓦解了山東士族與江南文士之間由於地域、淵源等原因形成的小集團，而將他們統合整一為整體。另外，他採用科舉制度錄用官吏，打破了南北朝以來世家大族掌握政權的慣例。對於山東豪傑，李世民則盡力加以安撫。這其中的一個重要人物，就是魏徵。

魏徵畫像

魏徵在歷史上，是作為諫臣聞名的。然而李世民早期重用魏徵，卻是為了用他來平衡各勢力。魏徵早年與所謂「山東豪傑」有密切關係，他為李世民所用，能夠起到「接洽山東豪傑監視山東貴族及關隴集團，以供分合操縱諸政治社會勢力之妙用」。翻開《資治通鑒》我們就可以看到，魏徵投入李世民麾下之後所做的第一件事情，就是「宣慰山東，聽以便宜行事」。而其背景，則是玄武門事變結束不久，太子李建成和齊王李元吉的部下散落民間，李世民擔心這批人與山東豪傑勾連作亂，故派魏徵前去安撫。至於魏徵後來成為一代賢相，卻是意外之收穫，並不是李世民初用他時的本意。

李世民不僅在政治勢力之間保持平衡，即使在政府的組織形式上，他也依舊保證分權均衡。唐朝在中央實行三省六部制。三省為中書省、門下省和尚書省。中書省負責政策的制定，門下省負責政策的審核，而尚書省則負責政策的執行。這種制度，和現代西方國家的立法、司法和行政三權分立的制度是有些類似的。權力並不是掌握在皇帝一人手中，而是分散到不同的職能部門，這些部門既相互合作又互相牽制，就能較好地處理各種政務。因此終唐之世，並沒有出過特別昏庸的君主。並不是那些君主之中沒有庸才，而實在是因為制度完善的關係。

正是因為這種種平衡制約，再加上一系列的與民修養的經濟政策，

社會迅速穩定和發展，財富的分配也處於一個比較平均的水平。門閥士族的力量並不如南北朝時期那麼強大，隴西貴族的地位也不像魏、周、隋三朝那樣高高在上。沒有了特殊利益的勢力集團的存在，整個社會的風氣就會比較平和開放，國力也迅速強大起來，這正是盛唐建立的基礎。

七

當然，這個基礎的建立不僅僅是制度的關係，李世民個人的影響更是起著非常重要作用的。

李世民之能，其實首先體現在「德」。許多帝王和臣子，一味地追求「術」，不修德而研術，實在是捨本逐末的下乘境界。而道德胸懷到了一定的境界，則無招勝有招，因為他每一次的出手都堂堂正正，大氣磅礡，出乎本心本性，任意馳騁，無私則無破綻，也自然沒有遮遮掩掩——這的確是政治家的最高境界，到了此時此刻，所謂的權術謀略就成了雕蟲小技，不登大雅之堂了。

貞觀初年，有人上書請求李世民清除奸臣。李世民問道：「我所任用的都是賢良忠臣，你知道誰是奸佞之臣嗎？」

「臣請陛下假裝發怒，以此試驗群臣。如果誰能不怕陛下的震怒，仍敢直言進諫，就是忠正之臣；如果只是順從陛下旨意，一味阿諛奉承，則就是奸佞之人。」

李世民聽後，哂然一笑，說道：「流水是清是濁，在其水源。君主是政令的發出者，好比水的源頭，群臣百姓好比流水。君主帶頭偽詐而要求臣下行為忠直，就好比水源渾濁，而希望流水清澈一樣，是不合乎道理的。我想使大信行於天下，不想用偽詐的方法破壞社會風氣。你的方法雖然很靈驗，我卻絕不能採用。」

貞觀三年，東都長安郊區發生蝗災。李世民到苑中巡視，發現蝗蟲就向上蒼禱告說：「百姓有過，在我一人，你若有靈，請食我心。」竟然捉了幾隻蝗蟲吞下。

　　李世民之能，還在於他的「明」。他鑒於隋末農民起義的威力，認真總結隋朝滅亡的教訓，認為其中非常重要的一點就是隋煬帝不聽別人的意見。李世民認為人君即使是「聖哲」，也當「虛己以受人」，決心察納雅言，讓「智者獻其策，勇者獻其力」。他的臣下也很爭氣，例如魏徵就曾經告訴李世民一條極其重要的道理，那就是「兼聽則明，偏聽則暗」。

　　李世民納諫的例子是很多的，可以說是書不勝書。例如他曾經徵調兵役培修洛陽的乾元殿，用來做巡行視察的行宮，但被給事中張玄素勸諫之後立刻說：「這是我考慮不周」。又例如中書舍人李百藥勸他放宮女出宮，他一下就放出了三千人。此外，為了能夠讓百官竭誠進諫，他甚至連自己的表情都控制住，總是微笑著聽從對方的進言，鼓勵對方大膽說話。正因為他的這種虛心納諫的品質，所以貞觀時期百官踴躍進言，可謂知無不言言無不盡。其中最有名的，當屬魏徵。

　　魏徵相貌不過中等人，可他很有膽量謀略，善於扭轉君主的心意。有時遇到李世民特別生氣，魏徵的決心一點也不動搖，李世民也拿他無奈，只好收斂威容。魏徵曾請假上墳，回來後對皇上說：「人們說陛下您打算去南山，外面的行裝都已經準備完畢，竟沒有出發，是因為什麼呢？」李世民笑著說：「當初確實有這個意思，後來想想又怕你責備我，所以沒有去！」還有一次，李世民得到一隻很好的鷂鷹，把牠架在自己的手臂上玩耍，遠遠地看見魏徵來了，就趕緊把牠藏在自己的懷裏。魏徵故意沒完沒了地稟奏公事，等魏徵走了，鷂鷹竟被悶死在懷中。

　　由於魏徵忠誠敢言，李世民對他也非常器重。魏徵病重，他送醫送藥，並和太子一起到他家裏去看望他。魏徵死後，他思念不已，對左右

李世民昭陵前的六駿圖

的大臣說了如下的話：「夫以銅為鏡，可以正衣冠；以史為鏡，可以見興替；以人為鏡，可以知得失。魏徵沒，朕亡一鏡矣！」

他們君臣二人之間的關係成為千古佳話，這段話也成為千古名言。

有德有明，天下人才盡為所用，政出令行，能不大治乎？

以上種種原因，終於促成了「貞觀之治」。據書記載，貞觀四年，天下大治，判死刑者僅二十九人。東至於海，南至於嶺，都夜不閉戶，道不拾遺，出門的人不必攜帶糧食，可以從道路上隨便取食東西。唐玄宗時期的史官吳兢將李世民治世期間的言行編錄成《貞觀政要》，開篇就明確稱讚道：「自曠古而來，未有如此之盛者。」話雖有些誇張成分，但貞觀之治，的確是中國歷史上少有的清明政治。

泱泱大唐，煌煌盛世！太宗世民，千古一帝！

千古無字碑──一代女皇武則天的權力之路

一

西元六二四年的一天，大唐著名的術士袁天綱應邀來到一位朋友家作客。朋友命家人將剛過滿月的孩子抱出來讓袁大師給看看。

袁天綱一看孩子面孔，即現驚訝之色，繼而仔細觀看，一會兒點頭，一會兒搖頭。主人疑惑，細問端詳。袁天綱沉吟半晌，方才說道：「此子器宇非凡，將來定有作為。可惜……」

「可惜什麼？但說無妨。」

「可惜是個男孩，要是女孩的話，有稱王天下之貴啊！」

聽完此話，主人一家面面相覷，表情複雜，原來，這個做男孩打扮的孩子正是一個女孩──稱王天下？！大唐開國沒有幾年，這要傳出去，不是滅門之禍嗎？以袁天綱之盛名，又豈有胡言之理？主人不自然地一笑，趕緊讓家人將孩子抱走。隨後，又嚴令不可再提此事。

二十四年後，正是一代明君唐太宗李世民的貞觀盛世，可在年初的時候，太白星屢屢在白天出現，太史占卜的結果是：女主昌。同時民間又傳《秘記》云：「唐三世之後，女主武王代有天下。」

太宗對此事頗為不悅，後來疑慮的焦點集中到了一個人身上。這個倒楣的傢伙官封「左武衛將軍武連縣公」，大名李君羨，小名卻是個女孩的名字「五娘」，正負責把守玄武門──這麼多的「武（五）」，還有個女孩名，太宗找了個藉口把他殺了。

可是傳言並未消除。太宗於是問太史令李淳風：「《秘記》所云，信有之乎？」

李淳風在當時與袁天綱齊名，都是大預言家，後世曾傳二人合著《推背圖》一書，預測千年之事，據說甚為靈驗。李淳風當時回答太宗說：「臣仰稽天象，俯察歷數，其人已在陛下宮中，為親屬，自今不過三十年，當王天下，殺唐子孫殆盡，其兆既成矣。」

太宗惱火：「疑似者盡殺之，何如？」

李淳風說：「天之所命，人不能違也。王者不死，徒多殺無辜。且自今以往三十年，其人已老，庶幾頗有慈心，為禍或淺。今借使得而殺之，天或生壯者肆其怨毒，恐陛下子孫，無遺類矣。」

聽了這番話，史書上說「上乃止」。

是因為這句話呢，還是因為李世民本就是位明君，不忍因傳言而興殺戮，反正是沒有再殺跟「武」有關的人——但這事在太宗心裏還是有些影響，我們後文再說。

觀星算命相面測字等「神奇」之術，是中國傳統文化中很有趣的一部分內容。官家的正史中要極力宣揚皇帝老子是真命天子，到了野史民間，各種傳說演義就更豐富龐雜了。我們當然不可能相信這些牽強附會的內容，但是這些內容卻是讀中國歷史無法迴避的——因為這些內容實際上影響著上至帝王、官員，下至平民百姓的思維和行為。

言歸正傳，我們回到上述這兩個「迷信」故事，相信大家都明白：這都是武則天出場的前奏。

二

武則天是中國歷史上唯一的一位真正的女皇帝。你看赫赫大唐的歷史年表，從西元六七四年起，武則天與丈夫高宗開始並稱「二聖」，自

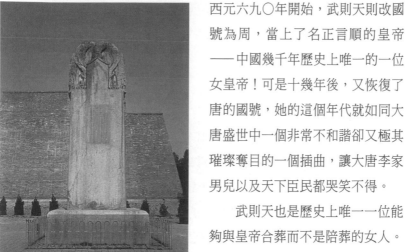

西元六九〇年開始，武則天則改國號為周，當上了名正言順的皇帝——中國幾千年歷史上唯一的一位女皇帝！可是十幾年後，又恢復了唐的國號，她的這個年代就如同大唐盛世中一個非常不和諧卻又極其璀璨奪目的一個插曲，讓大唐李家男兒以及天下臣民都哭笑不得。

武則天也是歷史上唯一一位能夠與皇帝合葬而不是陪葬的女人。她死後，葬在丈夫高宗皇帝的旁邊，陵前聳立著一塊巨大的無字

武則天陵前的無字碑

碑：碑高六‧三公尺，寬一‧八公尺，厚一‧二公尺，碑上無有一字。武則天自己也知道很難評價自己，索性就來個絕的：我一個字也不寫，隨你們說去吧！

這個女人不尋常，實在是不尋常！

她獲取權力時以殘酷暴虐聞名——可以殺掉自己的親生孩子，殺掉自己家族親戚之內的二十多人，更不用說逼死反對自己的重臣長孫無忌、褚遂良，殺掉唐宗室皇親國戚數百人、大臣數百家了；但登上權力顛峰後卻顯示出大政治家的風範——一幫文臣武將被她收拾得服服帖帖，內政外交、經濟軍事都有所建樹，是「貞觀之治」到「開元盛世」的重要過渡時期。

她的人格並不高尚，尤其是其掌握了權力之後，私生活淫亂不堪，為天下人所不齒，但她的確在治理國家方面又有所建樹。後人對她的評價，一直難有定論。她給歷史出了不少的難題：有的史書把她列入「后妃」中，卻不得不承認其當過正式的皇帝；有的把她放在專記皇帝的的

本紀中，可她又是太宗的妃子、高宗的皇后……

難題留給歷史學家，我們還是來看故事吧。

三

我們首先來看這個則天女皇是如何一步步走到至尊寶座上的吧。

武則天，名曌（音同照），山西文水人。其父武士彠是一個精明而又有政治頭腦的木材商人。武士彠以財富為媒介，多方結交顯貴，當時的太原留守李淵就是其刻意交納的對象。後李淵起兵，武士彠一直為唐軍提供軍需，成為唐朝開國功臣之一，被任命為工部尚書。然而，這並不能改變他家族出身的等級。

在當時，是很看重出身的。一百多年間一直控制國家政權的關隴集團，是所謂的正統的名門望族，這是一個相對封閉的貴族圈子。其他出身的人，即使以軍功和才幹，在政治舞臺上能謀求到一個位置，但仍然有抬不起頭的感覺。武則天的父親就是一個例子，雖然他的官位和資歷都還可以，但論其血統出身，卻仍然是沒有地位的「寒微之族」。唐太宗貞觀十二年，朝廷修《氏族志》，甚至都不列武姓。武家被排斥在貴族圈子之外，也就被阻擋在政治核心圈子之外，想取得很高的權力和地位，是十分渺茫的。

武則天就出生在這樣一個家庭裏面，雖然是官宦子女，卻是有榮華而無富貴。這個「歷史出身」對武則天的刺激是很深刻的，對她以後的人生之路的影響也可以說是利弊各半。本來，以她的出身和女性的局限性，是不可能跟政治權力掛上鉤的，然而，歷史老人的一系列的「偶然」，終究造就了她日後的輝煌。

首先是武則天本人長得很有姿色，這是一個女人最重要的原始資本。

唐仕女圖

其次，在這樣的家庭中，武則天除了熟讀經史子集受到了良好的教育外，還深諳向上爬和人際資源經營的個中之道，她父親從一個商人爬到政界高層的發跡過程可以說對她有巨大的影響。

再者，武則天生長在中國的北方，受鮮卑族的影響，她的性格中有剛毅堅強的一面，不像傳統大家閨秀那樣受禮教約束太多或性格柔弱。

也就是說，雖然作為一個「寒門」出身的女流之輩，沒有什麼政治資本，但她卻具有一些基本的政治素質，否則，就不可能有以後的女皇了。

機會在武則天十四歲那年來臨，作為功臣子女，她被選入宮中侍奉唐太宗。應該說，太宗還是比較喜歡這個嫵媚動人的小丫頭的，封為才人，還給她取了個名字：媚娘。從這個名字可以想像得出，那時候的武則天只是個可愛的小姑娘。而武則天以後給自己取了一個亙古未有的名字：曌——這是她自己造出來的一個字，意思是日月當空照，霸氣十足啊！

進宮後一晃十多年就過去了，武則天毫無作為和表現，不用說進入政治圈子了，連進入太宗的寵愛圈都有困難，她可不想就這樣一直終老宮中。年輕的武則天急於表現自己，在她侍奉太宗期間，發生過這樣一件事情：吐蕃國進貢給太宗一匹極其名貴的馬，叫做「獅子驄」，十分猛烈強悍，難以馴服。太宗親自去駕馭，也無法制服。

當時，武則天侍立一邊，大聲說：「我有辦法能制服牠！」太宗問她有什麼辦法，武則天回答說：「我有三樣東西可以制服牠。開始用鐵鞭狠勁地抽牠，如果不服，就用鐵棍狠狠地打牠，如果還不服，就用匕首刺入牠的咽喉。」

一個小小的才人竟有如此的膽略和氣魄，太宗不禁大為驚異。但是，太宗雖然馬上得天下，卻不喜歡如此狠毒的女人，太宗喜歡的應該是長孫皇后這樣的賢妻良母，武則天的這次表現收到的可能是負面效果，太宗對她有了戒心。此後，在所謂的女主傳言事件中，太宗也曾對這個小才人動過殺心，據說尤其是在臨終時，曾想殺了武則天陪葬，但終究是未能下手。

太宗本人英武雄略，自是不會把一個小女孩放在心上，但他的兒子李治卻是個懦弱的男人——除了愛情方面的執著勇敢外。更要命的是，這個極其孝順父親的太子，不可救藥地愛上了父親的妃子！

四

唐朝皇帝中，有兩個著名的「好色之徒」，一個是高宗李治，一個是後來的玄宗李隆基。所不同的是，李隆基所喜歡的楊玉環，傾國傾城，是中國歷史上有名的四大美女之一，李隆基辛辛苦苦地經營出「開元盛世」，弄個絕色美女犒勞自己，享幾天福，結果荒廢了朝政，發生了「安史之亂」，這些都在情理之中，歷史上這樣的事也不少。

可這個李治不同，他愛上的是曾經「侍奉過先帝」，先帝死後又削髮為尼的武媚娘。用今天的話來說，這個太子在愛情方面有點偏執狂和戀母情結。

史書上都說李治性格懦弱。其實當年李世民也不中意這個李治，無可奈何罷了，具體細節我們在此就不多說了。李治撿了個太子寶位，

「天將降大任於斯人」時，他感覺更多的不是權力的快樂而是責任和壓力。而且，要請各位理解的是，李治是生活在一個偉大父親的陰影之中的，以他舅舅長孫無忌為代表的周圍的輔佐大臣也都是傑出優秀的男人，一個生性軟弱的孩子在這樣的氛圍中，被壓抑得多少有些扭曲。他又是注定要當皇上的，不能把自己軟弱的一面表現出來。其

武則天陵前通道旁的石像

實，在很多方面都被壓抑得久了，必定會在一個方面表現出超常的執拗——李治的執拗就表現在與武則天的關係上。

我們可以揣測得到，武則天在李治面前很好地展示了自己的精明能幹、堅強勇毅，以及女性和母性的溫柔與包容，李治與武則天在一起時，首先可能會有一種對偉大父親反叛的成就快感，隨後又沉溺於心理上極強烈的依賴感，在這裏，他或許可以還原一個真實的自我而不必擔心受到嘲笑——這應該說是很正常的，他不是天生的帝王和英雄，只是一個長在溫室裏的小男人。

如果僅僅是鵲橋一會也還罷了，這傢伙登基後居然把武媚娘迎娶回宮，最後不顧大臣的反對，把她立為皇后，與自己共同把理朝政……李世民泉下有知的話，不知道該說些什麼好！蓋世英雄最大的悲哀莫過於出個不爭氣的兒子了。

當然，這場亂倫之戀的主要的原因不在李治身上，一切的一切還是因為武則天太能幹、太狠了。

按常理揣測，武則天不太可能愛上如李治這樣的懦弱的男人，她喜歡的應該是李世民這樣的人。但一則她入宮時已經沒有太多的機會向皇

上邀寵，而且可能那僅有一次的表現也讓李世民對她倒了胃口。權力和生理欲望極強的武則天不肯就此罷休，在這種情況下，她對未來的皇上施展手段，就不難理解了——太子李治，只不過是她的工具，滿足其權力欲望的工具，一如後來滿足她情欲的那些男人一樣。這彷彿是今天電視劇中常見的一場錯位的愛情遊戲：一個女強人，她愛上的男強人不愛她，愛她依賴她的男人她又瞧不上。

當然，在當時，武則天不可能想到這麼遠，她也許只是憑藉本能撈到一根稻草，這步棋能否成功，能走多遠，她心中也沒有什麼長久的打算，只能走一步看一步了。

唐太宗駕崩後，按照制度，武則天和其他一些沒有生育的妃子被送進感業寺，削髮為尼。唐高宗李治繼位登基之後，雖然對武則天十分思念，卻沒有辦法把她迎回宮。到了唐太宗去世一周年的時候，李治終於借著父親忌日的機會去感業寺會晤武則天。二人的這次見面在史書上留下了這樣的記載：「忌日，上詣寺行香見之，武氏泣，上亦泣。」

然而，上天又慷慨地給了武則天一個機會，大唐合該有此一劫。此時，高宗的王皇后正因為高宗寵信蕭淑妃而心懷不滿，當王皇后得知高宗居然在感業寺還有個「尼姑相好」後，非但沒有生氣，還鼓動高宗將武則天天迎回宮中分蕭淑妃的寵。李世民臨終時曾對長孫無忌和褚遂良言：將佳兒佳婦相託。現在看來，這個兒非佳兒，這個媳婦也非佳婦。後宮爭風吃醋，竟出此下策。王皇后為了對抗一個微不足道的蕭淑妃，竟支持自己的丈夫引進了一隻「母老虎」。有了王皇后的主動支持，高宗這才敢把武則天接回宮中。

武則天「再度」入宮時，已今非昔比，算是進入了後宮中的核心小圈子，但她也非常清楚自己處境中的不利一面——曾侍奉過先帝，又曾出家為尼，而這個小圈子中主要人物是王皇后，自己是被王皇后作為對付情敵的一個棋子而招回來的。她極力討好王皇后，兩人聯合起來打擊

蕭淑妃，蕭淑妃豈是武則天的對手，走不了幾個回合，即敗下陣來。

共同的敵人消失後，武則天也站穩了腳跟，昔日的同盟和「上級」王皇后，就成為她前進的絆腳石了。然而，王皇后並不好對付，她出身名門望族，背後有強大的門閥勢力作為支持，比如中書令柳奭就是王皇后的舅父，而朝中重臣如長孫無忌、褚遂良等人也都是站在王皇后這一邊的。有這幫權高位重的老臣在，再加上廢立皇后乃是事關江山社稷的根本大事，唐高宗李治即使再寵愛武則天，也是不敢輕言廢黜皇后的。為達目的，武則天不得不使出非常手段。

這個手段之「非常」，實在是聳人聽聞——武則天居然活活掐死自己的親生女兒，以陷害王皇后。其時，武則天生下一個女兒，王皇后前來探視。王皇后剛走，就聞報高宗要來，武則天立刻就想出一條毒計，居然偷偷掐死女兒，若無其事地前去迎接高宗。

等高宗打開被子想看女兒時，卻發現女兒已經死了。武則天故作驚痛。高宗查問左右侍女，聞知王皇后剛走，高宗一怒之下，下定決心要廢黜王皇后，立武則天為皇后。

然而，即使高宗大主意已定，要操作起來也非易事。皇后廢立關係重大，必須得到朝廷大臣的認可。高宗與武則天甚至屈尊登門看望太尉長孫無忌，希望得到他的支持，對他封官許願，軟磨硬泡，幾乎所有手段都使盡了，然而長孫無忌卻一直不肯鬆口。以長孫無忌為領袖的貴族官僚提出，即使要另立皇后，也應該選擇名門淑女，而不應該立武則天這種侍奉過先帝的人。武則天這個時候才看清楚了她是不可能得到名門望族的支持的。於是，她在一群出身寒門不得志的官吏中去尋找支持者，如李義府、許敬宗等人。在得到這幫人支持之後，她軟的不行來硬的了。

李義府首先發難，上書要求廢王皇后立武則天。許敬宗則在一旁敲邊鼓，在朝廷中公然叫嚷：「莊稼漢多收了十斗麥子都想換個新老婆，

更何況堂堂天子。」雖然有這兩個人做先鋒，然而他們畢竟職低位卑，比不上長孫無忌、褚遂良等重臣的發言有力量。這個時候，宰相李勣在旁邊不冷不熱地說了一句：「這是陛下家事，何必問及外人？」這一句話就決定了整個事態的發展。當年九月，褚遂良被貶出朝；十月，廢王皇后立武則天；第二年，太子李忠被廢，武則天之子李弘被立為太子。

在這裏，有必要說一下李勣這個人。李勣是小說《隋唐演義》中軍師徐茂功的原型人物，原名徐世勣，被唐高祖賜姓李，後又避唐太宗李世民的名諱改名為李勣。他文才武略兼備，出將入相，能征善戰，是唐朝開國的頂樑柱之一。唐太宗去世時，能夠打仗的大將大多都已去世，留下的僅僅只有李勣一人。唐太宗就對太子李治說：「李勣忠誠能幹，將來必然能輔佐你，但他出將入相數十年，威望太大，你年紀輕，對他沒有恩德，恐怕壓不住他。我今天找個理由罷黜他，如果他遵命行事，沒有怨言，等我死了以後，你就任命他為宰相，信任重用他。如果他徘徊顧望，你就立刻殺了他，不能留下後患。」於是就尋了個小毛病，將李勣貶出朝。而李勣也聰明得緊，得到詔書之後連家都沒回，單人獨騎連夜離開京城趕去上任。而唐高宗李治登基之後，第一件事就是把李勣召回京城加以重任。李勣在廢立皇后的大事上站在唐高宗這邊，正是為了報答這番「恩德」──這卻是英明的太宗沒有想到的。

五

從再度進宮到登上皇后的寶位，一路走來，歷盡坎坷，但無論如何，武則天還是取得了兩個階段性的勝利。

她十四歲進宮時，微不足道，也許有可能在侍奉太宗時偷學了一些處理政務的基本常識，但唯一的階段成果就是「結識」了太子李治，這也僅僅是一線縹緲的希望。及至高宗接她回宮，武則天就有了新的舞

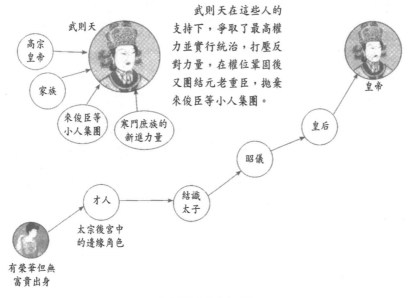

武則天在這些人的支持下，爭取了最高權力並實行統治，打壓反對力量，在權位鞏固後又圍結元老重臣，拋棄來俊臣等小人集團。

高宗皇帝

武則天

家族

來俊臣等小人集團

寒門庶族的新進力量

皇帝

皇后

昭儀

才人

結識太子

太宗後宮中的邊緣角色

有榮華但無富貴出身

武則天通往皇帝之路圖

臺，進入了一個新的圈子，在站穩腳跟、爭取皇后之位的一系列鬥爭中，她手腕之狠辣老到，對局勢的把握，運用一切可以利用的力量和手段，無所不用其極，充分顯示出了她的不尋常之處。等登上皇后寶座，武則天已經處於後宮的權力圈子核心，在後宮中已經沒有敵人和對手了。

但武則天夢寐以求的是進入最高層的權力圈子——國家的權力中樞。她新的對手是自己的丈夫以及一大群位居權力中樞的精英男人，還有就是無形的文化傳統——男權主義。

鬥爭進入了一個新的歷史階段。

據史書記載，高宗不僅懦弱寡斷，而且身體不好，經常頭暈目眩，不能理事，政事逐漸交武后處理。武則天的權力因此而越來越大，後來連高宗的權力也受到了限制。他曾經試圖反抗，授命宰相上官儀起草詔書要廢武則天為庶人。然而武則天在朝中遍布耳目，上官儀起草的詔書

剛剛擺到高宗的桌面上，武則天就怒氣沖沖地趕來，責問高宗這個「沒良心的」為何要這樣，懦弱的高宗無言以對，而且還覺得很羞慚。結果，上官儀竟然被誣陷為與廢太子李忠密謀謀反而處死，廢太子李忠也賜死於黔州。高宗再也無力抗拒，徹底成為了傀儡。

武則天進一步攫取權力。一方面，她大肆起用李義府、許敬宗等向她表忠心的寒門之士，另一方面，則全力打壓反對勢力。數年時間，褚遂良、長孫無忌先後被逼死，反對她的權力集團徹底被摧垮，大唐進入了一個奇特的「二聖」時期——高宗與皇后武則天同朝臨政，史稱「二聖」。

這場政治鬥爭的勝利，標誌著武則天已經掌握了最高權力中樞。但從某種程度上說，還有一個副產品，就是非名門望族的政治力量終於登上了歷史舞臺。

唐朝開國以後，一方面太平盛世日久，造紙、印刷技術逐漸發展，越來越多的人有了讀書的條件。另一方面，科舉制度取代了九品中正制，錄用人才的辦法不再是由官員推舉而是通過嚴格的考試，全國各地所有人都可以參加，讓寒門庶族與門閥士族站在了同一起跑線上，從而引發了寒門庶族的崛起。

資料表明，唐太宗在位時取進士二百多人，高宗和武則天統治時，取進士一千多人。這些政治上的新鮮血液對原來的門閥觀念形成了巨大的衝擊。

精明的武則天利用了這股歷史潮流，她成為這股潮流在最高層的代言人。

在她進入權力中樞時，只是高宗的一個紅顏助手而已，沒有自己的勢力和圈子。她充分利用了高宗的軟弱和這股潮流政治上的急於進步，對剛剛在政治上冒頭的寒門庶族大力提拔重用。這個權力格局重新布局的過程，客觀上對於這股歷史潮流的蓬勃發展的確起了重要的推波助瀾

的作用，也使整個大唐的政治系統保持了生機和活力。

經過苦心經營，武則天逐漸組織起了一個效忠於她的政治班底。這個班底之中既包括武三思、武承嗣等武氏家族成員，同時也包括許敬宗等朝廷大臣，這幫人共同組成了武則天權力集團的基礎力量，而在其週邊，則有大批寒門庶族出身的官吏為聲援。他們的共同目的就只有一個，就是依靠武則天的權力攫取政治上的利益。而有了這幫人的支持之後，武則天的地位也就越發鞏固，從而開始做登基稱帝的準備了。

六

當時唐高宗李治的身體已經非常虛弱，於是就想將皇位傳給皇太子李弘。李弘雖然是武則天的長子，但這時卻成了她的權力競爭對手。在權力面前，所有的親情、良心都是不足道的。武則天為了保住權力，即使是自己的親生兒子也不放過。她先是毒死了長子李弘，不久又幽禁了次子李賢，逼令其自殺。李賢在被幽禁期間，曾寫過一首《黃瓜台辭》向武則天求命，其文如下：

「種瓜黃台下，瓜熟子離離。一摘使瓜好，再摘使瓜稀。三摘猶自可，四摘抱蔓歸。」

讀來令人凄然，一如當年曹植的七步詩，但曹植一首詩打動了兄長，沒有使兄弟相煎，可李賢就沒有這麼好的運氣了，依舊沒能從親娘手中保住自己的性命。若論狠毒，武則天誠可謂千古第一人也。

高宗病死後，武則天的第三個兒子李顯登基，為唐中宗。不久李顯就被武則天廢黜，立四子李旦為唐睿宗。但睿宗住在另外一個地方，不得參與政事。武則天事實上已經是皇帝了，至於名義上的登基稱號，只是一個時間的問題。而李唐宗室所面臨的，卻是一場滅頂之災。因此，在短短數年之內，李唐宗室和其支持者先後掀起了兩場叛亂。但這兩場

叛亂卻立刻就被武則天撲滅，不僅
沒有動搖她的統治，反而讓武則天
的權力更加鞏固。

　　但這兩場叛亂也讓武則天認識
到一個事實，那就是她的反對者依
舊非常之多。為了鞏固自己的權
力，武則天開始採用嚴酷的統治手
段。她採取了三大措施：一是鼓勵
告密；二是嚴刑逼供；三是任用酷
吏。

武則天畫像

　　武則天把周興、來俊臣等酷吏提拔上來，專門進行「恐怖活動」。
他們秘密觀察李氏宗族中的王公大臣的行為，一有可乘之機，立即加以
逮捕，酷刑逼供，誣其謀反。成語「請君入甕」就講敘的是這樣一個典
故：有人密告酷吏周興謀反，武則天命另外一個酷吏來俊臣來審問他，
周興還不知道這件事情。來俊臣問周興：「犯人不肯認罪怎麼辦？」周
興回答說：「拿個大甕，周圍用炭火燒，把犯人裝進去，他就什麼都承
認了。」來俊臣叫人搬來一個大甕，四面加火，對周興說：「奉令審問
老兄，請老兄入甕。」周興嚇得立刻磕頭認罪。可見他們的刑具，即使
是創始者自己，也是非常害怕的。

　　武則天還在朝堂之上設立了一個銅製的告密箱，專門用來接受告密
的文書。並明確規定，任何官員不得過問此事，凡是告密的人，不論職
位高低，哪怕是農夫樵子，也一律按五品官的標準供應食宿。而且，如
果告密有功，那就破格提拔；如果告密失實，也絕不加以追究。

　　在這場政治清洗中，大臣被殺者數百家，李唐宗室被殺者數百人，
刺史以下官吏被殺者更是不計其數。武則天的這種恐怖政策，的確消滅
了潛在的危險，尤其是李唐宗室幾乎被殺了個精光，僅僅只留下武則天

的兒子李顯、李旦兩人。這招「斬草除根」是相當厲害的,那些反對武則天的勢力,沒有了李唐宗室的名望作為號召,根本就無法統一起來,也就掀不起什麼大浪了。

在徹底消滅反對勢力之後,擋在武則天稱帝道路上的障礙已經被一一清除了。武則天又授意手下為其做各種輿論準備,有人宣揚說武則天是彌勒佛投胎轉世,應該代替唐朝做東方之主——也夠難為這些拍馬屁的,居然想得出來,把大肚子彌勒佛都搬了出來。武則天為了登上帝位,也顧不得些許廉恥。

西元六九〇年九月九日,武則天在洛陽登上了大周皇帝的寶座。中國歷史上的唯一一位真正女皇帝,也就正式誕生了。

七

至此,在數十年爭奪最高權力的鬥爭中,武則天大獲全勝。

以往的政治鬥爭是為了取得權力。那麼現在,局勢發生了根本性的變化,武則天面臨的問題是如何行使和穩固最高權力,如何治理國家。

在這個新的階段,武則天的政治手段隨之改變。當她還是皇后的時候,作為權力的爭奪者,她必須依靠周興、來俊臣等酷吏的力量來消滅反對者,這是她的原始資本積累過程。但在她登上皇位以後,不僅主要的競爭者已被消滅,而且皇權本身就賦予了她足夠的權威,使她能夠控制這個政權。在這個時候,曾作為打擊力量的酷吏的存在不僅再沒有任何用處,反倒對於她拉攏人心鞏固政權非常不利。

比如深受武則天倚重的狄仁傑,就曾經被來俊臣誣陷下獄,他為了躲避酷刑,不得不承認自己謀反,卻將自己的冤情寫在棉衣內層,借兒子探監的時候讓他向武則天鳴冤,這才逃過了一死。武則天在赦免他的時候甚至還問他:「為什麼你會承認自己謀反呢?」狄仁傑回答說:

「不承認，就已經被酷刑折磨死了。」

那麼，武則天是否知道這些酷吏在胡亂栽贓陷害呢？顯然，她心中是非常清楚的，但為了讓他們能夠打壓自己的異己，因此對於這些酷吏也就加以放縱。而同時，她自己也知道，這些酷吏不得人心，只有依靠她的權力才能生存下去，是絕對不敢背叛她的，當他們作為工具的作用已經完畢反而成為累贅的時候，除掉他們也就不需要花費任何的力量，同時還能得到好名聲，可以說是一石數鳥的好計。因此來俊臣等人一夜之間全部成為了棄子，抄家滅門。

這時候，武則天也不鼓勵大肆告密，搞得人人自危了。有這麼一個小故事：

一次，大臣張德家生子添丁，私自宰羊祝賀。宴請的客人有位叫杜肅的大臣，他見有機可乘，就偷偷藏起一塊羊肉，打報告呈送給皇帝，以邀功請賞。

翌日上朝，武則天叫著張德問：「聞卿生男，何從得肉？」張德叩頭請罪。則天說：「朕禁屠宰，吉凶不預（即紅白喜事除外）。卿自今召客，亦須擇人。」隨即把杜肅的報告給張過目。於是，這個以賀客面貌出現，吃了主人羊肉還偷肉作證，告主人宰羊陰狀的杜先生十分尷尬，「肅大慚」。

武則天對於權術的運用是令人歎為觀止的。她利用酷吏打擊異己勢力，卻不曾讓他們動搖國本，還是把一批像狄仁傑這樣的不太反對自己又老成謀國的大臣保護了下來；寵信懷義和尚、張昌宗、張易之等男寵滿足自己的私欲，卻不讓他們握有實權干預政事，大臣對此有微詞時，也僅僅是一笑了之；提拔大批寒門庶族官員，卻又用嚴刑峻法讓他們無法拉幫結派。輕重緩急，私欲國事，不同的勢力之間如何分而治之和有效利用，不同的人物如何拉攏打壓——這個遊戲，她玩得遊刃有餘。

「帝王管理學」的核心就是要在不同的政治勢力和圈子之間搞平

武則天時期雕刻的石像，據說是按照武則天的樣子雕刻的。

衡：要有塌實肯幹為國為民的老黃牛，有對自己搖尾乞憐對別人狂吠的
看家護院的狗，有收放自如可隨時消滅異己的狼……

在獲取權力時，武則天以狠毒著稱，但在行使權力治理國家時，武
則天又頗有太宗的風範，能容人，能聽進不同意見，很少有人以言獲
罪。如尚書左僕射劉仁軌曾上書，以呂后奪權遭禍的事勸戒武則天，武
則天不以為忤，反回書嘉獎；右補闕朱敬曾上書說武則天的男寵太多
了，武則天賜給他一萬匹彩綢。

最典型的是當徐敬業起兵造反時，著名詩人駱賓王曾為之做了一篇
《為徐敬業討武曌檄》，大罵武則天。此文傳誦一時。武則天聽說後，專
門把文章找來看，對駱賓王的才華讚不絕口，說這樣的人才沒有為朝廷
所用是宰相的過錯。後來徐敬業兵敗，駱賓王下落不明，武則天很是惋
惜。

還有一個野史之說，聊作一表。據說，武則天選取男寵時，自負美
貌的名詩人宋之問沒有入選。詩人遂獻詩一首給女皇，詩云：「明河可
潔不可親，願得乘槎一問津。還將織女支機石，更訪成都賣卜人。」

這首「黃詩」實在是有調戲女皇之嫌。武則天讀後當著眾人的面諷
刺宋之問：你各方面都不錯，只是有口臭的毛病。宋羞愧難言，但也並

未獲罪。

因此在武則天治世期間，雖然有酷吏橫行男寵溢朝，但同時卻又政治清明人才輩出。如狄仁傑、陳子昂、李昭德等文臣，裴行儉、劉仁軌等武將，都為一時之人傑。武則天所選拔的人才，有許多甚至在她死後還在政治舞臺上發揮了很長時間的作用。

司馬光的《資治通鑒》對武則天也有過較高的評價：政由己出，明察善斷，故當時英賢竟為之用。

八

西元六九八年，武則天被迫召還盧陵王李哲（即唐中宗李顯），復立哲為太子。西元七○五年，武則天死於上陽宮，享壽八十二歲。遺詔：「去帝號，稱則天大聖皇后。」

作為女人，作為中國歷史上唯一的一位真正女皇帝，武則天給中國古代的政治舞臺增添了許多內容，但大幕落下之後，彷彿一切都煙消雲散了，還是大唐李家天下。只不過神州大地上多了一塊無字碑而已。

面對這塊無字碑，每個人都可讀出自己的答案。撇開道德倫理，單從政治的角度來看，武則天可以說是一個優秀的政治家，她奪取權力時的陰狠毒辣，治理國家時的帝王襟抱和謀略，千古罕見。更重要的是，在她治下，歷史的車輪是在前進，老百姓的安居樂業，海內富庶，版圖擴大，為後來的「開元盛世」奠定了基礎。

夫復何言？

帝國王朝的迴光返照——少年天子大天下

一

先問一個很有趣的話題：中國數千年的歷史中，到底有多少個皇帝？

關於這個問題，筆者曾經看到過好幾種不同的答案。答案之所以不同，是因為統計的標準不同。也就是說，有很多人是否算是皇帝有不同的說法的，比如，李自成、張獻忠、洪秀全等人是否算是皇帝？如果他們算，那麼方臘也是稱過帝的，還有許多規模較小的農民起義軍的首領甚至是山大王也自稱「皇帝」，這些人怎麼辦？武則天應該算是皇帝，王莽算不算？袁世凱算不算？……諸如此類的問題很不好簡單回答。

柏楊先生在他的著作《中國人史綱》中曾給過一個他自己的統計：

從紀元前二十七世紀，中國第一位國家元首、黃帝王朝一任帝姬軒轅開始，到二十世紀清王朝末任帝溥儀被逐下金鑾寶殿為止，四千六百四十三年間，中國共出現了八十三個大小不同和壽命不同的政權，以及五百五十九個男女帝王——其中三百九十七個是皇帝，一百六十二個是國王。八十三個政權共建立了九十六個國都……

以柏楊先生之學術功底和治學態度，這個數字應該是具有較高可信度的。但可惜的是，柏楊先生在書中並未給出其統計「皇帝」與「國王」的標準。這些細節問題我們不再糾纏了，可以籠統地說：近五千年的歷史中，不論時間長短，影響大小，有大概五百五十九位男女稱過帝王。

接下來我們再討論一個有趣的假設：如果對這些帝王也來一次「票選」，選出所謂的「超級帝王」，我們可以從這樣的角度來設定考核標準：品德與聲譽，才華與政績，那麼結果會怎麼樣？

嚴格意義上說，歷史沒有假設，這樣的評比也有「關公戰秦瓊」的荒誕味道，但作為老百姓，給英雄排座次，一直是一件很熱鬧有趣的事情，我們不妨就那麼來上一次。

筆者列出一個自己的排名座次：

第一集團應該是唐太宗李世民，康熙皇帝愛新覺羅‧玄燁，成吉思汗鐵木真，秦始皇嬴政；第二集團則有漢武帝劉徹，漢光武帝劉秀，魏武帝曹操，明太祖朱元璋，宋太祖趙匡胤等；第三集團則有「文景之治」的漢文帝漢景帝，「開元盛世」的唐玄宗，唯一女皇帝武則天，「十全老人」乾隆皇帝等。

每個人都可以有自己的主觀好惡，但也應該有相對比較客觀的標準。上述的這些帝王也許排名順序上有些變化調整，但有兩個基本的事實是：

第一，優秀或好的帝王並不多，不會超過百分之十的比例，甚至是百分之五的比例。

第二，第一集團的比例約為百分之一，而筆者所列出的名列前茅的這幾位爭議可能很小。

唐太宗李世民是半個開國皇帝，治理天下時所表現出來的品德和才華都無愧於千古名君，其開創的貞觀之治使大唐王朝成為中國歷史上最具輝煌氣象的鼎盛時期；成吉思汗的蒙古鐵騎所向披靡，其武功可說是亙古少有，是可以和世界歷史上幾個著名的大帝相提並論的世界級的帝王；秦始皇則首次完成了中國的大一統，設置郡縣，訂立了行之有效的行政管理制度等等，乃中國之「始皇」，論及皇帝，怎可不提他？

那麼怎麼來評價康熙皇帝呢？為什麼給他這麼高的榮譽呢？

如果說，秦始皇是中國皇帝的開山鼻祖，唐太宗是文治第一使帝國達到繁榮的鼎盛時期，成吉思汗是武功第一使帝國擁有最廣闊的疆土，那麼康熙皇帝則使整個帝國在進入晚期後，使政治文化等各方面都出現了一次燦爛的迴光返照。在他開創的「康乾盛世」之後，古老的中華帝國便進入了備受欺凌的屈辱的時代，直至一九四九年中華人民共和國的成立，才翻開新的一頁。

　　而且，若是單從個人才華的角度來看，康熙皇帝可以稱得上是數百個皇帝中的最為傑出者。他不僅是中國傳統意義上的文武雙全之人，而且對於西洋的天文、地理、物理、化學、幾何乃至西洋繪畫都頗有研究，即使不把他當作一個皇帝而當作一個普通人來看，他的才華也是超凡脫俗的。

　　二〇〇三年，在法國巴黎凡爾賽宮，就曾經舉辦過一次「康熙大帝展」。在這次展出中，故宮珍藏的康熙年間西洋科學儀器，至今仍運轉自如，光彩耀人。可以說，在中國數千年歷史中，康熙皇帝是唯一一位了解西方文明、尊重科學精神的皇帝。

　　若是單從政治天資的角度來看，康熙皇帝也是絕無僅有的政治天才。李世民、鐵木真、嬴政等人建功立業的時候，基本上都是比較成熟的青壯年時期了，而康熙皇帝即位時年僅八歲，經過短暫的政治實習期之後，十多歲就做出了許多震驚朝野的大事，其後在位的六十一年間，安內攘外，頗有作為，是古往今來最被稱許的「少年天子」。

　　所以說，康熙皇帝入選第一集團應該是沒有什麼爭議的。

　　很有趣的是，這樣一個好皇帝之所以登上皇位，一個決定性的因素竟然是因為他出過天花。

　　康熙皇帝，名為愛新覺羅‧玄燁，是順治皇帝的第三個兒子。他被順治皇帝立為繼承人的過程是十分戲劇化的。順治皇帝當時有兩個兒子：二阿哥福全和三阿哥玄燁。這兩個孩子當時年紀都很小，看不出賢

太和殿這就是老百姓俗稱的金鑾殿

愚的區別。按照長幼來說，繼承人應該選擇福全才對，然而順治皇帝的母親孝莊皇太后卻喜歡玄燁。順治皇帝因此很煩惱，不知道該選誰做繼承人好。有一次，他和西洋人湯若望談起這個問題。湯若望回答說：「三阿哥出過天花，至少不會半路夭折。選他做繼承人最穩妥。」順治皇帝一聽覺得有理，於是就採納了他的意見。

要知道，當時的醫療水準低下，天花還是無法治癒的疾病。即使是皇宮大內，也依舊遭受著這種傳染病的威脅。福全未曾出過天花，還有染病夭折的可能，而玄燁則已經出過天花，可以終生免疫。

就這樣，在清世祖順治皇帝去世之後（一說出家為僧），年僅八歲的玄燁登上了皇位，成為滿清的第三位皇帝。只是，誰也沒有料想到的是，就是這位憑藉著「得過天花」而登上帝位的少年天子，竟然成為了中國數千年來最英明的皇帝之一。

二

康熙自幼聰明，深得其祖母孝莊皇太后的喜愛。這位孝莊皇太后，可以說是康熙的政治導師，也是中國歷史上少見的具有大政治家風範的女人，說起大清王朝的歷史，不能不提這個女人。

孝莊太后原本是清太宗皇太極的妃子，聰明能幹，多謀善斷，很得皇太極的器重。當時皇太極俘獲住了明朝大將洪承疇，意欲勸他投降。皇太極對自己的臣下說：「我們想要奪取大明的江山，卻不了解大明的情況，就像一群瞎子一樣摸不著頭腦。洪承疇投降我們，就成為了領路人，讓我們這群瞎子睜開了眼睛。」因此對洪承疇很是看重。然而洪承疇說什麼也不肯投降，派誰去勸說都沒有效果。孝莊太后向皇太極接下了這樁差事，她說：「洪承疇即使在獄中，也依舊保持著衣冠的整潔，看到灰塵落到衣服上一定要彈掉。這樣的一個人，是不可能真心求死的。」結果在她的勸說之下，洪承疇真的投降了滿清，成為了滿清入關的引路人。

到後來，皇太極去世之後，留下了兩個兒子：長子豪格與四子福臨。豪格能征善戰，功勳卓著，而福臨卻僅僅只是個六歲的孩子。孝莊太后為了讓自己的兒子福臨登上皇位，又和睿親王多爾袞合作打敗了豪格。而為了讓多爾袞不至於奪取自己兒子的皇位，她竟然下嫁於多爾袞。其後福臨長大成人，她又協助福臨清除多爾袞的黨羽，幫助自己的兒子真正掌握了朝政大權。福臨病危，她又鑒於多爾袞擅權的前車之鑒，讓福臨一改以親王貝勒輔政的祖制，而選擇了讓外朝大臣輔佐小皇帝的制度，並且增加輔政大臣為四人，以便相互制約。皇族宗親勳貴對輔政大臣實行監督，再由太皇太后對軍國大政總裁。

可以說，滿清從皇太極去世一直到康熙親政，這數十年的政權平穩交替中，這位孝莊太后起著決定性的作用。所以曾有後人感歎，滿清王朝可說是「存亡兩婦人」：在前期王朝開創時期，孝莊太后居功甚偉，在王朝後期的敗亡過程中，慈禧太后難辭其咎。

和父親順治一樣，康熙登極時也是兒童皇帝，除了孝莊太后在政治大事情上給予把關外，還有輔政（顧命）大臣輔助他處理政務。

從中國歷史上來看，幼主與輔政大臣之間基本上是一對政治上的矛

盾體。兒童皇帝作為名義上的最高統治者，卻沒有實際的決斷能力和才華，離不開一些老臣子的幫助，實際的權力基本掌握在輔政大臣手中。一般來說，輔政大臣是老皇帝用慣了的人，資歷才幹都沒有什麼大的問題，但關鍵是品德。在老皇帝的權力威望之下，這些臣子小心謹慎，不敢有什麼想法，可老皇帝去世小皇帝登基，昔日的奴才慢慢掌握了實際權力後，就嘗到了權力的甜蜜滋味，位高權重，多半會自我膨脹起來，或者乾脆就有了別的想法。即使沒有「想法」，可把持朝政時間長了，難免有些不夠檢點的地方，對上不夠恭敬，對下不夠謙和，得罪之處在所難免。等到皇帝大了，積累的怨氣找個機會撒出來，也非同小可。

　　所以說，在這個位置上，基本上是在以二三把手的名義，行使一把手的權力，即使自己沒有謀逆篡位的想法和初衷，也多半會落下個權臣的名聲。在這個位置上，管多了不是，幹少了也不是；小皇帝頑皮胡鬧或者是扶不起的阿斗不好辦，太能幹了也不好辦——這是一個絕對尷尬的二把手位置，真正是無限風光在險峰——顯赫卻難得善終。司馬光曾說：「夫威福者，人君之器也；人臣執之，久而不歸，鮮不及矣。」

　　歷史上曾處於這個位置而留下好名聲的不過周公、諸葛亮等極少數品德高尚能力出眾者而已。而即使是這些人，事實上也一直為最高權力者所忌憚。周公輔佐周成王，被孔子譽為聖人，然而周成王實際掌握權力之後，就逼迫周公回到他兒子所在的封國「致仕養老」。而諸葛亮，雖然在世的時候深受劉禪信任和敬重，然而在他死了之後，劉禪一直壓抑的不滿卻在多處流露出來。再如漢時的霍光擁立昭帝、宣帝，為西漢王朝權力的平穩過渡立下莫大功勳，然而當他為漢宣帝趕車時，漢宣帝看著他

孝莊太后畫像

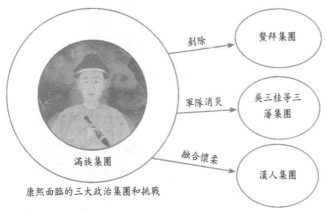

削除 → 鰲拜集團

軍隊消災 → 吳三桂等三藩集團

融合懷柔 → 漢人集團

滿族集團

康熙面臨的三大政治集團和挑戰

的背影卻坐立不安如芒刺在背，後來換了車騎將軍張光世趕車，漢宣帝就很輕鬆了。霍光去世後不久霍家滅亡，史家有人曾說

「霍氏之禍在於驂乘」。明時的張居正也是一個例子。這些品德高尚為後人所景仰的人物尚且只能得到這樣的結果，更何況其他那些人。

就大清朝而言，這樣的情況也發生過好幾次，前有多爾袞，後有肅順等人。

康熙皇帝即位後的輔政大臣是四個，原意是讓其互相牽制，以防再出現多爾袞的前車之鑒，但這四人中卻有一個大大的刺頭，就是號稱滿州第一勇士的鰲拜。

當時在四位輔政大臣中，索尼資格老，威信高，是顧命大臣之首。遏必隆是名門之後，屢立戰功，卻與鰲拜交好。蘇克薩哈原本依附多爾袞，多爾袞死後，他立刻站出來告發剛剛死去的多爾袞，這才獲得順治信任，但其威信卻不高，爵位也在他人之下。因此名列第四、功勳卓著的鰲拜對排在他前面的蘇克薩哈很不服氣。

在這種不服氣之中，其實還有著更深的因素。原因在於蘇克薩哈隸屬於正白旗，而另外三人卻屬於兩黃旗（鑲黃旗和正黃旗）。當初正白旗旗主多爾袞擅權之時，曾對兩黃旗多加打壓。多爾袞去世之後，朝局一變，黃旗抬頭，白旗失勢。蘇克薩哈雖以白旗投靠黃旗，但索尼、遏必隆、鰲拜都瞧不起他。

這四位顧命大臣，索尼在世之時尚且還能相安無事。索尼去世之

後，鼇拜立刻聯合了遏必隆將蘇克薩哈排擠了出去，漸漸地把持了朝政。而且，這個鼇拜乃是武士出身，根本不懂得或是根本不在意什麼韜光養晦的政治策略，或者是，面對康熙和孝莊這對祖孫，這個第一勇士已經有了什麼「想法」也不好說，總之，鼇拜飛揚跋扈，全然不把小皇帝放在眼裏。

這是康熙走上政治舞臺所碰到的第一個重大考驗，這一關如果他過不去，也可能隨後的中國歷史就改寫了。倒楣的鼇拜根本沒想到他碰上的是一個什麼樣的對手——這是一個自古少有的政治天才！

三

驕橫無禮的鼇拜在小皇帝的心中堆積起了太多的不滿。

有一次朝賀新年之時，鼇拜身穿黃袍，僅僅帽子與康熙不同，飛揚跋扈之態眾人矚目。他又經常把各地奏摺拿回家中和心腹們商量著辦理，根本不把朝廷官員放在眼裏。還有一次，鼇拜裝病，康熙去探望他，鼇拜躺在床上，席下放了一把刀。康熙的侍衛搜出了這把刀，局面很尷尬而緊張。康熙雖年輕卻從容鎮靜，笑著說：「刀不離身是滿洲故俗，不要大驚小怪！」可見鼇拜的跋扈，也可見康熙把緊張局面消弭於談笑之間的機智應變。而那時，這位年輕的皇帝才十四歲。

當時蘇克薩哈眼見自己的權力漸漸被鼇拜剝奪，一怒之下要求辭職，還政於皇帝。這下子正中鼇拜的要害。因為索尼死後，名義上的首席顧命大臣是蘇克薩哈。他既然還政於皇帝，那麼排在他後面的遏必隆和鼇拜也必然要將權力交還皇帝。鼇拜此時也許剛剛嘗到權力的滋味，正在得意之時，豈肯就此罷休？他誣陷蘇克薩哈的辭職「背負先帝」，「別懷異心」（《清史稿蘇克薩哈傳》），羅織二十四條罪狀，要把蘇克薩哈斬首抄家。康熙不同意，以「核議未當，不許所請」。但跋扈成性的

鼇拜在康熙面前揮拳捶胸，疾言厲色，對康熙恐嚇要挾，最後連康熙也無法改變鼇拜的決定，結果蘇克薩哈被處絞刑。

是可忍孰不可忍！可以說，任何一個最高權力者都不能容忍這樣驕橫兇狠的屬下，更何況是雄才大略的康熙，要想做一個真正的皇帝，掌握真正的權力，首先必須要除掉鼇拜。

然而，有決心和想法容易，要真正做到談何容易。鼇拜本身勇武過人，又長時間執掌大權，黨羽眾多，已形成巨大的勢力網路，如果謀事不密，措施不當，反而會激起事變，禍及自身！

「君不密則失臣，臣不密則失身，凡事不密則害成，是以君子慎密而不出也。」聰明絕頂的康熙當然深知這些道理。他雖為天子，但一則年幼，二則自八歲登基，十四歲親政，只有短短數年時間，政治經驗和力量對比都處於劣勢。朝廷大員雖然也有許多對鼇拜不滿的，也有對皇室忠誠的，但到了生死關頭，又會如何呢？就像當年曹操陳兵赤壁之時，東吳臣子不大都勸孫權投降嗎？道理很簡單，他們自己的最大切身利益是做官——至於是做孫權的官還是曹操的官，那倒是次要的問題。同樣道理，今天的這些官員也是為了做官，是做他康熙的官，還是做鼇拜的官，很難說啊！

用我們的「圈子」理論來劃分當時的政治形勢，可以簡單地分出幾種勢力來：一是效忠康熙的皇室，跟鼇拜不和，或者跟著鼇拜也得不到什麼好處的，這幾種人是康熙可以倚重的力量；第二種就是鼇拜的黨羽，他們的利益已經在鼇拜的大船上，不會主動下船，甚至還想著這條船最好能再大些，走得再遠些，以便自己有更多的利益；第三種人是騎牆派，他們的利益就是做官，做誰的官都行，跟誰利益大風險小，那麼我就跟誰。

在這種微妙的局勢下，不能輕舉妄動，可也絕不能完全不動，或長時間地不動——因為你在政治上越軟弱，就有可能幫助你的敵人越強

大！有很多中間力量甚至是自己人都會對你失望，轉而去投靠敵人，使自己的力量逐漸耗散，再難凝聚！

政治學的奧妙無窮！

康熙要動，要不動聲色地動，要密，要狠，要準，還要快！

有一次康熙看史書，看到了漢質帝罵梁冀跋扈將軍那一段，他就說：「漢質帝聰明是夠聰明的了，卻不該將自己的想法表露出來。」

康熙在暗中準備著。他首先在身邊逐漸聚集了索額圖、明珠、岳樂、傑書等青年俊才，成為自己的輔佐力量。這些人中，索額圖、明珠都是康熙的侍衛，索額圖更是索尼的兒子康熙的岳父，而岳樂、傑書則是皇族，已封安親王、康親王。這些人與康熙有著共同的利益。

接著，康熙利用自己年幼，鰲拜輕視自己的優勢，故意裝出一副愛玩鬧的樣子，讓鰲拜去掉防備心。他挑選一批有勇力的少年侍衛在宮中練習布庫（布庫即摔跤），鰲拜上朝也不迴避。鰲拜以為不過是小孩子的遊戲，不以為意，他誤以為「帝弱好弄」，「心益坦然」（《嘯亭雜錄》），未加戒備。

清宮中部分太監

然而，就是這批小侍衛，最終置鰲拜於死地。

康熙八年五月，武力奪權的時機終於到來。康熙與索額圖密謀，將鰲拜的親信派往各地，離開京城，又以自己親信掌握了京師的衛戍權，然後再宣鰲拜入朝，準備在御書房擒住他。而他的祖母孝莊太后在這個時候也幫了他一把，做好了一旦事敗如何挽救的準備。

事實上，康熙的計劃是非常成功的。鰲拜根本就沒有料想到這個年僅十六歲的小皇帝竟然有如此謀略，依舊把他當孩子看待，完全沒有做任何準備。因此，當他單人入朝之時，立刻就被那些小侍衛給擒獲了。

康熙謀定而後動，一舉拿下鰲拜！

隨後，康熙的善後處理也足見高明。他並沒有殺掉鰲拜，而是寬大處理，免於處死，終身監禁；對鰲拜的黨羽遏必隆也僅革太師，後還公爵。他這樣的處理，將打擊點只限於鰲拜一黨的主要人物，沒有進行大規模的清肅。這主要是因為，滿人入關時間不長，統治集團內部不宜有大的動盪，再說自己畢竟年幼，還是要變複雜為簡單。但鰲拜一黨也就此瓦解了，根本沒有任何翻盤的機會。

康熙奪回權力，經過周密策劃，精心布置，不動聲色，沒有動用大軍，沒有經過惡戰，在社會上未發生重大騷動，所以人們評論他：「聲色不動而除巨惡，信難能也」（《嘯亭雜錄》）。後來對付明珠、索額圖二人，也是同樣採用只問首惡不問其他的辦法，同樣也未造成社會騷動。他的政治天才，在擒拿鰲拜這一役中已表現無疑。而遠在雲南的平西王吳三桂在聽到這個消息後所說的唯一一句話就是：「以後做臣子的日子，恐怕不好過了！」

四

少年康熙在他十六歲那年就輕鬆除掉權臣鰲拜，展現出驚人的政治

才華，令天下人震驚不已。然而這僅僅只是第一步，不久之後，康熙就在寢殿的圓柱上寫下了六個大字：「三藩、臺灣、漕運」。

這三件事情，就是康熙掌握大權之後所要面對的三大難題。

而在這三件事中，漕運基本是經濟方面的國本，雖然重要但卻並不急切，臺灣當時還不屬於清王朝管轄，還可以算是外敵，心腹之患就是「三藩」——這是政治上的又一大難題。

「三藩」是指鎮守雲南的平西王吳三桂、鎮守廣東的平南王尚可喜、鎮守福建的靖南王耿精忠三人，他們是前明的大將，在清兵入關奪取江山的過程中立下了汗馬功勞。因為他們是帶兵叛變明朝並為清王朝東征西討，所以他們的政治待遇比前期被俘獲而變節的洪承疇要好得多。洪承疇雖然也「位極人臣」，但忙到死也只封了個三等輕車都尉，在北京有了一座大宅子就高興得不得了，可謂沒出息極了。

這三個漢人王爺可不得了，事實上是三個獨立王國，他們有自己的軍隊和地盤。尤其是平西王吳三桂，兵多將廣，雲、貴兩地的官員任免也是他說了算，財政收入歸他使用，還可以自己鑄錢，而朝廷每年還要給他們巨大的財政補貼，作為他們養兵之用。「三藩」的費用據估算，可能要佔到國庫收入的三分之二。

「三藩」作為政治難題，其分量與當年的鰲拜相比有過之而無不及。鰲拜是滿人統治集團內部權臣對君王權威的挑戰，雖是迫在眉睫的危險，但剷除鰲拜一人即可大功告成。而「三藩」則牽扯到兩大問題：第一是滿漢之間的問題，滿人入關時間不久，天下雖然已經基本統一，但畢竟是「外族入侵」，根基未穩；第二層面上是中央政府與特殊軍功集團、強勢地方集團之間的問題，是特殊集團對中央政府和國家統一權威的挑戰。

「三藩」作為清王朝的心腹之患由來已久，但中央遲遲未有作為，實在是怕一旦激起事端，「三藩」舉兵造反，中央又沒有必勝之把握，

天下大亂，很可能滿人就在關內無法立足。作為「三藩」的一方，也有很多的顧慮，所以雙方都不輕動，維持著一種互有妥協的平衡。

康熙通寶

政治上的平衡是以力量為基礎的。誰都沒有能力消滅對方時，大家都客氣，都會選擇等待和拖延。但是，不能消極地等待，要用時間積累自己的力量從而確立自己的優勢，如果拖下去對自己並沒有好處，而只能增加對方的實力，那就不如早些一搏。

在當時，康熙也面臨著同樣的選擇。

繼續拖下去，是最穩妥的戰略，有利的因素是：一則自己會年紀更大些，威望更高；二則國力可能更雄厚些；三則吳三桂的年紀已經大了（他比康熙大42歲），也許已經沒有幾年的活頭了。

但是，不利的因素是：第一，朝廷的威望和顏面都極大地受損，等於承認拿這幾個特殊集團沒有辦法，只能委屈地去拖延和等待；第二，朝廷要繼續花大筆的銀兩去餵養自己的敵人，這樣的事情，是錐心之痛！第三，這幾個毒瘤不除掉，朝廷始終都要提心吊膽，也要時刻備戰，既給敵人開軍費，也要給自己開軍費，其他的國計民生都得靠邊站！

換作一個一般資質的領導人，可能會接著再息事寧人忍氣吞聲下去，但康熙皇帝不是這樣的人，他要積極主動地解決這個問題。

在考慮清楚上述種種因素後，康熙皇帝下了決心，甚至不顧他的老祖母的反對，開始步步為營地逼迫「三藩」自己跳出來。

機會來了。

康熙十二年（一六七三年，康熙二十歲）二月，鎮守廣東的平南王

尚可喜已經年屆七十，上書請求回故鄉遼東養老。康熙順勢答應他的請求，明令撤消他在廣東的「藩領」。

吳三桂和耿精忠在此政治氣候下，也故意上書要求引退。這招是以退為進，行的是一步險棋，希望朝廷表態。吳三桂以為，朝廷對其尚有忌憚，絕不敢逼他謀反，因此必會加以挽留，則撤藩之事也就無疾而終。他的預料幾乎可以算是正確的，當時，朝廷上主張不可撤藩的佔絕大多數，支持撤藩的只有兵部尚書明珠、戶部尚書米思翰等少數官員，果然正落入吳三桂的彀中。然而吳三桂卻小看了康熙的魄力。二十歲的康熙帝力排眾議，他認為：「三桂等蓄謀久，不早除之，將養癰成患。今日撤亦反，不撤亦反，不若先發。」於是，下令撤藩！

一石激起千層浪。康熙下令撤藩之後，吳三桂等人起兵反叛，其他人等也乘勢而起：京城裏有楊起隆舉事，察哈爾有阿爾尼叛亂。而且，先後發生京師大地震、太和殿火災，康熙帝愛后赫舍里氏也崩逝。內憂外患交相煎迫，朝廷上下人心惶惶。這個時候，康熙為了表明自己的決心，下詔削奪吳三桂的官爵，公布其罪狀，不久又將留居京師的吳三桂之子吳應熊 等逮捕處死，徹底斷絕了朝廷內部騎牆派的僥倖之心。消息傳到吳軍，吳三桂正在吃飯，聞訊大驚。同時，康熙為了安定驚恐的軍心，慌亂的民心，每天遊景山，觀騎射，以示胸有成竹。有人進行諷諫，康熙置若罔聞。事後他說：「當時我要是表現出一絲驚恐來，就會人心動搖，說不定會出現意外的情況！」他的堅定決心和平靜心態，對於穩定大局和安定人心，起了很大的作用。

經過八年平叛戰爭，康熙終於取得削平「三藩」的勝利，除掉威脅滿清統治的另一大患。當年，滿洲第一勇士鰲拜敵不過十六歲的少年天子，身經百戰的老將軍吳三桂也不是生長於深宮的二十多歲的康熙的對手，這兩場驚心動魄的政治較量全部以康熙的全勝而告終。此後，除了邊境和個別地區的騷亂之外，沒有人再敢挑戰康熙以及王朝的權威了。

而這個時候，天下才真正實現了大一統，真正表現康熙治理才能的時候到了。

五

　　我們大家都知道，有句話叫做「生於憂患，死於安樂」。在中國歷史上，並不缺乏先明後昏的君主例子。比如唐玄宗李隆基，當他從韋后、太平公主等人的威脅之中奪得權位之後，雄才大略，勵精圖治，開創出開元盛世，而緊接著，卻來了個安史之亂。還有後唐莊宗李存勖，南征北戰，天下無敵，最後卻死於伶人之手。極端一點說，被列為昏君典型之一的漢桓帝，當他從跋扈將軍梁冀手中奪回政權的時候，又何嘗不是表現得英明神武？而宦官之禍，卻也正是從這位漢桓帝手中開始的。因此康熙擒鰲拜，平三藩，雖然難能可貴，但天下承平，沒有明確的敵人之後，康熙會沉迷於享樂嗎？須知自古虎頭蛇尾者多，善始善終者少啊。

　　事實上，除了康熙皇帝主觀上的自律和勤勉以外，客觀形勢上也不容許他過幾天安樂的日子。

　　康熙已經成功地剷除了兩個妨礙他統治的政治集團，但是，他還面臨著一個更大的集團：漢人集團。這個集團是不可能剷除的，而且，唯一的出路是使自己所代表的滿人集團獲得他們的認可。

　　滿人入關後，是一直有危機感的，有一柄利劍是時時掛在他們頭上的，那就是明太祖朱元璋所說的那句話：胡人無百年之運！

　　自五胡亂華到南北朝再到大元朝的建立，凡是入侵中原的胡人所建立的王朝，沒有超過一百年的。對於傳統上以中原地區為核心主體的天朝大國來說，他們是外來的蠻夷，即使僥倖入主了中原，也算不得是神州大地的主人。他們文化上處於劣勢，人數上也處於劣勢，只不過是身

體彪悍精通騎射的武夫而已。

滿清入關，有一定的歷史原因，諸如明王朝的昏庸積弱，農民起義軍基本上已經打垮了多半個王朝等，大清的建立過程中，軍事上的征討取得了勝利，但在嘉定、揚州等地的殘酷屠殺也在政治上失分很多，「留髮不留頭」之類的文化衝突一直存在。國學大師錢穆在《中國歷代政治得失》中便指出：清王朝實際上是一種部族政權，「所謂部族政權，便是把政權掌握在某一個部族的手裏，這便是中國歷史上的異族政權了。」

也就是說，在清朝，滿洲人（甚至還包括他們的政治盟友蒙古人）一直是作為一個既得利益集團而存在的，他們享有凌駕於漢人之上的諸多特權，是社會架構中的特權階層，是堅定的政權維護者，康熙首先要代表他們的利益。

但是，這個集團畢竟是少數，一個政權要想長治久安，必須代表最廣大的民眾的利益，而最廣大的民眾，無疑是漢人（滿人入關時總人口大約三百萬，漢族人口大約八千萬），如何緩解漢人的反抗與不滿，使政權能夠穩固，社會和經濟能夠發展，擺脫所謂「胡人無百年之運」的宿命，是康熙面臨的又一個政治難題──以前他解決鰲拜、吳三桂等人，可以說是對付自己大圈子中存在的小圈子，而這次，是要用小圈子來駕御大圈子了。

康熙對局勢有著清醒的認識。

首先是對博大精深的中原傳統文化的認同和學習。康熙自己聰穎好學，我們前文已經說過，他不但有非常深厚的漢

康熙年間燒製的瓷器

學造詣，甚至對西洋文化也有一定的認識。在他的那個年代，絕對可以算得上是學貫中西了。康熙以身作則大力推行漢族文化，把自己滿族集團中的保守力量逐漸邊緣化，使清王朝的封建化和

清朝官員的頂戴

滿漢融合的政策得以貫徹。同時，也通過種種手段限制滿族貴族的權力。他剝奪了各旗王公干預旗務的權力，破除「軍功勳舊諸王」統兵征伐的傳統，削弱議政王大臣會議的政治影響，明確提出要建立皇帝個人獨裁的專制政體。

在電視劇《雍正王朝》中有一個場景，就是康熙這一政治改革的成果。當時雍正雖然已經登上了皇位，但他的政敵八阿哥依舊不死心，從關外請來各旗旗主，意圖借用這批旗主的力量逼迫雍正退位。然而由於康熙朝早已確立了君主專制的原則，確保了皇權的權威性，因此各旗旗主的反撲根本就沒有任何力量，輕而易舉地就被雍正擊退。

其次，對於漢族集團，康熙採取了多種手段。對於堅定的反清復明的持不同政見者，他拉攏和打壓並行。他先在輿論上確認「滿清得天下於李自成」，宣布朱明王朝已經覆滅，自己乃是朱明王朝的合法繼承人，在道義上站住了腳；接著開博學鴻詞科，拉攏天下士人，給漢族官吏和士人政治上的出路；但在思想上，則大興文字獄，不許知識份子亂說亂動。

對於廣大的基層百姓，康熙則大力發展生產和經濟，給百姓以切身的實惠，並且經常把遭受水災旱災與兵禍的地方，給予減稅免稅的政策，也經常一筆勾銷困苦百姓多年的欠稅。有史家統計，從康熙元年到四十八年為止，前後所免、所減的錢糧，達一億兩白銀以上。而且，康

熙還「輪免」了天下錢糧一次，從康熙五十年到五十二年三年間，每年免掉全國三分之一地區的錢糧。

最為人稱道的是：康熙下令，自康熙五十年起，所有新生人口，概不加賦。也就是說，徵收錢糧的人口基數，限定在上一年的數字上。這個政策，減輕了百姓的負擔，也鼓勵了人口的生長。康熙五十年全國的人口數字大約在二千五百萬，到了五十三年後的乾隆二十九年，人口數字就過了兩億……

諸如此類的種種手段，都取得了明顯的成效，不但使滿清王朝站住了腳，走出了「胡人無百年之運」的宿命，而且還出現了持續百餘年的「康乾盛世」。老百姓的日子過好了，對腦後拖著的那根辮子也不反感了，康熙也成為了「有道明君」。

六

當然，在政治上，康熙一直對漢族是防範有加的，包括他的子孫後代，心目中也一直有「外來者」的陰影，滿漢之間還是有分際，並沒有做到真正的水乳交融。漢族官吏一直不如滿族和蒙古族官吏受到信任，如後世的中興四大名臣曾左彭胡雖然建立了偌大功勳，卻一直無法進入清王朝最高決策層。這是康熙的歷史局限性之一，我們也不能再苛求於他了。

也因為這種「外來者」的心態，康熙在政治制度上基本上沿襲了明王朝的框架，並且加強了中央集權。用人之權、獎懲之權由皇帝親自控制，不許臣僚干預；通過密奏等特務制度，對臣僚實行嚴密的監督和防範；反對朋黨，嚴防臣僚結黨對抗皇權。

皇帝的集權，主要表現在對相權的廢除。廢除丞相制度，是朱元璋的發明，但在朱元璋之後的明王朝，實際上相權依舊存在，只是由皇帝

和內閣大學士共同分擔而已。一旦皇帝倦政，則內閣大學士就會佔據上風。因此會出現于謙、張居正這樣的名相，出現「主昏於上，政清於下」的情形——皇帝數十年不理政事，國家還能正常運轉。而張居正之所以被當時人非議，很大一個原因就在於他的越權，沒有身居宰相職位卻幹著宰相才能做的事情。因此他的施政效果雖然是好的，但在當時卻被視為權臣。

事實上，自秦漢一直到明朝，皇權與相權之間的鬥爭就沒有停止過。在秦漢時有丞相，在唐朝有中書省，在宋朝有同中書門下平章事，在元朝有大斷事官，在明朝有首輔大學士，雖然各朝名稱不同，人數或多或少，但他們都是事實上的政府首腦，都擁有一定的人事權和決策權。而只有在清朝，相權是不存在的。

秦相李斯確立郡縣制，漢相蕭何幫助劉邦定下漢朝數百年江山，「蕭規曹隨」傳為美談。當時，丞相的權力非常大，相當於今天某些國家的總理，即行政首腦。到了唐宋，相權被分散開，幾個人同時擔任宰相，卻依舊在政務、人事上有一定的決策權。到了清朝，則上書房、軍機處的大臣們只有參贊之權而沒有決策之權了。他們能給皇帝提建議，當顧問，是一個參謀和秘書班子，無權決斷日常的政治事務。在這種制度下，再加上滿漢官員的互相牽制，皇帝自是可以高枕無憂了。

任何一個集權統治都需要對各級官員進行嚴密的監控，清王朝沒有明朝時明目張膽的特務組織，但它有完善的密奏制度。許多官員都有密摺專奏之權，這樣一來，不僅康熙可以知道下情，而且各級官員之間彼此監督互相掣肘，也很難結黨營私。

在全國各地，康熙都安插了他所信賴的官員作為監督。比如《紅樓夢》作者曹雪芹的祖父曹寅，深得康熙信任，後來擔任江南織造。這個官職的表面任務似乎是負責管理江南地區的織物，職位並不高，但實際上卻是擔任朝廷的耳目監視江南地區的動向，他擁有向康熙皇帝直接上

帝國王朝的迴光返照 第二部份

131

奏的權力，在奏摺中不僅包括江南官場的各種情況，甚至也包括江南地區的風土人情。因此康熙雖然人在大內，卻對當地的情況瞭如指掌。

雍正即位後對此又有發揚光大。據說有一天，雍正皇帝問他的臣子道：「你昨天晚上在做什麼？」那臣子很老實回答：「我和幾個同僚在一起打麻將，後來少了一張牌，就沒有再玩下去了。」結果雍正皇帝當場就拿出那張丟失的麻將牌來。在這種嚴密的監控下，政治雖不清明但還比較穩定。

康熙畫像

總之，在康熙時代，他作為一個政治集團的領袖，以一個小圈子駕御一個大圈子，畫出了一個又一個同心圓。而這數個同心圓所圍繞的中心，就是至高無上的皇權。

集權制度和統治有極大的偶然性，權力全部掌握在一個人手中，如果碰上了一個壞傢伙或智力低下者，後果自然很嚴重。

所幸的是，清王朝壽命二百九十六年，十二個皇帝中有接近三分之二的都基本稱職，其餘的三分之一也屬於中等資質，沒有出現明王朝中那幾個如此昏聵的皇帝，所以雖說是以胡御華，倒還是比較平穩的。尤其是康熙、雍正、乾隆三朝，接連一百多年，對外擴展疆土，其鼎盛時期為中國所增加的領土，幾乎是從明王朝承襲下來的疆土的三倍；對內高壓懷柔並用，出現了中國歷史上難得的長時期的穩定，雖然沒有漢唐時期的宏大氣象，但亦屬太平盛世了，有史家將此階段稱之為中國歷史上的第三個黃金時代。

康熙在位六十一年，是他開創了這個時代，為後來的盛世打下基

礎。康熙死後，廟號「聖祖」——這是一個空前絕後的廟號！後人則尊稱其為「康熙大帝」。

七

康熙一生，文治武功均可傲視歷代帝王，但他也不可避免地碰到帝王們最頭疼的問題：權力接班人的問題。

康熙面臨的問題也許比前輩帝王的問題還要嚴重，其嚴重性表現在兩個方面：第一是他的兒子多，有三十五個之多，雖然有幾個夭亡了，但還是可以編成兩個班的；第二是能幹的兒子多，也就是說想接班的候選人多。

作家二月河曾根據這段史實創作歷史小說《九王奪嫡》暢銷一時，後來據此改變的電視劇《雍正王朝》也創下了極高的收視率。作家、導演和演員的功力撇開不說，故事情節確實夠吸引人，是一場驚心動魄的政治大戲。

諸王爭嫡，成為康熙晚年的最大政治難題。處理不好，不但骨肉相殘，而且，康熙本人也有可能步唐高祖李淵或隋文帝楊堅的後塵，被兒子逼迫退位或被弒。

這其中有康熙自己的原因。他鑒於朱明王朝諸皇子養於深宮之中腐敗無能的前車之鑒，讓自己的幾個兒子出外辦差增長才幹，以便將來成為新皇帝的得力助手。這的確收到了一定的成效，然而，幾個兒子鍛鍊出了才幹，也有了一定的勢力，就不甘心再當一般的皇子，而想做太子了。如果這個太子的確有本事，到也能壓住他們，偏偏康熙早已選定的這個太子雖然也說得過去，但九五之尊的寶位太具有誘惑力了，這些能幹的兒子們有「進步」的想法也很正常。古往今來，幾乎每個朝代都會遇到這樣的問題，也幾乎都沒有什麼好的辦法，血雨腥風在所難免。

康熙的兒子們大概分成了三個小圈子：

第一個圈子是太子的圈子。康熙很早就確立了太子。康熙十四年，他才二十二歲時，就冊立了不滿二歲的皇二子胤礽為皇太子。這麼早冊立皇儲，是由於當時政治鬥爭的需要。當時三藩之亂正熾，又有朱三太子一說，不免蠱惑人心。為穩定政局，表明決心，因此，詔告天下，正式地冊封了皇太子。這其實是清朝第一次，也是唯一的一次公開冊立皇太子。

康熙對於這個太子是頗為看重的，安排國內一流的碩彥大儒為太子的老師，而且還時不時地親自教導他，想將他培養成為自己理想的接班人。然而，這個太子卻並不爭氣。想想，也確實難為他，上邊是這樣一個英明神武的皇阿瑪，下邊是一群虎視眈眈的兄弟，他夾在中間，雖則小心謹慎，但總歸有不如人意之處。而且，他在太子這個位置上的時間太長了——當了近四十年的太子，繼不了位，上不了台，急不得，惱不得。

俗話說，匹夫無罪，懷璧其罪。即使沒什麼大問題，可幾十年下來，不可能讓人挑不出毛病來。太子本人也有些不檢點的地方，這就更給人可乘之機。而且，一朝天子一朝臣，許多人為了自己的利益前途考慮，處心積慮地想在權力交替的過程中未雨綢繆，撈取更大的好處——在政治漩渦中的主角，有時候也多少有點身不由己的味道。

太子就被捲入一場黨爭之中，牽扯到了當時的兩大重臣：明珠、索額圖。

明珠和索額圖，兩人都是自康熙擒鼇拜之時就跟隨在他身邊的親信，深受康熙的信任，也深得康熙的重用。明珠聰明伶俐，深體上意，辦事很讓康熙放心。索額圖是顧命老臣索尼的第三個兒子，出身高貴，在朝廷中很有威望。這兩個人輔佐康熙，建立了很大的功勳。但隨著他們權勢的漸漸增大，也就逐漸地形成了黨羽。而彼此之間，為了爭奪權

力，也變得勢不兩立起來。

　　康熙對於自己手下這兩位重臣之間的爭鬥，也並非全無所知，但這正是他要的結果。作為一個皇帝，他不可能讓手下的勢力集團一黨獨大，威脅到他的地位，保持平衡才是最重要的。

　　事情的變化是在這兩黨爭奪太子人選時才爆發的。

　　太子的種種行為，給了明珠可乘之機。皇太子胤礽是康熙的第二個兒子，康熙的長子是胤禔，乃是明珠的外甥，而胤礽卻是索額圖的外孫。如果胤礽繼位，索額圖自然得勢，明珠自然失勢。而如果胤礽失掉太子位，則明珠就因另保新君而得勢。因此明珠竭力攻擊太子，而索額圖卻竭力保太子。

　　明珠與索額圖之間關於太子人選的鬥爭，卻讓康熙生氣了。他可以容忍明珠等人貪污受賄賣官鬻爵，卻無法容忍他們動搖國本。在當時，康熙對太子還是頗為看重的，因此首先拿攻擊太子的明珠開刀，指使御史郭琇彈劾明珠貪污——只彈劾明珠貪污，是有原因的。因為明珠當時黨羽已成，如果直接彈劾他結黨營私動搖國本，那麼必然會牽扯到明珠的黨羽，而那些黨羽為了自保，也必然會想方設法保住明珠。這樣一來，康熙就很難處置了。但只彈劾明珠一人，不牽扯到他人，那麼明珠的黨羽也就不會出頭了，社會也就不會發生大的騷亂。

　　事實上，在明朝時期，也發生過同樣的事情。我們在後文講述張居正時會提到：當時嚴嵩與嚴世蕃父子下臺之後，徐階改換奏章的故事。康熙命令郭琇彈劾明珠，所用的手法和徐階幾乎一模一樣，那就是只攻擊其一點，不牽扯到其他人。而他當初擒鼇拜之後所用的辦法，也正是這樣的手段。

　　然而明珠也聰明得緊。在被彈劾之後，他知道自己已經完了，只能死中求活，於是下了一招險棋。他讓一個名為索黨實際卻是明黨的官員上書彈劾自己結黨營私圖謀造反，結果索黨看到這個可以一舉消滅明黨

的機會，紛紛附和上書攻擊明珠。從表面上來看，貪污只是死罪，謀反卻要誅九族，明珠是自己加重了自己的罪過。但明珠深知康熙聰明，第一不會相信明珠謀反，第二不會讓索黨一黨獨大，因此康熙必定會保住明珠。

後來的結果果然正如明珠所料。原本必死無疑的他被康熙保住了性命，在兒子府中悠哉遊哉地頤養天年之後才老死。而索額圖，卻因為明珠下臺後一黨獨大，再加上與太子結黨而深受康熙猜忌，被逮捕監禁，後死於獄中。

康熙為人寬厚，明珠、索額圖雖然都劣跡斑斑，但他還可以包容。然而一旦牽扯到繼承人問題，那就絕非康熙所能容忍的了。只是，當他的幾個兒子為了爭奪太子之位而你爭我奪之時，即使英明如康熙，對此也頗為頭疼。畢竟，再怎麼說，都是自己的兒子，是不可能像對明珠、索額圖那樣下狠手的。

康熙為了這個太子，的確是費盡了心力。明珠想動搖太子的地位，被康熙廢掉了，索額圖與太子結黨營私，幽禁而死。他原以為這樣一來

康熙傳位遺詔

太子就會回到正路上去，卻沒想到太子不結黨不行啊。有幾個如狼似虎的兄弟在旁邊緊盯著，太子能不培植私人勢力自保嗎？

康熙看到索額圖死後太子依舊結黨，失望之下不得不廢黜了他。這是他的第一次廢黜太子。然而他對這個兒子感情還是很深的，不久之後又重新立他為太子。可是復立的太子經受了一次打擊之後，反而更體會到培養自己勢力的重要，變得變本加厲起來，康熙不得不再次廢黜了他。

第二個圈子是以皇八子胤禩為核心，以

136

老九、老十、老十四幾個皇子為骨幹的「八爺黨」，勢力很大。但其勢力太大，引起康熙的高度警惕，後來給老八下了一個「柔性成奸，妄蓄大志，黨羽相結，謀害胤礽」評語，一度免職鎖拿。

第三個圈子是老四胤禛，支持他的有老十三胤祥和老十七胤禮。這個圈子最初是不被人看好的，但最後的結果卻是出人意料地取得了勝利。

持續多年的奪嫡之爭以及兩次廢黜太子，對於康熙的打擊是頗為重大的。更令他傷心的是，在這兩次廢立之間，幾個兒子對於繼承人地位的爭鬥已經到了血肉相搏的境地。康熙看得很清楚，在這種情況下，無論是誰當太子，都勢必會成為眾矢之的，很難坐穩這個位置。然而太子在位，皇子們的目標還是瞄準太子，沒有太子，皇子們的目標會瞄準誰？自己有沒有可能成為李淵和楊堅？

但康熙畢竟是英明的，他也想出了一個英明的辦法，那就是不立太子，而選擇遺詔繼承制度。這樣一來，皇子們沒有了明確的攻擊目標，同時又都有了可能性，只好安心做事博取康熙的歡心吧。

事實上，當時的康熙已經選定了繼承人，那就是四阿哥胤禛。究其原因，可能出於以下兩點的考慮：

第一，是老百姓所傳說的，因為胤禛有一個好兒子弘曆。康熙非常喜歡這個孫子，曾親自教他讀書，刻意培養，「佳子佳孫，可保大清三代江山。」雍正能登帝位，沾了兒子的光。

第二層原因，是康熙對天下形勢和胤禛的清醒判斷。天下太平日久，法紀鬆弛，官宦糜爛，需要鐵腕整肅。但康熙本人一則年事已高，精力不濟，想過太平日子，不願意多生事端；二則宅心仁厚，又不願意撕破臉皮向跟隨自己多年的老人開刀下手。

康熙本人不願意做，但自己身後得有人來做，勤奮剛毅的老四胤禛顯然是當此大任的最佳人選。

清雍正年間戶部公文

事實上也果然如此，康熙六十九歲時病故，其後，雍正皇帝在位十三年，每天勤勤懇懇，修補康熙皇阿瑪留給他的、這個表面上花團錦簇實際上問題堆積如山的江山社稷，基本上沒有享過一天的清福，最後還落了個「刻薄寡恩」的名聲。事實上，公正地說，如果沒有雍正這十三年的辛苦和刻薄寡恩，是不會有一百多年的所謂「康乾盛世」的。

雍正不明不白地死後，弘曆繼位，是為乾隆——這是公認的中國歷史上最有福氣的一個皇帝。他二十五歲（虛歲）當皇帝，做了六十年（不敢超過他爺爺的六十一年），然後退位當了三年名義上的太上皇（還掌握實際權力）。他爺爺為他蓋好了一座大廈，他父親為他辛苦裝修，他甩著手住了進來——當然，乾隆也還是個不錯的皇帝，這是後話了。

返回頭，我們再看康熙最後的人事安排，「佳子佳孫」，真是一切都在預料和計劃之中。

可是，「君子之澤，三世而斬」，殘陽如血，美豔中卻已透出了暮氣。

康、雍、乾之後的大清王朝，就是另一番光景了……

138

不學有術的竊國大盜——四十餘年英雄和八十三天皇帝

一

西元一九○一年十一月七日，晚清重臣李鴻章在北京去逝，享年七十八歲。

據說臨終前，李鴻章力薦袁世凱，他在遺摺中附片奏聞：「環顧宇內人材，無出袁世凱右者」。李鴻章去世的當天，袁世凱即署理直隸總督兼北洋大臣之職。中國政治舞臺進入以袁世凱為主角的時代。

在中國晚近人物圖譜中，袁世凱無疑是非常有趣的一個反面角色。

很多人將袁世凱比做曹操，同樣的所謂「亂世之奸雄，治世之能臣」，這種說法有一定的道理，袁也確實擔得起「亂世之奸雄」這個政治評語。

二十世紀初，袁世凱確實是可以左右中國政治局勢的實力派人物，不管是垂死掙扎的大清王朝還是風雲初起的中華民國，都極力尋求手握北洋新軍的袁世凱的支持。時逢亂世，群雄並起，袁氏並沒有什麼好的背景和後臺，靠著自己的本領，在各種勢力中左右逢源，步步為營，最後成為舉足輕重的收拾政局的不二人選，沒有一定的才具焉能如此？

袁世凱又是一個「不學有術」的政治人物典型，沒有什麼道德學問的根基，天生的一個政治陰謀家，其對權術之運用幾可達爐火純青之境界。可因為其「不學」，所以本身也就只能停留在「術」的這個層面上，「治世之能臣」這一半，就有點擔當不起來。也許他的才能可以與

曹操相比，可見識器局，氣象境界，就要差遠了。

曹操當年平定北方後，孫權曾上書勸進，曹操笑：孫權小兒是要把我放在火爐上烤啊。近千年以後，袁世凱已經貴為民國大總統，信誓旦旦地要做中國的華盛頓，言猶在耳，卻又鬧出一場復辟登基、開歷史倒車的醜劇，遺笑千年。

著清朝官服的袁世凱像

大清朝的遺老遺少罵他是「亂臣賊子」，中華民國的革命者恨他是「不赦罪人」，他成了不折不扣的「竊國大盜」──先竊清朝代以民國，後竊民國代以袁家的洪憲王朝。

袁世凱死後，在上海的黃興寄來一幅輓聯，輓聯是這樣寫的：

好算得四十餘年天下英雄，陡起野心，假籌安兩字美名，一意進行，居然想學袁公路。

僅做了八旬三日屋裏皇帝，傷哉短命，援快活一時諺語，兩相比較，畢竟差勝郭彥威。

輓聯中用「四十餘年天下英雄」來對「八旬三日屋裏皇帝」，用「野心」來對「短命」，可謂貼切恰當。袁公路，就是東漢末袁紹的弟弟袁術，不自量力，稱帝，不久即為曹操所滅。郭彥威，五代後周太祖皇帝郭威，殺後漢皇帝而自己稱帝。

黃興作為袁氏的敵人，對袁氏的評價也可謂公允：袁世凱四十餘年稱雄天下，卻在人生事業顛峰之際，「陡起野心」，聰明一世，糊塗一時，居然逆歷史潮流而動，要當皇帝？！

袁氏為達此目的，對內鎮壓革命黨人和異己力量，對外不惜出賣國家利益以換取列強的支持，雖不擇手段，也僅僅是個八十三天的短命「皇帝」，卻流下千古罵名和笑柄。真不知道那個「袁大頭」裏當時到底是怎麼想的，居然做出如此蠢不可及的事情來！

二

袁世凱生於一八五九年，河南項城人，所以也有人稱之為袁項城。中國傳統文化中，對很多名人以籍貫稱呼，別有味道，如與袁世凱同時期的康有為，就被稱作「康南海」。當然，這個地名也得讀起來上口，有點味道才行。窮鄉僻壤，叫起來就不雅了。

袁家祖上也風光過，袁世凱的叔祖袁甲三是剿撚名將，他自己的親生父親沒有做官，但幾個叔叔都是三四品的官員，所以說，家裏還是有些老關係的。這一點「祖蔭」很關鍵，有父輩的一層關係，見了一些大人物，開口可以叫「叔叔」、「伯伯」，自然同別人不一樣。

袁世凱青少年時期可以說是個公子哥兒，不好讀書，也有點曹操年輕時候的樣子。十四五歲時，他隨嗣父袁保慶（袁世凱年幼時即過繼給叔父）來到南京。

袁保慶有一個交情很不錯的朋友，就是當時駐守浦口的淮軍將領吳長慶。在早年平定太平天國的軍事行動中，吳長慶之父吳廷香與袁保慶之父袁甲三各自領兵。有一次，太平軍圍困吳廷香，吳廷香派吳長慶向袁甲三求救。袁保慶不顧別人的反對，力勸父親出兵救援。後來雖然援軍終未及時趕到，吳廷香被太平軍所殺，但是，吳長慶還是感念袁保慶的援手。一八七三年，袁保慶因霍亂死於南京時，吳長慶撫棺痛哭，與劉銘傳一起幫助料理後事。此二人見到袁世凱時，「均器重之」。

袁保慶死後，另外兩個在京做官的叔叔袁保恒、袁保齡，把袁世凱

141

晚清重臣李鴻章

帶到北京。這兩個在京做官的叔叔對他
要求很嚴,尤其是對他浮滑的性格多有
約束。袁世凱一邊讀書,一邊也留心向
叔叔學習處理事務的經驗,學得不少官
場本領。兩位叔叔也有意栽培,給他創
造不少歷練的機會,如華北大旱成災
時,袁保恆奉命到開封幫辦賑務,帶袁
世凱同行,遇有密要事案,均派他查
辦、參佐一切。

但這樣的日子沒幾年,一八七八
年,袁保恆染疫病故,袁世凱只得返回
老家。沒有人管教和督促之後,袁世凱又開始放蕩不羈,追歡逐樂。他
前後參加了兩次鄉試,都沒有考上,最後只好捐了個功名。

袁世凱確實不是讀書的料,不過,他卻有另外一種天賦,就是天生
的善於言辭和交際,雖然頑皮胡鬧,卻總能討人歡心——只要他想讓你
高興,想結交你,他總能找到最恰當合適的辦法。否則,這幾個叔叔為
什麼願意帶著他並器重他?在他日後的政治生涯中,尤其從一個下等圈
子裏往一個上等圈子裏鑽營時,這個天賦都被他發揮到了極致。

有個滿清皇族增崇的兒子曾描寫過與袁世凱的一次見面:

當時,這個皇族子弟還是個孩子,有一天袁來拜訪他的父親,他因
久聞袁的大名,想見識一下,遂進客廳上前給袁請了個安。

轉瞬間,只見袁世凱閃電般地離開了他的客位,也照樣搶前幾步,
對我還安如禮,口中還連說「不敢不敢」。他這樣的舉動,大出我意料
之外。當時我父親忙說:「小孩子,小孩子,大哥太客氣了。」袁世凱
雙手緊緊拉著我的雙手,連說:「老弟好!老弟好!」半側著臉用炯炯
的目光看著我,同時又半側著臉看著我父親說:「老弟真英俊,真英

俊。」又回過頭去對我父親說：「讓我們先談一談」。我父親當然不便再言語。原來那時的習俗，尤其在官場裏，若要同人家子侄說話，並不直接問本人，而要先向其長輩說明。這時袁世凱便問我說：「經書都讀過了吧？」我說：「現在才讀周禮，易經還未讀。」袁世凱說：「讀經是要慢慢地讀，不可太快。」又說：「老弟需要些什麼書，我可以給送過來。」又很鄭重地對我父親說：「世兄真聰明，好得很，好得很！打擾老弟用功。」於是我父親對我說：「你回書房去吧！」我便退了出來。

第三天的中午，我剛下早學，就看見門房的院裏擺著五個木板箱子。門房的人對我說：「袁大人差片給少爺送書。」

人際交往是一門大學問，其核心問題是：第一，交什麼人？第二，怎麼個交法？

這兩個問題看似簡單，可要回答好了都不容易。

關於第一個問題，似乎誰都知道，要交大人物嘛。可是，大人物很多，到底誰更有前途和希望，需要一個判斷。如我們在前邊曾講到過曾國藩不給肅順寫感謝信的故事，就是一個很好的例子。一旦投靠錯了，後果更糟糕。

而且，同時有多個大人物都有前途時，結交哪一個？這就要分析哪一個可能接納自己，在哪一個圈子中混會有自己更好的位置等因素，不可貿然行動。如果四處碰壁，那麼名聲就很糟糕了，形成惡性循環。

第二個問題也很有學問，交際的過程中要把握好分寸尺度，是個細緻活，要不卑不亢，不能急著提要求，不能厚顏無恥，讓人看輕了自己；要適當地表現自己的才華，又不能輕浮狂妄等等。

鑽營門路，結交高人，籠絡人心，是政治人物的基本功課。中國古代有不少官員以「能」著稱，所謂的能臣、能吏，除了精通具體業務外，就是人情世故上的精明練達。

「世事洞明皆學問，人情練達即文章。」尤其對那些熱中於功名的人來說，具體業務能力只是敲門磚，關係網經營的如何才是升官發財的關鍵。上邊沒有人賞識，下邊沒有人追捧，哪年哪月才能出人頭地啊？

中國傳統文化中一直有「貴人」一說。所謂的貴人，便是那些位高權重，在關鍵時候能夠關照自己的人。而貴人不是毫無來由地就能關照自己的，要靠自己平時大量的「工作」：要讓貴人認識自己，了解自己，欣賞自己！這樣，當機會來臨時，才有可能輪到自己。所謂，機會青睞有準備的頭腦，那麼準備工作要做到什麼地方呢？光埋頭做業務是不行的。否則，當機會來臨時，貴人頭腦裏的備用幹部名單中根本就沒有你，怎麼會推薦你？

說到底，封建社會的官場就是關係場，就是一個個的圈子網。從低到高，一個個圈子混上去，靠的是自己的本事以及重要關頭貴人的關照。

有天分的政客對人際關係是非常敏感的，他知道哪些人是將對自己前途發生重大影響的貴人，他知道如何去靠近和贏得貴人的好感，他也知道如何在一個新的圈子中立足並逐步提升自己的地位和能量……

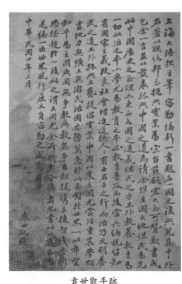

袁世凱手跡

袁世凱是極有天分的。而且，除了天分以外，他還下足了功夫。比如說，跟人家見過一面，多年以後再見時，袁馬上張口就能說出對方的姓名籍貫等基本情況，甚至還可以說出上次見面的細節經過，這讓對方很受用。對於上司等重要人物，就像上邊那個滿清貴族描述的那樣，袁在交往

中更是做到了不著痕跡又非常周到的巴結，不讓人討厭，還讓人很舒服。對於下屬，袁的關懷體貼，也是會讓對方如沐春風，在許多細節上他都會替你想到前邊，確實有不少過人之處。

不學有術，這是袁世凱最基本的「術」，這種「術」也確實不是書本上能學來的。

<h2 style="text-align:center">三</h2>

袁世凱發跡於朝鮮，他仕途中的第一個貴人是淮軍將領吳長慶。

我們前邊交代過，吳長慶是袁世凱嗣父袁保慶的好朋友。袁世凱科舉不第，還惹出點事，在家鄉不好混了，便投到了他的門下，從此進入了他政治生涯的第一個圈子。這時是一八八一年，袁世凱二十二歲。

吳長慶將他留在營中，不久就提拔他為慶軍營務處幫辦，算是有了正式的官職。

一八八二年六月，時為滿清藩國的朝鮮發生兵變，吳長慶奉命率軍赴朝。大軍倉促出發，軍務繁雜，吳長慶把很多事項都交與袁世凱處理——這是給他機會，也有實際考驗的意思。你沒有科舉功名，如果再沒有處理實際問題的才幹，即使是自己人，也不好再安排你了，沒有辦法服眾啊。

有些人可以專心地把一件事情做得完美，但不能同時做幾件事，事一多就頭暈；而有些人是事情越複雜，他越有精神，頭緒越多，他的辦法也越多——袁世凱顯然是後一種人，這樣的人是能夠把握全局理清複雜頭緒的人。袁世凱的實際工作成績，使吳長慶對他更加喜歡，也使吳長慶的許多手下對他刮目相看。

大軍船隊開抵朝鮮馬山浦時，有一個營官報告說許多士兵暈船，請稍緩登陸，吳長慶立即將此人撤職，命袁世凱接任營官的職務。袁世凱

不學有術的竊國大盜　第二部份

145

指揮士兵兩小時就完成了登陸行動，吳當眾大加誇獎。在清軍登陸後的軍事行動中，袁世凱也立了不少功勞，吳長慶借機保薦，袁世凱也得以迅速升遷，後成為清軍駐朝鮮駐軍的三位長官之一。

一八八四年五月，朝鮮「甲申政變」爆發。日使和朝鮮國內親日派勾結發動政變，劫持國王，處決親華派。

變生肘腋，情勢危急。當時中國駐軍的最高負責者提督吳兆有，急忙請示北洋大臣李鴻章，看如何應對。袁世凱大為光火，這種時候，還要等待首長指示，真是愚不可及的書呆子。等國內決策層討論完了，拿出意見，這邊的局勢早就不可收拾了。——其實，有些人不一定就沒有才幹，只是在官場中混得時間久了，不知不覺中就有了許多官場的習氣，加上自己胸無大志，凡事不求有功但求無過，不敢出頭怕擔責任。

袁世凱的應變之才和處理亂局的能力在此充分展現出來。他向另兩位長官力爭馬上出兵平定事態，最後結果是，袁世凱一人帶隊直衝王宮，苦戰一日一夜，將朝鮮國王救出帶往清軍大營。朝鮮親日派「挾天子以令諸侯」的打算落空。如果再拖延下去，很可能就已經造成了既成事實，要想再挽回局面就困難了。

在兩次朝鮮事件中，袁世凱都表現出了常人所不及的才幹、膽識與謀略，短短兩三年間，他順利完成了從初步進入吳長慶圈子到在圈子中站住腳跟並成為主要人物的過程。

「蛟龍終非池中物」。吳長慶這個圈子只是一個中低級的圈子，已經不能滿足袁世凱的胃口了，這只是他的第一個臺階，他開始為進入下一個圈子、上一個新的臺階做準備了。

袁世凱政治生涯中，第二個貴人可以說是李鴻章。

晚清形勢，內憂外患，公認的說法是李鴻章獨撐危局，政治、軍事、外交，基本上都是李在維持局面。李雖然風光不亞於其恩師曾國藩，但大清王朝大廈將傾，李鴻章左支右撐，也是苦不堪言。尤其是在

軍事、外交方面，清王朝實力已經大大落後於列強，總是吃虧，李鴻章也總在救火善後簽條約，今天割地，明天賠款，回來再挨舉國上下一通臭罵。過不了幾天，又得他出面……

袁世凱在兩次朝鮮事件中的表現，引起李鴻章的注意。同時，袁又通過其在京師的叔叔袁保齡牽針引線，傾心攀援。李鴻章的人才備用名單上就有了袁的名字。

袁的這種舉動在政治圈子中多少是有點犯忌的。袁世凱當時畢竟年輕氣盛，驟立大功，加上又能結交上李鴻章，不免有驕矜之態。吳長慶在朝鮮之時，袁世凱對這個政治上的領路人就已經不太尊敬，等到吳長慶離開朝鮮後（一八八四年初吳長慶調離朝鮮，不久病死），袁世凱更不把別人放在眼裏了，「一切更改，露才揚己」。——這是許多少年得志的年輕幹部容易犯的錯誤，有才華，但要經過歷練和挫折才能成熟！

袁世凱在朝鮮的跋扈作為，終於給他帶來政治生涯中的第一個打擊：吳長慶圈子中舊人上書彈劾他；在朝鮮吃了虧的日本人也恨他，向清廷不斷告狀；而袁世凱自己也不夠檢點。多種原因，儘管李鴻章有意維護，但畢竟也得給各方一個交代，況且，以此時袁世凱的身分，李鴻章只是對他有好感而已，也有點犯不上為他費太大的力氣。

清廷派欽差來「審查」袁在朝鮮的問題，雖然在李和袁的努力周旋下，大事化小，但袁世凱還是被迫離開朝鮮回國，一度告假回老家「隱居」。這是他第一次領教官場的險惡，也是他剛有點根基就急於轉換圈子的一個小教訓。

好在生逢亂世，國家大局靡亂，人才出頭的機會相對於太平時期要多得多。太平時期，政治上要是摔一個跟頭，想再爬起來，很不容易。因為政治機器在四平八穩地運轉，有你不多，無你不少，沒有什麼事情非得你來處理不可。亂世時就不同了。

不久，朝鮮局勢再度發生變化，李鴻章決定啟用「足智多謀」的袁

不學有術的竊國大盜 第二部份

147

世凱，護送在中國保定住了兩三年的原朝鮮大院君李昰應回到漢城，並替代「忠厚有餘，才智不足」的陳樹棠為駐朝商務委員。李鴻章見到袁世凱時說：「如今演戲，台已成，客已請，專待汝登場矣。」袁希望領兵回去，李笑著說：「韓人聞袁大將軍至，歡聲雷動，誰敢抗拒，……汝帶水師小隊數十登岸作導引足矣。」

以李鴻章的身分地位，對一個後生小子說這樣的話，可謂高看一眼，也說明當時能處理複雜的外交以及軍事事務的人才匱乏。

袁世凱完成使命後，進一步受到李鴻章的欣賞，上奏為袁請功。一八八五年九月，清政府正式任命袁世凱為「駐紮朝鮮總理交涉通商事宜」的全權代表，並以知府分發，加三品銜——此時距袁世凱投靠吳長慶進入政治舞臺不過四年時間！

此後袁世凱在朝鮮待了接近十年，雖竭盡全力維護大清在朝鮮的利益，但面對日益強大的日本，也無法有太大的作為。

隨著日本在朝鮮勢力的強大，袁的日子越來越不好過，最後還算是及時脫身回國，沒有喪命在日本人之手——這也是袁世凱圓滑的一面。

袁世凱沒有傳統士大夫堅定（或是愚忠）的政治理想，什麼「明知不可為而為」、「以死明志」，這不是他的政治哲學和性格。他有建功立業的抱負，但實現這些抱負，在他看來，靠的是自己的智慧、能力、手段、謀略、機緣以及人際資源，而不是一條道跑到頭的堅貞和死志。

雖然，在出賣維新君子（也有說法是袁世凱沒有事先告密而是事後檢舉揭發）和復辟之前，袁世凱沒有什麼有虧大節的地方，但在他的性格中，是缺乏忠義品德的——在他日後的政治生涯中，我們可以看到，為了自己的利益，他可以隨時隨地轉身調頭！他不忠於大清，也不忠於民國，也不忠於自己所宣稱的政治理想，他只忠於自己的利益。

及至一八九四年中日甲午戰爭，中國全面戰敗，李鴻章在日本簽定屈辱的《馬關條約》（李本人還幾乎被日本人刺死在春帆樓），國內一片

圈子
的
智慧

148

譁然，清流輿論大肆譴責李鴻章「賣國」。李鴻章老病交加，被撤職賦閒在家。

著軍服的袁世凱像

在此關口，袁世凱的表現別具一格。一方面，他也隨聲附和指責李鴻章（這讓他贏得李鴻章政敵的好感，這些人在打倒李之後掌握實際權力），但僅僅限於對淮軍軍事戰鬥力的批評和分析，沒有在人身上攻擊李鴻章。另一方面，他又請假到李居住的天津，專程登門拜望。此時的李鴻章，正是落難之時，門前冷落車馬稀，袁世凱的到來肯定讓他感到高興和安慰。

這是袁世凱的聰明之處。一則，他辦過軍事外交，能夠比一般人體諒李鴻章的處境，而李對自己也有知遇之恩；二則，更重要的是，袁世凱知道，大清政壇上，目前還沒有人能夠真正替代得了李鴻章。從朝廷的角度來看，也不過是暫時平息一下民情輿論而已：李鴻章的所作所為，沒有朝廷的旨意，他簽得了字嗎？一旦情勢危急，那幫滿清子弟都不是任事的料，還得李鴻章出來收拾局面不可。

四

小站練兵是袁世凱仕途上的重要轉捩點。

大清王朝，自鴉片戰爭和太平天國之後，最大的政治問題就一直是軍事和外交，能辦這兩方面業務的，就是「宇內人才」，這是國家大環境和形勢所決定的。

中日甲午戰爭，中國全面戰敗，更是舉國震驚：西方列強咱打不過，怎麼小日本也變得這麼厲害了？

大清的軍事力量，自曾國藩的湘軍之後，倚重的就是李鴻章的淮軍，其國防力量基本上是李在操持，但沒想到的是，淮軍（陸軍）暮氣已重，新建的北洋水師也這麼不經打！

組建新的有戰鬥力的軍隊，是當今第一要義。

聰明的袁世凱看到了這個方向。

「在戰後很長的一段時間裏，自東北前線返京的袁世凱就居在北京的蒿雲草堂。摒絕雜物，邀集同志，潛心搜集、整理、翻譯了各類西方軍事著作……人皆未見，目為奇書。」「聯繫自甲午中日開戰以來袁世凱對於中國傳統軍制所提出的強烈批評，及其『凡所建白，均料事如神』，使袁世凱一時成了眾人矚目的當代『軍事奇材』。」

而在人事上，袁世凱也是各方都能接受的人物，甚至是眾望所歸。一八九五年十月，袁世凱以道員銜（浙江溫處道）赴天津練兵。接管「定武軍」十營，作為改練新軍的基礎，駐紮天津附近的小站。袁又添募二千餘人，依照德國軍隊的編制，聘請德國軍官進行訓練。一八九七年，因練兵有功，升為直隸按察使，仍專管練兵事宜。

就這樣，袁世凱在天津小站組建了大清第一支全部西洋裝備，並採用西方編制的陸軍部隊，被稱為「北洋新軍」。——從此，袁世凱真正有了自己的圈子和勢力，有了自己的政治本錢，真正成為政治上的一「極」。此後的歲月，袁世凱的政治命題就不是要把自己混進某一個圈子的問題了，而是如何把自己做大做強，在最高層面的圈子中如何平衡和轉圜。

我們來看袁世凱此後的仕途軌跡，更可用一帆風順來形容：

一九○○年任山東巡撫，成為封疆大吏。

一九○一年任直隸總督兼北洋大臣，接李鴻章的班。

一九〇七年入軍機處，兼外務部尚書。同時陸續還取得了身兼八大臣的特別的政治地位。這八大臣分別是：參預政務大臣、督辦山海關內外鐵路大臣、督辦政務大臣、直隸總督兼北洋大臣、督辦天津至鎮江鐵路大臣、督辦商務大臣、督辦郵政大臣、會辦練兵大臣。清廷之「一切要政，惟袁之建言是聽」了。

一九〇八年因權高位重，引起猜忌，被罷退，隱居河南漳德洹上村，但仍實際控制局面。

一九一一年出任總理大臣，海內外一致認為他是能擔此重任的唯一人選。

一九一二年三月任中華民國臨時大總統⋯⋯

在封建政治格局中，要想不斷地進步，除了上面要有通天的「貴人」以外，還得有效忠於自己的勢力集團。這是一般情況下的通常道理。

而在朝廷比較軟弱或世道比較混亂的時候，最好的勢力集團就莫過於強大的軍事力量了，所謂的「有槍就是草頭王」，任誰都得讓你三分。當你有一千人時，也許可以當個山大王，自得其樂；當你有一萬人馬時，就可以左右地方局勢，以此為本錢要個官當了；當你有十萬精兵強將時，你說句話，天底下的人都得認真考慮你的意思。

太平天國起義，大清無力平叛，不得已讓曾國藩練成了湘軍，曾以此縱橫天下，曾不敢有非分之想，自己主動裁撤湘軍，自剪羽翼，這是大清的福氣，否則還不定怎麼樣呢。曾之後，李鴻章的淮軍平定捻軍，成為可以左右政局的主導軍事力量，李本人也因此可以隻手撐天。但是，淮軍雖然在國內沒有力量可以與之抗衡，可其戰鬥力與西方列強甚至發展迅速的日本的軍隊相比，均相差甚遠。李鴻章儘管大力經營，但一來淮軍暮氣已重，二來朝廷腐敗，如大家熟知的慈禧太后為了給自己過生日修園子，不惜挪用軍費，淮軍已經擔負不起國防的重任了。

時移世易，淮軍的歷史使命結束了，給了新人新的機會。

不學有術的竊國大盜
第二部份

151

在小站練兵前，袁世凱的仕途雖然還算是順利，但卻沒有紮實的根基和自己的圈子。就像浮萍一樣，只能跟隨著政治勢力的大方向而飄浮，仰賴他人鼻息生存，卻無法自立一方。然而小站練兵，就使得他擁有了屬於自己的政治力量，從而逐漸形成了足以影響整個政治格局的雄厚資本。

慈禧太后像

有了練兵的資格和機會，並不意味著就一定能成功。怎樣才能把兵練好呢？一是要有戰鬥力，要有新氣象；二是要在某種程度上成為自己的武裝。

最關鍵的當然是用人，也就是幹部隊伍的建設，把正確合適的人選安排在最適合他的位置上，並籠絡他為自己辦事賣命。而要用好用對人，首先要知人、識人。

這些方面都是袁世凱的強項。

袁世凱有識人之能，在對人的性格、能力、器局等方面的判斷堪稱高明。

據說，有這樣一個例子：民國初年，袁世凱曾與孫中山、黃興、陳其美等人會談，會後部下問他對這些人的評價。袁世凱說：「孫氏志氣高尚，見解亦超卓，但非實行家，徒居發起人之列而已。黃氏性質直，果於行事，然不免膽小識短，易受小人之欺。陳氏一跳動少年，資質尚明敏。」後來許多人都認為袁看得準評得當。

再比如，袁世凱與徐世昌、唐紹儀、趙秉鈞等人的訂交，也為時人所

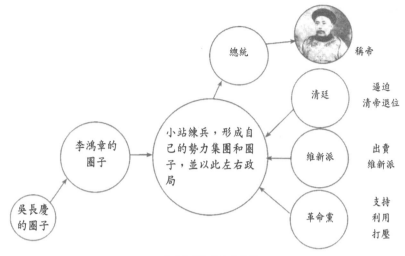

總統

稱帝

清廷

逼迫
清帝退位

李鴻章的
圈子

小站練兵，形成自
己的勢力集團和圈
子，並以此左右政
局

維新派

出賣
維新派

吳長慶
的圈子

革命黨

支持
利用
打壓

袁世凱攫取權力之路圖

稱讚。袁遇見徐世昌時，徐是一個連上京趕考的路費都沒有的窮書生，袁
慷慨解囊相助，徐也爭氣考取了翰林，當袁到小站練兵時，徐就進入其幕
府幫忙；唐紹儀雖然是清朝派往美國留學的首批幼童之一，但與袁相識時
只不過是朝鮮駐軍的低級軍官；趙秉鈞是袁世凱當山東巡撫時的一個普通
捕快，被袁賞識提拔——這幾位後來都是總理、總統級的人物。

　　袁世凱也頗有容人之量，自己不讀書，對讀書人卻很尊敬，所以在
他周圍能聚集一大批當時的人文俊傑。如他當政時，章太炎、楊度、王
闓運、康有為、梁啟超、嚴復、劉師培等與他都有交往，有的還死心塌
地地為他籌畫。

　　最好玩的一個故事是：在袁世凱後來想當皇帝時，想辦法讓多方名
士勸進，一代名士王闓運開出三十萬的勸進費用。袁世凱慷慨答應，並
且電令湖南都督湯薌銘先付十五萬，事成之後再付另外一半。可還沒有
等到王闓運把剩下的一半拿到手，袁世凱已經被迫取消帝制。

　　王闓運不依不饒地索要約定的餘款，派自己的「貼身」老媽子周媽
（大名士王闓運晚年跟這個下人周媽的關係頗有些曖昧）來北京要帳。

此時的袁世凱焦頭爛額，哪有心思再付這筆亂帳，後悔還來不及呢！這個周媽拿出死纏濫打的本事來，每天都到府上哭鬧不休，一代梟雄袁世凱居然束手之策，最後只好照付剩下的那一半「勸進費」。

國學大師章太炎素有「章瘋子」之稱，後與袁世凱交惡，以袁世凱所頒勳章作扇墜，於袁世凱的總統府大廳中搖扇叫罵袁世凱半日，袁世凱竟不敢出來置一辭，而且終了也沒有加害於他，只是將他軟禁了一段時間。不像後來的一些強權人物，動不動就把持不同政見者逮捕下獄甚至暗殺了事。

至於對待其部下，袁世凱籠絡人心的手段我們前邊已有介紹。北洋系統的精兵強將算得上當時中國最強大的武裝力量：馮國璋、段祺瑞、曹錕、吳佩孚、陳光遠、王占元、張懷芝、雷震春、田中玉、陸建章、段芝貴、王世珍、徐樹錚、張作霖、唐繼堯、陸榮廷、張勳、趙秉鈞、張宗昌、張敬堯、孫傳芳等等，這些都是日後在中國政治舞臺上呼風喚雨的人物，全部出自袁世凱的門下。他們中間有些人聲名狼藉，但是沒有人可以小看他們的力量。

後來，袁世凱勢力坐大之後，滿清勳貴對其也很不放心，曾想辦法削奪袁的兵權。但是，北洋軍中，幾乎所有中下級軍官都是袁世凱一手提拔的，非袁不從。朝廷既然無法徹底地更換全部骨幹，對於集團上層的局部人事調整也就沒有多大意義了。

晚清大員中，張之洞的影響很大，其幕府人才也很多，但多清流，論辦事實績，袁世凱則要厲害得多，因為他手下有不少實幹家，比如幫他興辦新式教育的嚴修，幫他主持修建交通的詹天佑，幫他打點海關的唐紹儀、梁如浩、梁敦彥，幫他創辦巡警的曹嘉祥，這些人都是一時之人才。袁能將這些人物盡攬左右，用其所長，可見其當時聲望和影響。

客觀公正地說，這個階段的袁世凱對歷史的前進還是有一定的推動作用的。

五

光緒皇帝像

中國有句俗話，叫做「蓋棺論定」。可以說，對一個人的最終評價，要等待其把人生的戲全部演完謝幕以後，才好做出相對公允的定論。對於一些特殊身分的人物，甚至還要再等若干年，一些史料解密公開或者是有了新的發現和證據，才能比較清楚地看清其真正的歷史面目以及其是非功過。

政治人物尤難定論，就因為其暗箱操作幕後秘密太多，相對客觀的史料較少，許多當事人的記錄與回憶，往往局限於自己的身分、地位，不能掌握更多的信息，或者是攙雜了自己的好惡，不能公正。

袁世凱是一個很複雜的人物，如果不是他最後一齣復辟登基的拙劣表演，那麼其定論也是很難輕易做出的。

我們可以說，袁世凱沒有明確的政治理想和信仰，一生都在為自己的利益奮鬥，是一個政治滑頭，在各種勢力和圈子間左右逢源（其實，這樣的說法表明，在某種程度上，我們往往是在已經有了結論的前提下倒推過程了，也就是有了先入為主的成見）。但若是僅僅如此，尚不足全面否定他：很多政治人物都或多或少有這樣的表現，評價政治人物關鍵還要看他的作為客觀上是有功還是有過於國家民族。

如曹操也有很多奸詐的表現，但他平定了北方，客觀上還是有利於歷史的進步，否則，不知有幾人稱帝幾人稱王，這對老百姓絕對不是好事情。

一九〇〇年，袁升任山東巡撫，率領新軍赴任。當時山東義和團運

不學有術的竊國大盜 第二部份

155

動風起雲湧,袁世凱頒布《嚴拿拳匪暫行章程》,大肆鎮壓。未幾,形勢變化,慈禧太后聽傳西方列強欲逼她還政於光緒,怒不可遏,同時又相信了義和團「刀槍不入」的神功,竟然下令同時向西方十一國列強開戰——這也是古今中外歷史上少有的「大手筆」!

義和團得到朝廷的承認和支持,迅即圍攻教堂和使館。同時,慈禧太后命令正規軍隊參戰。

這時候,袁世凱政治上的「滑頭」又表現了出來。

辦過外交和軍事,有與義和團打交道經驗的袁世凱,自然知道慈禧太后的荒謬和無知,這樣的宣戰除了把國家進一步拖向深淵,還能有什麼別的結果?可不執行命令,自己又會有什麼樣的後果?

袁世凱的做法是:一方面,遵命出兵,但只是派少數軍隊到山東、河北交界處應付一下;另一方面,派人與各國駐煙臺領事洽談,按照東南互保條例達成協定,表示「中立」;再者,還派人向逃亡中的慈禧進貢餉銀、綢緞,討好老佛爺,在慈禧回鑾的路上,袁世凱又是花車又是別館地迎候。

最終,八國聯軍侵華,使投入戰鬥的正規軍隊幾乎全部崩潰,只有袁世凱的力量得以保全而且還順便擴充了不少。更淒慘的是,戰敗的清廷迫於列強的壓力,還得嚴厲懲處奉自己命令參戰的將領。

在這樣的政治局勢下,你說袁世凱的滑頭,該怎麼評價?

還有一個例子是袁世凱在維新運動中的表現。

甲午戰爭後,舉國上下要求變法自強。袁世凱也不例外,他練新軍就是一個實際的舉動,是握有實權的新式人物的代表。一八九五年,康有為創立強學會,袁世凱把康有為的「萬言書」遞交到督辦軍務處,並踴躍捐款參加強學會。袁世凱與康有為、梁啟超等維新派代表人物接觸頻繁,來往密切。

一八九八年四月,光緒帝頒布《明定國是詔》,變法正式開始,隨

後陸續發布了上百道新政諭詔，除舊布新，內容涉及政治、經濟、軍事、文化等各個方面，史稱「戊戌變法」。

應該說，在當時的大局勢下，稍微有點頭腦的人都意識到了要學習西方的先進技術，甚至於實際最高統治者慈禧太后，也是支持變法的，至少是迫於壓力表面如此。但在光緒皇帝的推進過程中，加上一幫毫無政治經驗的康梁等人，許多舉措未必得當，且鋒芒似有指向慈禧之意，威脅到這個權力欲望極強的老女人的地位。慈禧搶先發動，一舉覆滅維新派。

在這場政治交鋒中，歷來公認的說法是袁世凱告密邀功：

當時，維新派也很倚重袁世凱，光緒帝接受了維新派「撫袁以備不測」的主張，召見握有重兵的袁世凱，特賞候補侍郎，專辦練兵事務。八月三日（農曆）晨，康有為、譚嗣同等接到光緒帝求救和催促康有為離京的密詔，當晚，譚嗣同密訪袁世凱於法華寺，要求他殺榮祿，除舊黨，助行新政。袁當面一口答應，並慷慨激昂地說「誅榮祿如殺一狗耳」。事後，經過反覆權衡，認為維新派實力有限，難成大事，遂立即返回天津，向榮祿告密。慈禧囚禁光緒帝，捕殺譚嗣同等「六君子」，戊戌變法失敗。袁世凱因此取得榮祿等的信任，從此進一步飛黃騰達。

近年來史學界也有一些別的說法，指出袁沒有事先告發的時間，也沒有史實證明，慈禧是接到告密後才發動政變，應該是事後袁世凱為了保命，馬上反戈一擊，將維新派兵變圍園的計劃供出。

歷史真相究竟如何，還有待於歷史學家去考證。但在這次事件中，袁世凱雖然保住了性命和官職，但卻在政治上大大地失分。這一次耍滑頭成為政治上的一大污點。

道德上的評判姑且不說，他被迫將自己擺到和光緒維新派敵對的地位，使得他後來的政治地位非常尷尬，所以慈禧一死，光緒的弟弟攝政王載灃第一個收拾的就是袁世凱——「你賣主賣得好！」

義和團告示

然而那時的袁世凱，已經不是載灃所能隨意處置的了。這是後話，暫且按下不提。

有趣的是，慈禧雖然對維新派人士恨之入骨（是因為威脅到了她的權力地位），但在幽禁光緒之後，基本上還在推進原來的那些新政，只不過名稱不同而已，袁世凱也依舊可以實施自己的「新政抱負」——只不過是高層領導經過了一次人事變動。

一九〇六年，以袁世凱為首的立憲派提出一項改革方案，即《新官制改革案》，其核心內容是：取消軍機處，設立責任內閣制。內閣制主要仿照立憲國的成例，使「立法、司法、行政各有責任，互不統屬」，也就是通常意義上的三權分立。在政務處的一次立憲討論會上，當袁世凱提出這一議案時，「醇王（載灃）聞言益怒，強詞駁詰，不勝，即出手槍，擬向余（袁世凱）放射」。著名的清末五大臣赴歐美考察憲政，也是袁世凱力促而成的。

你說袁世凱是維新派還是保守派？袁世凱的政治滑頭也許不一定就給國家和民族造成多麼大的危害。當時的局勢下，即使沒有袁的告密或揭發，光緒與康梁等人的維新可能也是「百日」的宿命，不可能取得成功。

158

六

一九〇八年十一月，光緒皇帝和慈禧太后相繼死去，與袁世凱素來

康有為像

不和的載灃（新皇帝溥儀的爹爹）成了攝政王，袁世凱的日子不好過了。

載灃並不是大器之材，他本想殺掉袁世凱，可又害怕北洋軍的勢力，激起事變使兒子坐不穩江山，加上張之洞等大臣反對，只好罷斥袁世凱，讓他回原籍「養疴」。四十九歲的袁世凱身體強壯，唯一的「病」是「足疾」——可能是哪個腳指頭有點問題。

袁世凱回到了老家河南漳德洹上村，中國的政治中心幾乎也隨著他搬到了這個村莊裏。袁世凱坐在家裏，卻牢牢地控制著北洋的幾萬精兵和全國政局。他在養壽園中專門設有電報房，隨時保持著與全國乃至世界各地的信息聯絡，袁世凱每天依舊要處理一大堆公務。北洋將領還隨時趕來向袁世凱請示彙報。一些朝野要人、外國使節也常常來拜望。

而袁世凱也很善於演戲，表面上過著悠哉遊哉的隱居生活，還叫人拍了些他垂釣之類照片公開發表在雜誌上。

暗地裏，袁世凱甚至通過各種渠道建立了與革命黨人的聯繫，並在相當一批的革命黨人中留下了極好的印象：「時留東學生之歸國者，必繞道謁袁……其私邸中談宴遊觀，無不座客常滿」，有資料表明，袁還資助過革命黨人的武裝起義。

總體來說，這三年間，袁世凱基本沒閒著，時刻關注著政治局勢的發展，他的實力和影響力並沒有打了折扣。相反，由於局外人的身分，他還有了更多的選擇和主動權。

後世有人批評載灃對袁的處置極為不當：要麼殺掉他，要麼重用他。雖然袁已有尾大不掉之勢，但袁畢竟是在大清的舞臺上唱戲，要讓

他真的貿然造反，可能他也未必會做得出來。載灃讓他賦閒在家，一廂情願地想把他排擠出政治中心，而自己終非袁的對手，最後又得彎腰去請，實在是進退失措。

一九一一年武昌起義爆發，革命形勢迅猛發展。但清政府卻難以調度和指揮北洋軍將領。載灃迫於無奈重新起用袁世凱，任命他為湖廣總督，督辦剿撫事宜。袁世凱怎肯輕易出山，嫌官微權輕，托辭足疾尚未痊癒，按兵不動。

有史料這樣描述：

一位西方記者莫里循在與友人談到這一時期的中國政局時斷言：袁世凱是皇室的唯一希望，在中國有好聲譽，在外國有好名聲，是唯一可以從動亂中恢復秩序的人。同期的《泰晤士報》直接刊文，公開提出要清廷召回袁世凱，而且聲稱：只有他，才是能夠挽救時局的唯一人物。……辛亥革命前夕，清皇室載濤、載洵等人赴歐洲考察，曾受到歐洲帝國主義列強的一致責問：中國至今為何不用袁世凱？在列強的心目中，處於「世界最偉大的政治家之列」的袁世凱不但關係著中國政局的穩定，而且這種穩定也關係著他們各自在中國和遠東地區的利益。

隨後，袁世凱開出價碼，總計六項條件：明年召開國會；組織責任內閣；寬容武昌事變諸人；解除黨禁；給予指揮軍隊全權；供給充足經費。載灃已別無選擇，能拖一天是一天了，任命袁世凱為內閣總理大臣，軍政大權集於袁一身。

此時的袁世凱再度出山，已不是為了挽救大清王朝了。他要收拾局面，但要將局面收拾成什麼樣子？估計當時沒有人能知道，包括他袁世凱自己。

袁世凱的基本策略是兩邊打壓，逼迫兩邊都向自己讓步，但絕對不讓局勢迅速明朗化，不讓其中任何一方徹底絕望或佔優勢，造成最有利於自己開口講話的局面。

比如，他告訴前敵主帥馮國璋要先盡力打，展示自己的實力，給革命黨人充分的軍事壓力，然後再休戰，又給清廷巨大的壓力。總體來講，是用北洋軍先壓制住革命黨人的勢力，反過來利用革命黨人的勢力來脅迫清廷，袁世凱本人是總導演，他在中間可進可退，南北雙方都必須聽他講話。

一九一二年一月一日，孫中山就任中華民國臨時大總統。孫中山先生雖然就職，但客觀地說，當時的局勢並非他能夠控制得了。而且，革命黨人也做出承諾，袁世凱如果能迫使清室退位，就把大總統一職讓予袁世凱。

袁世凱最終獲得全面的成功。清廷被迫答應了他的退位要求，因為不如此的話結局可能會更慘；革命黨也被迫對袁世凱讓步，擁戴他做臨時大總統，因為不如此革命的成功性也極其渺茫，革命黨人要想戰勝袁世凱的北洋新軍絕非易事。

這是袁世凱政治舞臺表演的經典之作。其正確判斷形勢，尤其善於使用縱橫捭闔的政治權術，在不同的勢力之間製造矛盾、利用矛盾、操縱矛盾、平衡矛盾，可謂運用之妙，存乎一心。

七

實力加權謀，袁世凱如願以償地竊取了辛亥革命的勝利果實。

革命黨人在當時的實力對比上不如袁世凱，讓出大總統一職也是迫不得已。他們為了限制袁世凱，也做了許多努力。

第一個要求就是要袁到南京就職。因為南京是革命黨人的根據地，北京則是袁世凱的大本營。以袁世凱之精明，怎能不明白個中的奧妙。虎不可離山，龍不可離淵。袁略施小計，授意手下曹錕在北京來了個「兵變騷亂」，就把革命黨人的這招給拆解了。

第二是革命黨人在政治制度上做了許多的設計，企圖限制袁世凱個人的權力。比如，在孫中山做總統時，政治模式想借鑒美國的總統制，總統的權力大；總統的位置讓給了袁世凱，就想搞法國的模式，內閣的權力大，總統的權力相對要小許多。但這招同樣沒有收到效果，還搭上了宋教仁的一條命（傳統說法是袁世凱指使人暗殺了宋教仁，近來也有說法是趙秉鈞因總理之位受到威脅而自己進行的，事先袁並不知情）。

總之，政治是要以實力說話的，種種謀略手腕都要以實力做基礎和後盾。當時的中國，沒有人能制約得了袁世凱。

與以前的種種小機會相比，歷史在此時給予了袁世凱一個千載難逢的大機會：中國向何處去？袁世凱具有獨一無二的發言權。

從當年發跡於朝鮮到今日成為天下第一人，三十多年的歷程，袁世凱縱橫捭闔，機謀百變，為一代之風雲人物，如果套用今天常見的語言來說，能否說是傑出的政治家、軍事家、外交家？

可惜的是，袁世凱與所有寄希望於他的中國人民開了一個天大的玩笑，與歷史老人也開了個玩笑：在共和民主的世界潮流面前，袁世凱居然想復辟到「君主立憲」的路子上去，實際上就是自己想過做皇帝的癮，從終身大總統的百尺竿頭，想再進一步，成為終身皇帝。

一九一五年十二月，袁世凱自任中華帝國皇帝，改元洪憲。一九一六年三月二十二日被迫宣布取消帝制。一九一六年六月六日於北京去世，終年五十七歲。

俗稱「袁大頭」的銀幣

袁世凱為什麼會有這種在今天看起來很荒唐的想法？有很多原因，也有很多的說法，我們就不多做分析了。總之，這個不學有術的政治天才，前邊的「術」都

取得了成功，而在最後，其「不學」的致命弱點，使他犯下一個毀他「一世英名」的最致命的錯誤。

孫中山的「術」不如袁世凱，但其道德學識無疑均要高出袁許多，中山先生說：「世界潮流，浩浩蕩蕩。順之者昌，逆之者亡。」陰謀權術可以得逞於一時一地，又豈可改變得了歷史前進的方向？偉大政治家的高瞻遠矚，就是要把握歷史的潮流與方向，為人民謀福祉，帶領自己的國家與人民，行進在正確的方向上，這是最基本的前提和最大的政治之「術」！──偏離了這個根本，那麼再高明的權術和經營，也沒有用，終將被人民和歷史拋棄！

袁世凱的教訓值得後人深思。

如果袁世凱當時沒有這個想法和舉動，他會在歷史上留下什麼樣的名聲？

中國又會走向何方？

這些都成為沒有意義的假設和命題了。袁世凱給自己和中國選擇的是一條最錯誤的路線！隨著袁世凱復辟的失敗，中國進入軍閥混戰的局面。老百姓至少又多受了幾十年的罪。

在軍閥混戰的過程中，百姓生計艱難。袁世凱時期發行的銀幣「袁大頭」一度成為硬通貨的象徵和百姓的最愛。用手指夾一枚「袁大頭」，使勁一吹，放在耳邊，那種「嗡……」的聲音真是悅耳動聽……

第三部份
一人之下萬人之上
——二號人物的自保與進取

在任何政治利益集團中，

一、二、三號等主要人物都要保持一個微妙的權力格局的平

衡。

這其中，二把手的角色是很困難的：

他要臣服於一把手的權威之下，

還要充分顯露自己的才華；

太能幹了遭忌，

不行的話又保不住自己的位置，

容易被下邊的人取而代之。

也就是說，要自保——防住上下兩個方向的暗箭，

還要出成績——做好自己的分內工作，

不能授人以柄。

即便如此，綜觀中國古代歷史，

作為丞相之類的二把手人物的下場多不美妙。

諸葛大名垂宇宙——政治家的典範

一

我們先來看唐朝著名詩人杜甫的兩首名詩：

詠懷古蹟五首之五

諸葛大名垂宇宙，宗臣遺像肅清高。

三分割據紆籌策，萬古雲霄一羽毛。

伯仲之間見伊呂，指揮若定失蕭曹。

運移漢祚終難復，志決身殲軍務勞。

蜀相

丞相祠堂何處尋？錦官城外柏森森。

映階碧草自春色，隔葉黃鸝空好音。

三顧頻煩天下計，兩朝開濟老臣心。

出師未捷身先死，長使英雄淚滿襟。

杜甫的這兩首詩所詠歎的是同一個人物：三國蜀相諸葛亮。

杜甫在詩中對諸葛亮做出了極高的評價，將之與歷史上幾個最有名宰相相提並論：伊尹，呂尚（即姜子牙），蕭何，曹參。這兩首詩和杜甫的觀點都流傳很廣，其中的「諸葛大名垂宇宙」、「三顧頻煩天下

計，兩朝開濟老臣心」、「出師未捷身先死，長使英雄淚滿襟」均成為口口相傳的千古名句，在眾多的關於諸葛亮的詩歌和聯句中可以說是引用率最高的。後人一提起諸葛亮，多半會隨口吟頌出這幾句詩來。

諸葛亮是中國歷史上智慧和忠義的代表性人物，尤其是老百姓心目中智慧的象徵。關於諸葛亮，有些文學和歷史常識的人可以隨口說出他的一連串精采故事：

諸葛亮畫像

劉備三顧茅廬請臥龍，「隆中對」諸葛亮三分天下；出山後火燒博望大敗曹軍；出使東吳，舌戰群儒；孫劉聯合抗曹後，先是趁大霧草船借箭，隨後又登臺借來東風（萬事俱備只欠東風）；三氣周瑜，柴桑弔孝；七擒孟獲；「失空斬」（京劇中經常三本連演的劇目：失街亭、空城計、斬馬謖）；木牛流馬；八陣圖；前後《出師表》；秋風五丈原，死諸葛嚇走活司馬……

北京胡同裏的老大爺來了興致，也許張口就能來一段韻味十足的唱腔：「我本是臥龍崗散淡的人……」或「我正在城樓觀山景，耳聽得城外亂紛紛……」

一部文學巨著《三國演義》，加上歷代文人墨客的頂禮膜拜，加上舞臺戲劇等民間藝術的不斷渲染——諸葛亮成為高居歷史神壇的政治偶像，是一個近神近妖的獨特傳奇人物！

眾所周知，上個世紀有一段時間中國處於一種非正常的狀態，批鬥

不斷，許多歷史人物都被作為現實政治鬥爭的工具來使用，甚至把孔老夫子都拉出來討伐羞辱了很長時間（批林批孔批周公）。但奇怪的是，從來沒有人對孔明先生有過不敬，從來沒有人說過諸葛亮的壞話——不只是這段時間，可能從諸葛亮身後到現在，從來都沒有過。

其實，這個老百姓心目中的諸葛亮，是千百年來大家加工出來的一個虛像，它迎合了百姓最樸素的情感，結合了文人墨客的理想抱負以及豐富的文學想像和誇張能力，並不是歷史上真正面目的諸葛亮。

歷史雖然真實，但絕沒有文學精采好看。

諸葛亮雖然沒有那麼神奇，但也絕對是值得中國歷代官民學習和崇拜的。所以，儘管有歷史學家說：《三國演義》和大家所傳說的關於諸葛亮的故事，其實多半都沒有發生過。我來告訴你，哪個是真的，哪個是假的……

老百姓不太愛聽這個：我就喜歡那個搖著鵝毛扇坐著小推車無所不能的諸葛孔明，三分真也好，三分假也好，又有什麼關係呢？

所以，歷史學家在自己的圈子裏研究一個真實的諸葛亮，老百姓繼續在自己的文學天地中欣賞一個精采的孔明先生。

各有各的樂趣。

二

我們也不想去撲滅諸葛亮頭上的光環，不做這種吃力不討好的事情。我們要探討的是在史實基礎上諸葛亮的政治智慧。

我們首先看諸葛亮的出場——這是明君訪賢臣的一段千古佳話，也是一個經典的人物出場的文學描寫。

據史載，當時諸葛亮隱居在襄陽隆中，躬耕壟畝，卻自比管仲和樂毅，且好為「梁父吟」——「時人莫之許也」，人家不太相信他有這樣

古隆中

的本事。但也有幾個知人的伯樂對他有很高的評價。

當劉備來到這一帶進行革命活動時，先是見到了一位名士司馬徽。司馬徽說此間的人才無外乎臥龍和鳳雛兩位——這是有人第一次向劉備推薦諸葛亮。此後，又有徐庶的再次薦舉，並建議劉備「枉駕顧之」——得親自去請。

劉備於是便前往隆中，「凡三往，乃見。」去了三次，才見到高人的面。在《三國演義》中，則又把這三次描寫得花團錦簇，一波三折：去一次不行，見到一個超凡脫俗的人，以為是諸葛先生了，卻不是，再借別人之口又誇一通諸葛亮——如此這般，總是只聞其人，不見其面，吊足了讀者的胃口。最後一次，好不容易碰著先生在家了吧，卻還在睡覺，高臥堂上，急得張飛都快要放火了。總算等先生睡夠了，伸個懶腰又先吟首詩：「大夢誰先覺，平生我自知。草堂春睡足，窗外日遲遲。」這首詩不怎麼樣，可又是聞音不見人……

做了種種鋪墊之後，臥龍諸葛先生隆重出場。

劉備問計於諸葛亮說：「漢室傾頹，奸臣竊命，主上蒙塵。孤不度德量力，欲信大義於天下，而智術淺短，遂用猖獗，至於今日。然志猶未已，君謂計將安出？」

　　諸葛亮回答說：「自董卓已來，豪傑並起，跨州連郡者不可勝數。曹操比於袁紹，則名微而眾寡，然操遂能克紹，以弱為強者，非惟天時，抑亦人謀也。今操已擁百萬之眾，挾天子而令諸侯，此誠不可與爭鋒。孫權據有江東，已歷三世，國險而民附，賢能為之用，此可以為援而不可圖也。荊州北據漢、沔，利盡南海，東連吳會，西通巴、蜀，此用武之國，而其主不能守，此殆天所以資將軍，將軍豈有意乎？益州險塞，沃野千里，天府之土，高祖因之以成帝業。劉璋暗弱，張魯在北，民殷國富而不知存恤，智慧之士思得明君。將軍既帝室之冑，信義著於四海，總攬英雄，思賢如渴，若跨有荊、益，保其岩阻，西和諸戎，南撫夷越，外結好孫權，內修政理；天下有變，則命一上將將荊州之軍以向宛、洛，將軍身率益州之眾出於秦川，百姓孰敢不簞食壺漿以迎將軍者乎？誠如是，則霸業可成，漢室可興矣。」（《三國志‧蜀書‧諸葛亮傳》）

　　劉備於是懇請諸葛亮出山，幫助他完成興復漢室的大業。諸葛亮答應了劉備的請求。不久，劉備以隆重的禮節把諸葛亮接到了自己的駐地。經過一段時間的接觸了解，劉備對諸葛亮更加佩服，他們之間的關係日益密切。關羽、張飛二人見諸葛亮寸功未立，就受到劉備如此的青睞和倚重，心中不悅，劉備向他們解釋說：「孤之有孔明，猶魚之有水也。願諸君勿復言。」關、張二人只得作罷。

　　這就是著名的「三顧茅廬」和「隆中對」。二十七歲的諸葛亮一出場亮相即有驚人表現：一番隆中對，把天下大勢說得清清楚楚，把三國鼎立的戰略藍圖就勾勒出來了。

　　根據史書上的記載，劉備雖然尊重諸葛亮，但並沒有一下子就把自

武侯高臥圖

己這點有限的家當交給他。諸葛亮出山後辦的第一件事情就是出使東吳，去聯合孫權共同抗擊曹操。在這次外交活動中，諸葛亮表現出了處理實際事務的才能，這以後逐漸獲得劉備的進一步信任。赤壁之戰後，劉備任命諸葛亮為軍師中郎將，並派他督零陵、桂陽、長沙三郡的駐軍，同時徵調三郡的賦稅，來補充軍需物資。

後來，劉備佔領成都後，自領益州牧，大宴士卒，三國鼎立的局面至此完全形成。劉備升諸葛亮為軍師將軍，並代理左將軍府的各項事務。

建安二十六年（二二一年）四月，劉備改元稱帝，任命諸葛亮為丞相。諸葛亮以丞相的身分兼管尚書諸政務。

也就是說，諸葛亮經過三次提拔，才到了劉備集團中第二把手的位置。

三

《三國演義》是站在劉備的立場上說話的，所謂漢家天下是姓劉的天下，劉備雖然沒落，卻是根紅苗正的高貴血統：中山靖王之後，當今天子查了家譜，都要尊一聲「皇叔」。但即使作者如此傾向劉備，但從

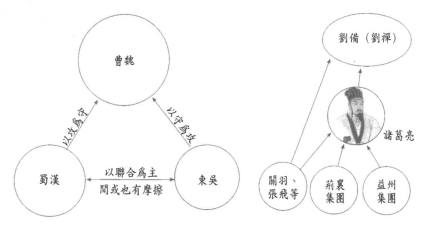

諸葛亮在隆中對中對形勢判斷是很清楚的，「今操已擁百萬之眾，挾天子而令諸侯，此誠不可與爭鋒。孫權據有江東，已歷三世，國險而民附，賢能爲之用，此可以爲援而不可圖也。」那麼爲什麼還要屢次北伐「光復漢室」呢？——高舉政治旗號，明知不可爲而爲也。

頭到尾，我們還是看不出這個皇叔有什麼太多的過人之處，爲何曹操與劉備煮酒論英雄時要說：「天下英雄唯使君與操耳！」如果實在要給他找點優點的話，也就是能夠重用人才、禮賢下士——實際上他跟關羽、張飛桃園結義（小說中的說法，歷史上可能沒有這回事）也好，三顧茅廬請諸葛亮也好，當時他除了一個好的出身和一點名譽以外，沒權沒錢沒兵沒將沒地盤，也很難說「下」士。

劉備與當時的另外兩位豪傑相比較，更沒有什麼優勢可言。如諸葛亮所言：「今操已擁百萬之眾，挾天子而令諸侯，此誠不可與爭鋒。孫權據有江東，已歷三世，國險而民附，賢能爲之用，此可以爲援而不可圖也。」諸葛亮對形勢的判斷是很清楚的，曹操與孫權的資本要比當時的劉備雄厚得多，那麼，以諸葛之能，爲什麼要選擇劉備這樣的一個「主公」呢？

我們分析可能有如下的原因：

首先是曹操和孫權手下的能人太多了。曹操本人「挾天子以令諸侯」，自己做了漢丞相，儘管反對者罵之「名爲漢相，實爲漢賊」，但不管

怎樣，他已經是丞相，而且，曹操本人雄才大略，在其政治集團中，沒有也不可能有另外的重要人物存在，沒有進一步的層次區分，相互平級，與曹操等距離；孫權繼承父兄之業，「已歷三世，國險而民附，賢能為之用」，可以推斷的是：孫權的「上進心」並不是很強，守成則沒有什麼大的問題，其文有張昭、魯肅等人，武有周瑜、程普等人，也是人才濟濟──這兩個集團都有一定的基礎，但也沒有適合諸葛亮的位置。

其次，諸葛亮自比管仲、樂毅等人，志存高遠，有匡扶漢室再統天下的雄心，這個政治理想與劉備口頭所宣稱的理想是一致的。而且，劉備本人志大才疏，手下除了幾員武將之外，並沒有什麼特別優秀的治國安邦的人才，大有諸葛亮的用武之地和發展前途。

再者，劉備雖然沒有什麼本錢，但卻有皇室的血統和良好的聲譽，也就是說，作為一面政治上的旗幟是足夠的。以劉備之一窮二白，如能成就一番事業，則更證明了諸葛亮的經天緯地之才。而且，正如隆中對裏所分析的那樣，諸葛亮已經有了比較清楚的戰略目標，成功並非是不可能的。

最後，很重要的一點是：諸葛亮是要等人來請的。諸葛亮既然自視甚高，那麼是不可能輕易去投奔某個集團的。曹操已經建功立業，證明了自己的才能；孫權坐擁父兄的基業，周圍文傑武雄──他們都不可能像劉備對諸葛亮那樣求賢若渴、三顧茅廬的。

所以，各方面的條件和因素決定了來到這幾間茅屋前的只能是劉備，諸葛亮可選擇的機會和餘地也並不大，他也只能跟著劉備入川建立蜀國，千古江山給我們後人留下的也只能是蜀中大地的武侯祠！

四

歷史證明，劉備和諸葛亮是千古絕佳的君臣搭檔。

劉備的性格比較寬厚仁慈，小說中的他動不動就哭鼻子，這雖然有演義的成分，但也說明了他沒有其他帝王常見的猜疑、狠毒等毛病。作為一個一把手、領袖的角色，他對屬下還是比較信任和大度的。他得到諸葛亮後說「孤之有孔明，猶魚之有水也」，以及傳說中的他與關羽、張飛的桃園結義，情同手足，長阪坡為了趙雲摔阿斗等等，也說明了他是挺會收買人心的——這是劉備的長處，要是沒有這個本事，那也只能編草鞋席子了。

劉備看人還是比較有眼光的，他認為諸葛亮是優秀的行政人才，他在世的時候，並沒有讓諸葛亮過多地介入到軍事中來，多是以地方行政事務委託之，有點當年劉邦用蕭何的意思。而且也是經過了幾次提拔，才將國事託付的。

劉備與諸葛亮能夠搭好班子，才華以及政治資源的互補等是很重要的原因，但最重要的是人格上的原因。

在任何政治利益集團中，一、二、三號等主要人物都要保持一個微妙的權力格局的平衡。這其中，二把手的角色是很困難的：他要臣服於一把手的權威之下，還要充分顯露自己的才華；太能幹了遭忌，不行的話又保不住自己的位置，容易被下邊的人取而代之。也就是說，要自保——防住上下兩個方向的暗箭，還要出成績——做好自己的分內工作，不能授人以柄。即便如此，綜觀中國古代歷史，作為丞相之類的二把手人物的下場多不美妙。

再說，在一個亂世崛起的政治集團中，如果一把手弱，而二把手強，則更是一個充滿變數的危險格局。二號人物挑戰領袖權威的例子歷朝歷代都有，如太平天國中天王洪秀全與東王楊秀清之間的內訌就是導致太平天國失敗的重要原因。再等到劉備兵敗東吳病死白帝城，局勢就更微妙了，原來的政治領袖駕崩後，朝廷重臣欺負孤兒寡母的例子就更多了，後世的宋太祖趙匡胤陳橋兵變黃袍加身便是如此。

劉備並不是一個糊塗人。在白帝城臨終托孤時，劉備明確表示出了自己對身後事的擔心，這時的劉備集團中沒有任何人可以制約諸葛亮。劉備在永安宮病危，把諸葛亮從成都召來，託付後事。劉備對諸葛亮說：「君才十倍曹丕，必能安國，終定大事。若嗣子可輔，輔之；如其不才，君可自取。」

　　這是劉備式的狡猾。諸葛亮的才華他是知道的，甚至「十倍曹丕」，自己的兒子是什麼樣，他心裏更清楚。所以他欲擒故縱，先把話說到明處：「如其不才，君可自取。」

　　劉備說這話，就把諸葛亮逼到了牆角，以他對諸葛亮的了解，再來這麼一手，逼著諸葛亮表態。

　　諸葛亮流淚說：「臣敢竭股肱之力，效忠貞之節，繼之以死！」

　　劉備這才又寫下詔書告誡劉禪說：「汝與丞相從事，事之如父。」

　　從劉備的角度來看，他不放心和這麼做有他的道理。但從諸葛亮的角度來說，劉備的這一手有點多餘。

　　諸葛亮自始至終，都是以王佐之才自詡的，他從來就沒有當皇帝的野心，而且，他與劉備集團打出來的政治旗號一直是興復漢室——以曹操之奸雄，尚且不明目張膽地稱帝，何況諸葛亮這樣的君子呢？

　　諸葛亮之所以千百年來為人稱頌，他的才華是一個方面，更重要的是他的優秀品德：報「先帝」三顧茅廬知遇之恩的忠誠，「鞠躬盡瘁死而後已」的獻身精神，以及身居高位治理天下時的公正廉明。

　　劉備死後，十七歲的兒子劉禪即位，封諸葛亮為「武鄉侯」，成立丞相府辦事。不久，又兼任益州牧，政事事無巨細，都由他決定。

　　如果說當年劉備以及關羽、張飛等人在世，客觀條件上諸葛亮也不具備篡權的條件的話，那麼此時的諸葛亮，名義上可以說是一人之下，萬人之上，而實際上則是真正的權力擁有者，人事隊伍也基本上都是「自己人」了，皇帝劉禪又是個歷史上著名的「扶不起的阿斗」。在這種

175

情況下，諸葛亮仍竭盡全力，明知不可為而為，對內勵精圖治，對外南征北伐，靠個人的能力和品德，一手托起劉氏的蜀國政權，這才是真正讓他名垂千古的原因。

我們來看諸葛亮在《出師表》中對自己心跡的表白：

臣本布衣，躬耕於南陽，苟全性命於亂世，不求聞達於諸侯。先帝不以臣卑鄙，猥自枉屈，三顧臣於草廬之中，咨臣以當世之事，由是感激，遂許先帝以驅馳。後值傾覆，受任於敗軍之際，奉命於危難之間，爾來二十有一年矣。先帝知臣謹慎，故臨崩托臣以大事也。受命以來，夙夜憂歎，恐託付不效，以傷先帝之明，故五月渡瀘，深入不毛。今南方已定，兵甲已足，當獎率三軍，北定中原，庶竭駑鈍，攘除奸凶，興復漢室，還於舊都。此臣所以報先帝，而忠陛下之職分也。……

後人曾有這樣的說法：讀李密的《陳情表》不流淚無動於衷者，必不孝也！讀諸葛亮的《出師表》不流淚無動於衷者，必不忠也！

五

能攻心則反側自消，從古知兵非好戰；
不審勢即寬嚴皆誤，後來治蜀要深思。

這是成都武侯祠門前的一副對聯，是清末民初人趙藩寫的。

這副對聯概括的是諸葛亮治國和作戰的指導思想，言簡意賅，對仗工整，廣為傳誦。

上一聯指的是著名的七擒孟獲的故事。這是諸葛亮軍事上的一個著名戰例，他不僅僅注重軍事上的勝利，而是「攻心為上」，徹底收服了

當地的少數民族。諸葛亮還派人在這裏推廣漢族地區先進的農業生產技術，提倡興修水利，發展生產。後來南中發展成為蜀漢政權比較穩定的後方和財政收入來源地。那裏的金、銀、丹漆、耕牛、戰馬以及其他物資，被大量地運送出來，補充了蜀漢政權的財政和軍事之需。

對聯下一句所說的是在劉備取得益州之後，諸葛亮替他制定政規法令，從嚴治蜀。劉備手下的另一位重要謀士法正提出不同意見，認為諸葛亮太嚴厲了。「不審勢即寬嚴皆誤」，是諸葛亮對法正的回答。諸葛亮認為軟弱的劉璋統治益州多年，積弊很多，沒有權威，審時度勢，必須從嚴法治。不能一味地照搬古人的做法。事實證明了諸葛亮的正確：由於「科教嚴明，賞罰必信，無惡不懲，無善不顯」，後來「至於吏不容奸，人懷自厲，道不拾遺，強不侵弱，風化肅然也」。

關於諸葛亮的軍事才能，民間流傳著許多故事，實際上，「諸葛一生惟謹慎」，除了馬謖失掉街亭後迫不得已唱了一齣空城計以外，諸葛亮從來是謹慎有餘，冒險不足。這方面的史實和評論都很多，我們就不多做討論了。我們討論的是政治家諸葛亮。

諸葛亮是中國歷史上卓越政治家，他對天下大形勢清晰判斷在隆中對裏就展露了出來，入川後又審時度勢，制定正確的政策，這些都說明了他的遠見卓識，這也是我們一再強調的作為優秀政治家首先必備的素質。我們再來看他的行政管理才能，其實這也是諸葛亮備受後人推崇的一個因素。

政策和措施都需要人去實施和推行，一個優秀的政治家要實踐自己的治國方略，必須要有一套高效運轉的行政系統。諸葛亮被後人所爭議的一點就是事必躬親，不太放權。其實，諸葛亮是有苦衷的。

三國時三家力量比較，蜀國是最弱小的，這不僅表現在地盤和兵力、人口上，更表現在人才的儲備上。北方黃河流域的人才盡歸曹操所用，長江流域人傑地靈，孫權集團在此經營三世，而劉備的底子最薄

弱。看《三國演義》，大家對劉備手下的文臣武將都如數家珍：一方面是小說把這幾個人物寫得好，可另一方面，我們也可看出，劉備的人才少，文的就臥龍、鳳雛（入川時死於陣前），武的就關張趙馬黃「五虎上將」。關和張二位，諸葛亮使用起來並不是很順手，他們的資歷太老；馬超死得早；趙雲是諸葛亮最倚重的（用著最順手，武藝高還沒有關張的資歷和毛病）；黃忠老邁。

劉備畫像

老一輩之後，「蜀中無大將，廖化當先鋒」，諸葛亮收個姜維便如獲至寶，將衣缽全傳給了他……

　　所以說，不是諸葛亮不放心提拔和使用人才，他的舞臺太有限了，難免處處捉襟見肘。比如說，諸葛亮在魏延的使用上就可謂是煞費苦心。我們來看一個民間故事：

　　魏延也算是能夠驍勇善戰，屢建功勳，但此人頭後有「反骨」，不夠忠誠，諸葛亮料定他日後定會謀反。但國家正值用人之際，此人不可不用，尤其在關張趙馬黃等人凋零之後，況且你如不用，就有可能為敵所有。諸葛亮一邊用他，一邊又防範著他。

　　待到了五丈原，諸葛亮操勞過度，病危之際，密令魏延斷後。當夜魏延忽做一夢，夢見自己頭上長出二角，便問一個深明易理的人是凶是吉。那人說這是大吉之兆，蒼龍頭上有角，麒麟頭上有角，這是變化升騰之意。魏延大喜而去。解夢人卻對尚書費禕說：此實乃大凶，角的形狀乃是刀，頭上加刀應有不測。但如實言相告，他心胸狹窄，定會見怪。幾人一合計，決定趕快採取應變措施。

　　果不其然，魏延真就起兵反叛，還是諸葛亮早有安排，並留下錦囊

妙計，才有馬岱砍下魏延首級之舉。

知道其有謀反之心，還要用之，直如走鋼絲一般。諸葛亮成竹在胸：自己在世，其有懼怕之心，還不敢公然造反，不用可惜；在其未反之前殺之，又讓將士們寒心。只有在其身邊埋下伏兵，待其反時一舉殺之。

一般而言，用人不疑，疑人不用。但在特定情勢下，諸葛亮只好變通以取得最佳之效，大智大勇之餘，亦實屬無奈。

<h2 style="text-align:center">六</h2>

關於諸葛亮的不放權，還有更深層次的原因。

諸葛亮確實是獨掌大權，以丞相身分兼任益州牧，既主管中央又主管地方，軍、政、財一把抓，而且至死未曾放權。

諸葛亮為何不放權，除去我們上文所說的蜀國可用人才缺乏以外，還有別的原因，這就是政治系統中錯綜複雜的因素所決定的。

一方面，蜀國國小民弱，外有強敵，一直是有危機感的，諸葛亮的性格和「鞠躬盡瘁」的人格決定了他兢兢業業事必躬親；而另一方面，從政治結構上來說，蜀漢政權作為一個外來政權，根基不穩，最擔憂的就是外來勢力與本土勢力鬧矛盾，在這種情況下，諸葛亮再分權，就非常有可能製造出另外一個小中心來——李嚴就曾經想過要做這種事。對於蜀國這個小國來說，行政架構上更應該精簡高效。諸葛亮要盡可能地利用自己的能力和威望，穩定住局面，盡快地使國家強大，並逐漸地使政權本土化，在此生根發芽。

還有更深層次的原因，諸葛亮還有一層不足為外人道出的苦衷，那就是皇帝劉禪。

劉備死後，新皇帝劉禪是名義上的一把手，劉禪再昏庸，諸葛亮再能幹，他們之間也是君臣名分。即使諸葛亮心裏再瞧不上這個「阿

諸葛大名垂宇宙
第三部份

179

斗」，可劉禪下道聖旨，無論內容是否正確，諸葛亮也必須聽命——這種事情是發生過的。諸葛亮在成都時還沒什麼大礙，可諸葛亮領兵在外的時候，劉禪聽什麼人說點什麼，來道命令，就弄得諸葛亮哭笑不得。

而且，一般的將軍在外的時候，還可以說：將在外，君命有所不受。可諸葛亮的身分地位和性格都不容許他這麼做，他不能不把幼主放在眼裏獨斷專行，那樣的話，各種說法和猜測就來了，蜀國的政權馬上就會出現不穩定的因素。

大家看《出師表》就能看出來，諸葛亮苦口婆心勸說劉禪和對各方面事務都做出詳細交代安排：

先帝創業未半而中道崩殂，今天下三分，益州疲弊，此誠危急存亡之秋也。然侍衛之臣不懈於內，忠志之士忘身於外者，蓋追先帝之殊遇，欲報之於陛下也。誠宜開張聖聽，以光先帝遺德，恢弘志士之氣，不宜妄自菲薄，引喻失義，以塞忠諫之路也。

宮中府中俱為一體，陟罰臧否，不宜異同。若有作奸犯科及為忠善者，宜付有司論其刑賞，以昭陛下平明之理，不宜偏私，使內外異法也。侍中、侍郎郭攸之、費褘、董允等，此皆良實，志慮忠純，是以先帝簡拔以遺陛下。愚以為宮中之事，事無大小，悉以咨之，然後施行，必能裨補闕漏，有所廣益。將軍向寵，性行淑均，曉暢軍事，試用於昔日，先帝稱之曰能，是以眾議舉寵為督。愚以為營中之事，悉以咨之，必能使行陳和睦，優劣得所。親賢臣，遠小人，此先漢所以興隆也；親小人，遠賢臣，此後漢所以傾頹也。先帝在時，每與臣論此事，未嘗不歎息痛恨於桓、靈也。侍中、尚書、長史、參軍，此悉貞良死節之臣，願陛下親之信之，則漢室之隆，可計日而待也。

其中再三叮囑要「親賢臣，遠小人」，而且把賢臣的具體名字都點

圈子
的智慧

了出來。諸葛亮實屬無奈啊！

其實，劉備死後，諸葛亮的人生注定是一個慷慨激昂的悲劇過程。

從天下形勢來說，荊州丟失，許多大將身故，蜀國只能偏安一地，是三足中最弱的一足，諸葛亮馬上派人與孫權重新交好，穩定住局面，還要伺機北伐，光復漢室（或以攻為守）——是苦撐危局，明知不可為而為之。

從國內形勢來講，諸葛亮此時的地位是政權中實際的絕對核心和領袖，但在名義上，他是丞相，是二把手的位置，他保的是劉家的天下，可這個新皇帝又是一個沒有多大希望的主子，絕對不是可以開創基業的英明領袖——也是個明知不可為而極力為之的使命。

內憂外患，諸葛亮不願也不能放權，權力集中在他手裏，劉禪發號施令「干涉」軍國大事的機會就少些。我們不能否認，諸葛亮的事必躬親有性格的原因，但更有可能是人格的原因：明知不可為而為之的事，只能是自己「鞠躬盡瘁死而後已」的結果。不問結局成敗如何，但求問心無愧吧！

而劉禪到底本事如何呢？我們除了那個「此間樂不思蜀」的故事以外，難有更多的史實來證明他的無能。但有蛛絲馬跡表明劉禪對諸葛亮的複雜心理。

事實上，諸葛亮治蜀十多年，劉禪一直是沒有多大權力的。且不論外在的客觀原因，但縱觀整個中國歷史，除了諸如曹操、司馬昭之類，又有幾個丞相有過如諸葛亮這般大這般長久的權力？諸葛亮死後，劉禪不再設丞相一職，而且不願為諸葛亮立祠，後來輿論的壓力太大，這才勉強同意。

我們推究劉禪的心理，他對諸葛亮的心態，大概和學生對老師的心態差不多，一方面既畏懼欽佩，很難起反抗的意圖，而另一方面卻也嫉恨不滿。後世也有一個學生對於其老師有著同樣的心理，那就是明神宗

對於張居正。只是張居正的下場比諸葛亮慘得多，去世後不久就被自己的學生抄了家。

劉禪即位時，年紀是十七歲。十一年後諸葛亮去世時，劉禪是二十八歲。即使說劉禪沒有什麼雄心壯志，二十多歲的年輕人也是喜歡表現自己的，何況是一個皇帝，是名正言順的最高領導者。劉禪對諸葛亮頗有怨言，曾說：我只管祭祀，其他的事情都是丞相的。言外之意，他還是想有所作為的，可諸葛亮沒有給他這個機會。而且，他也比較現實或者是安於現狀貪圖享受，不是很同意諸葛亮的北伐以及什麼「光復漢室」。所以，諸葛亮死後，劉禪不再設丞相的職位、不給諸葛亮建廟，也是這種情緒的表現。以後，姜維領兵北伐，劉禪對兵力就有很多限制。

當然，劉禪總體上來說就是個「阿斗」，諸葛亮在世時他沒有機會表現自己，可諸葛亮去世後他也沒有什麼作為啊。

但不管怎麼說，諸葛亮總是要費心處理好自己與皇帝之間的關係。雖然忠心可鑒，但也要防止流言蜚語。

七

以諸葛亮的能力和才華而言，治理蜀國，應該不是什麼大的難題。

相對曹操集團而言，蜀國的幹部隊伍，構成相對來講比較簡單，主要的政治矛盾是外來勢力和當地勢力之間的平衡。

總體來說，諸葛亮的做法是用自身的德行作為表率，以儒家的觀念施行教化；依靠信賞必罰的做法保證一定的紀律，以法家的手段治國。具體表現上則是：在他當政期間，主要依靠從荊州帶來的舊屬，同時注意籠絡原來劉璋部下和益州豪強大族。對出身貧寒而有才幹的士人，也大力拔擢，被稱讚為「能盡時人之器用」。

蜀漢政權作為一個外來政權，不可能不依靠當地土著地主的力量。

益州地方上的勢力是相當強大的。這是因為劉璋暗弱，對益州地方豪強無法控制，只得縱容，「寵之以位，位極則賤，順之以恩，恩竭則慢」，導致「蜀土人士，專權自恣，君臣之道，漸以陵替」，對於主君並不放在心上，因此在劉備入蜀的時候，先有張松、法正的主動勾結，後有李嚴、吳懿等人的陣前倒戈，文臣武將爭相降敵。而這些人，卻大多都是劉璋的親族故舊，還包括以道德文章著稱的名士，可見當時益州君臣之間的綱紀，已經敗壞到了什麼地步。

因此諸葛亮當權期間，對於益州豪強採用一手大棒一手胡蘿蔔的政策，用罰以限制他們的為惡，用賞來給他們開闢政治上的出路。只要他們肯忠實地為蜀漢政權服務，便可以獲得官爵祿位。因此諸葛亮的法治政策，不但收到了限制豪強的效果，也取得了利用豪強的成績。同時也使蜀漢在政治上呈現了某種程度的清明。

而對於西南少數民族，諸葛亮也採用了恩威並用的政策，打擊為首的叛亂分子，同時盡量爭取當地上層大姓，有的被起用為地方長官。從此這些地區的統治基本得以鞏固，為蜀國提供了物質財富和兵力。例如膾炙人口的「諸葛亮七擒孟獲」的故事，就是其中的典型。

諸葛亮用人是很厲害的，如《楊洪傳》裏記載道：「始洪（楊洪）為李嚴功曹，嚴未至犍為，而洪已為蜀郡。洪迎門下書佐何祗，有才策功幹，舉郡吏，數年，為廣漢太守。時洪亦尚在蜀郡。是以西土咸服諸葛亮能盡時人之器用也。」犍為人楊洪當時只是犍為郡太守李嚴手下的一個功曹，但由於楊洪的出色才幹，地位得以迅速上升。當楊洪做到蜀郡太守時，而李嚴仍為犍為太守，與當時的頂頭上司平起平坐了。再如何祗，原為楊洪手下的一個小典獄官。因為他才幹出眾，亦得到諸葛亮的迅速提拔。先後做到成都縣令、郫縣縣令。後來，汶山地區的少數民族發生了不穩定的情況，諸葛亮又提拔何祗為汶山太守，汶山地區在何祗的治理下，很快就「民夷服信」。諸葛亮又先後派何祗出任廣漢太守

和犍為太守。楊洪因此開玩笑道：「你的馬怎麼跑得這麼快？」何祗答道：「我是先生的故吏，怎麼敢跑得比先生快呢。只是先生的快馬沒有加鞭罷了。」所以當時眾人皆對諸葛亮的「盡時人之器用」而感到佩服。

但是，土著地主在本地總是容易養成黨派勢力，如果權力完全被地方勢力所把持，那麼中央就架空了，因此諸葛亮所主要依靠的，還是他所帶去的荊襄集團的力量，對他本人的繼承者也始終只從外來地主中培養。不僅籍隸荊楚的蔣琬、費禕因他的授意而相繼輔政，就是降將涼州人姜維，也因為受到他的培植而成為蜀漢政權的最後支持者。這雖因他們有相當的才幹，同時也因他們是外來人，在益州沒有什麼親黨關係的緣故。

總之，諸葛亮治蜀期間，是用自身的品德、才幹、威望和親和力，成為益州集團與荊襄集團聯繫的紐帶，將外來勢力與本土勢力融合在了一起，消弭了這兩股勢力之間的矛盾。他的公正廉明為時人和後世久久稱道。

他用人準，人稱其職。如上文所介紹的楊洪、何祗二人就是很好的例子，被稱為「能盡時人之器用」。因為用人準，所以在人事安排上不會被懷疑濫用私人，因此當蔣琬、費禕等人接位時，雖然不是益州集團的本土人士，卻並沒有人反對他的這一安排，而蔣、費兩人也的確未曾辜負諸葛亮的期望，在領袖崗位上做得很好。正因為相信諸葛亮的眼光，所以諸葛死後蜀漢政權內部並沒有發生權力爭鬥，這對於整個蜀漢政權的鞏固和延續是大有好處的。

他持法平，「賞不遺遠，罰不阿近，爵不可以無功取，刑不可以貴勢免」。諸葛亮從來不為個人私利濫用私權，定的法律連他的兒子、親朋犯了都一樣懲罰。比如參軍馬謖，深受諸葛亮信任，北伐軍中馬謖為先鋒，違反節度丟失街亭，諸葛亮「揮淚斬馬謖」，並以用人失察自請貶官。諸葛亮治蜀很嚴，但這個嚴是嚴明而不是嚴酷。所以他處罰別

岳飛書寫的《出師表》　　　　　　明書法家祝允明書寫的《出師表》

人，被罰的人沒有什麼怨言。嚴而明，能讓別人信服於他。嚴而明之後是誠而信，他對人有一定的信任，但出了問題之後就嚴加處罰，絕不寬待。

諸葛亮死了之後，「廖立垂泣，李嚴致死」，正是因為他的這兩項特質所致。李、廖二人，因為諸葛亮持法平，所以雖然受懲卻沒有怨言，因為他用人準，不會浪費人才，所以相信自己必然還會受到重用。千古之下，還有何人能夠做到諸葛亮這樣？

陳壽在《三國志‧諸葛亮傳》中，對其評價如下：諸葛亮之為相國也，撫百姓，示儀軌，約官職，從權制，開誠心，布公道；盡忠益時者雖仇必賞，犯法怠慢者雖親必罰，服罪輸情者雖重必釋，遊辭巧飾者雖輕必戮；善無微而不賞，惡無纖而不貶；庶事精練，物理其本，循名責實，虛偽不齒；終於邦域之內，咸畏而愛之，刑政雖峻而無怨者，以其用心平而勸戒明也。

《資治通鑑》上評論說：夫水至平而邪者取法，鏡至明而醜者無怒，水鏡之所以能窮物而無怨者，以其無私也。水鏡無私，猶以免謗，況大人君子懷樂生之心，流矜恕之德，法行於不可不用，刑加乎自犯之罪，爵之而非私，誅之而不怒，天下有不服者乎！諸葛亮於是可謂能用

刑矣，自秦、漢以來未之有也。

諸葛亮自己的操守更是沒得說。當初，諸葛亮上書說：「成都有桑八百株，薄田十五頃，子弟衣食，自有餘饒。至於臣在外任，無別調度，隨身衣食，悉仰於官，不別治生，以長尺寸。若臣死之日，不使內有餘帛，外有贏財，以負陛下。」諸葛亮死後，果如其所言。其身居高位多年，私人財產少得可憐。

<h2 style="text-align:center">八</h2>

我們將諸葛亮與同時期的另外一名政治家曹操相比較一下，或許更有助於我們了解諸葛亮的德行和才華。

後人給與諸葛亮與曹操的評價完全不同，一個大忠，一個大奸。但事實上，他們都是當時最傑出的政治家，是有許多共同點的。

第一，諸葛亮與曹操做的都是大漢的丞相，兩人都有強烈的意願要實現統一，並且都付諸了行動。

東漢末年，天下大亂，各地軍閥割據一方。有的是聚士以自保於亂世，如劉焉、劉表等；有的亂世縱橫，軍閥劫掠，不過匪寇而已，如李催、呂布等；有的欲闖出一番功業，千古留名，如孫權、袁紹等。以上所說的這些人，也並不是完全沒有混一宇內的念頭，但即使有，也可能連他們自己都沒有相信過會實現，在行動上也沒有為此而努力。只有諸葛亮和曹操是真正把統一當作最高的目標去追求，並且為之持續地付出努力。

第二，兩人都切實控制著所在集團的實際權力，都具備廢掉皇帝自立的條件，卻都沒有做到這一步，而是執臣節以終。

諸葛亮和曹操都明白綱紀——即中國傳統文化中所謂的「禮」——對於政權穩定性，進而對於社會穩定性的重要作用。漢朝雖然已經名存

實亡，但只要漢皇帝依然是劉氏子孫，他就依然繼承著漢王朝的政權合法基礎，絕大多數老百姓就會依舊認同這個中央政府，野心陰謀勢力如果想要獨立割據，就沒有名義，也就有所顧忌。所以曹操才能「挾天子以令諸侯，奉詔命以討不法」，師出有名。但如果他廢漢自立，就失去了政權上的合法性，政治優勢將不再存在。後來曹丕篡漢，是因為天下大勢已定，時移世易了。而諸葛亮與蜀漢政權之間，面臨的是與曹操差不多的問題。不同的是，如果他背叛蜀漢政權，後果將比曹操背叛東漢政權來得嚴重得多。

第三，兩人施政的主導思想都是法家思想，以峻刑嚴法督責臣下。

漢政之弊，在於政寬而綱紀廢弛。政寬則豪強大族林立，土地兼併嚴重，朝廷不能制止；綱紀廢弛而皇綱不立，宦官外戚弄權，黨爭迭起，朝政遂無可救藥。當時欲救此弊，最要者為行法家督責之術。曹操諸葛亮皆深知此意。故曹操「持法峻刻，諸將有計畫勝出己者，隨以法誅之，及故人舊怨，亦皆無餘。其所刑殺，輒對之垂涕嗟痛之，終無所活」。而諸葛亮則「盡忠益時者雖仇必賞，犯法怠慢者雖親必罰，服罪輸情者雖重必釋，遊辭巧飾者雖輕必戮；善無微而不賞，惡無纖而不貶」。

但兩者卻又有著截然的不同。

曹操是借東漢政權為幌子，打造個人的基業，因此他難免有私心，在東漢政權下又製造出一個只效忠於自己的曹操集團。曹操的性格狡詐多疑，好用權謀。

而諸葛亮卻是忠誠於蜀漢政權的，為了整個蜀漢政權的穩定而竭力保持公正，避免政權內部小集團的產生，因而蜀漢政

諸葛亮畫像

權雖然是外來政權，卻既沒有被益州本土勢力吞併，也沒有與他們對立，很好地將外來勢力與本土勢力融合在了一起。所以諸葛亮雖然死去，但弱小的蜀漢政權卻依舊在強敵環視下頑強地生存了三十多年。

武侯墓

諸葛亮軍事上雖然計謀百出，但在政治上卻是君子之風，沒有什麼陰謀手段。這一點上，有點類似唐太宗。因為其有一個明確的站得住腳的政治理想，自己獻身於所追求的事業，公正無私，所作所為都是堂堂正正，大氣凜然——這是德才識能合為一體的大政治家的風範，可以說達到了政治的最高境界。

諸葛亮贏得了同事、百姓以至敵人、對手的由衷的尊敬。諸葛亮逝世的消息傳到成都，官民哀慟，奔走哭泣。現在還有這樣的傳說，老輩的四川人愛在頭上裹塊白布，是在給諸葛亮戴孝，這個孝一直戴了一千多年。

後來，魏征西將軍鍾會征蜀，至漢川，祭祀了諸葛亮，下令軍中不得在諸葛亮墓地周圍放牧樵採。

諸葛亮死後一百多年，桓溫征成漢時，見到諸葛亮時代的一個小吏，已經一百多歲。桓溫問他說，諸葛丞相今與誰比？言下之意，就是自己似乎可以與孔明相比較。

那位已是人瑞的小吏回答說：「諸葛丞相活著的時候，不覺得他有什麼跟別人不一樣的地方；等到諸葛丞相去世之後，到現在也沒看到有誰比得上他。」

圈子的智慧

「拗相公飲恨半山堂」——北宋的改革與黨爭

一

西元一〇八四年前後，在金陵城的鄉間，時常可以看到有一個老人獨自騎驢獨行，嘴裏喃喃自語，聽不清他說些什麼。有的時候他突然想起那些已經背棄他的老友們，便拿出筆來，面色沉重，立刻開始寫一封信。但寫著寫著，他又把筆放下了。這些信就沒有寫完，永遠地放在了那裏。鄉民們看到這番情狀，便以為他是瘋子。

這個老人，就是王安石。

當時王安石究竟想寫些什麼呢？我們是不可能知道的了。唯一知道的就是，在經歷了愛子去世、變法失敗、呂惠卿出賣等諸多打擊之後，他是不可能再有閒情雅致去寫諸如「春風又綠江南岸，明月何時照我還」之類的傳世名句的了。

也許在他的心目中，想對他的過去做一個總結。他寫了很多日記，記敘他晚年的心情，發表他對時事的看法，後來他又想把這些日記燒毀，但他的侄兒卻把日記隱藏起來，燒了些別的東西矇混過去。他夢見那死去的兒子在陰間受罪，就把上元縣的財產捐出去，全部捐給寺院，為兒子祈求冥福。可他沒有為自己祈求冥福，因為一直到死，他也不知道自己所做的事情究竟是對是錯。

一直到今天，我們也很難說清楚王安石所做的事情究竟是對是錯。

二

　　王安石，字介甫，號半山，北宋撫州臨川（今江西省臨川縣）人。他自小就博聞強記，才華冠絕一時。但他的性格很怪，思想人品都異於常人。他有許多特立獨行的思想行為不為當時人所接受，其中之一就是他衣服骯髒，頭髮凌亂，儀表邋遢。據載，他常不梳洗就出門會客，看書入神時則會隨手拿東西吃，到底吃了些什麼自己也不知道。當然，當一個人把精力完全傾注在內心的思想上時，自然會忽略了他的外表和其他一些日常生活細節，這樣的例子我們知道得很多。

　　當時曾流傳一個故事，說明王安石不修邊幅到何種程度。一次，王安石上朝，一個蝨子從他衣服裏爬出來，一直爬到他鬍子上。神宗皇帝看見了忍不住地笑。下了朝，朋友將此事告訴他，他也不以為然，隨手捉住那個蝨子，要擠死它。朋友阻攔他說：「千萬別擠死它！這隻蝨子可不簡單，它爬上過宰相的鬍子，而且還被皇上的聖目注視過，可以說，是從古到今最不尋常的蝨子了。」

　　還有一次，朋友們問王安石的夫人，說王安石是不是特別喜歡吃鹿肉絲。王安石夫人很是意外，說：「沒有啊！他從來不注意吃的是什麼，怎麼會一下子喜歡吃鹿肉絲了呢？你們怎麼這麼問呢？」朋友們說：「昨天大家一起吃飯，他根本就不去看別的菜，只把他面前的那盤鹿肉絲吃完了。」王安石夫人一下子就明白了，說：「你們下次再和他吃飯，把別的菜擺在他面前，看他吃什麼。」朋友們第二天把菜的位置調換了，結果發現王安石只吃擺在他面前的那盤菜，對稍遠一

王安石畫像

190

點的鹿肉絲看都不看。

王安石就是這麼一個怪人。然而除了外表邋遢之外，他更不被人理解的是另外一件事情：在他入朝為相前有二十多年的時間，他一直拒絕接受朝廷的提升。王安石二十二歲中進士，四十六歲被宋神宗重用。但在此前，他並不是沒有提升機會的一個沒沒無聞的地方官吏，事實上是，他一直謝絕朝廷讓他入朝為官的提拔任命，甘願當一個低級地方官吏。有不喜歡他的人說他這樣做是為了爭取更大的名聲和官位，這種說法顯然有人身攻擊之嫌，而且不大能站得住腳。

王安石在江浙一帶做地方官員主政的時候，就開始在小範圍內試行他的改革，將日後在全國推行的變法方針事先演練了一番。當地百姓交口稱頌，他的改革試驗取得了很大的成功。

王安石在地方上做得很成功，按照制度他應該被升官提撥，但他的確對入朝為官的誘惑視若無睹。《宋史‧王安石傳》就曾經記載過他不願被提拔的故事。說官員已經拿著任命書到他家了，他說什麼也不肯接受，竟然跑到廁所裏躲避。官員將任命書放在他的桌子上，他追上去將任命書還給人家。前後經歷了八九遍手續，最終才不得不接受了任命。

中國歷史上有一個奇怪的現象，就是道德文章上的資本往往也能轉化為政治上的資本。一個人的文章做得好，人品也高，那麼往往就會為當世人所看重，很快就能進入政治的中樞，有點待價而沽的意思。比如西晉時的謝安，一直隱居不出，不肯入朝為官，當時就流傳著「謝安不出，天下不治」的評語。又有唐代的盧藏用，隱居於長安附近的終南山，借此獲得很大名聲而做了大官，並留下「終南捷徑」這一典故。

但是，我們不能夠說王安石是在借用這種手段沽名釣譽。因為二十多年的拒絕提升，對於任何一個功名心強的利欲之徒來說，這時間也的確是太長了些，風險也太大了些。而且，從王安石後來的所作所為來看，他也並不是一個功利之徒。與其說他是在借此博取政治資本，不如

歸咎於他個性上的剛強兀傲，他的想法可能是：如果僅僅在朝廷中做一個無足輕重的官吏，自己的建議和政策無法被接受的話，還不如在自己所管理的地方上實踐自己的想法，不能治天下，就治一縣！

王安石不是一個死讀書的書呆子，他在年輕的時候，就在西北地區遊歷，讀萬卷書，行萬里路，廣泛地接觸了社會現實，對北宋太平表面之下的國弱民貧有著切實的認識。所以說，他不是一個只能在書齋裏做花團錦簇文章，而對國計民生無所認識的書生文人，而是一個對現實問題有清醒認識，並能夠開出藥方的政治家。

但作為政治家，王安石又是一個理想主義者，以矯世變俗為己任。沒有任何的中庸和調和，性格執拗之極，為人剛正不阿，行事激進，被人貶義地稱為「拗相（公）」。

為了實現自己的理想，他不惜與整個社會和政治系統作對。「天變不足畏，祖宗不足法，人言不足恤」，是他所信奉的名言。早在嘉祐三年，針對當時北宋財用不足的狀況，他就給宋仁宗上了一封萬言書，書中寫道：「天下財力困窮，民俗衰壞，在於不知法度，不效法先王之政。而效法先王之政，只需要效法他們的本意就夠了。只要能夠效法先王的本意，那麼就算天下震駭，眾人喧囂，國家也得到治理了。」他還

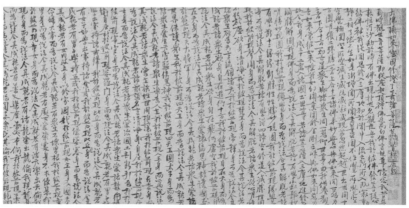

王安石手跡

說：「我所說的話，庸俗之輩是說不出來的，而那些議論者都是些迂腐的人。」在那個時候，他就已經預見到了自己的做法不會被當時人所接受。但他很敬佩商鞅，以商鞅為楷模，因為商鞅就是在一片反對聲中完成改革的。然而宋仁宗卻是個溫和派，對於他這種激烈的言行很不滿意，並沒有接受他的建議。

事實上，在這封萬言書中，我們就已經看到了王安石的變法難以成功的先兆。他不介意「天下震駭，眾人喧囂」，固然可以說他有著「雖萬千人吾往矣」的勇氣，然而將所有反對者一律斥之為「庸俗之輩」。這種狂妄性格，作為一個在野的文人，固然可以以不畏權勢，激濁揚清，矯正時弊而流芳，但作為一個居廟堂之高的政治家，卻是致命的缺點。

三

西元一○六八年，二十二歲的宋神宗繼位。年輕皇帝很想有所作為，王安石等候多年的機會終於來了。

據說在神宗皇帝當太子期間，他身邊有一個人，名叫韓維，名門世家出身，替他掌管文書。年輕的太子在政事上有所疑問的時候，往往就向韓維求教，而韓維的意見也往往能得到他的讚同。每當這個時候，韓維就說：「這不是我的看法，是王安石的看法。」於是，太子就對王安石非常器重。他一當上皇帝，所做的第一件事情就是召王安石進京，與他商討國事。

這次王安石沒有再拒絕。他來到京城，面見皇帝。他們共同探討了國家的弊政，認為要想富國強兵，唯一的辦法就是改革。

宋神宗為什麼那麼迫切地希望改革呢？

北宋是中國歷史上非常有趣的一個時代。首先說，北宋的政治還是

比較清明的，出了很多人才。唐詩宋詞，宋詞是可以與唐詩並列的中國文學藝術的高峰；唐宋八大家，宋朝有六個，唐朝才有兩個；北宋政壇上的名臣也不少，如大家熟知的范仲淹、蘇東坡、王安石、司馬光、包拯、文彥博、歐陽修、趙普、寇準等，武將如狄青、楊家將等等。

　　但是，北宋的弱也是大家公認的，有這麼多名臣名將，為什麼會弱呢？

　　宋朝的開國皇帝是趙匡胤。大家都知道，五代之時，天下實際上處於一個分裂的狀態，接連的五個朝代都很短命和弱小，沒有實現真正的統一。趙匡胤是從後周手裏奪取的天下，但這個天下是用巧勁奪取的，並不是昏君無道時底層農民起義，爾後多年征討打下來的。趙匡胤陳橋兵變時，他的官職是殿前都檢點，也就是個皇帝的侍衛長。他平時人緣不錯，手下也有些精兵能將，在陳橋導演了一齣黃袍加身的喜劇，一夜之間，就成了真命天子。

　　而且，當時的幾十年間，像這樣的事情發生過好幾次，趙匡胤的上臺是第四起。

　　不過，趙匡胤顯然要比以前兵變登基的那些皇帝精明能幹。趙匡胤吸取前人和自己的經驗教訓，首先就給為他披黃袍的那些哥兒們來了個「杯酒釋兵權」：大家都有功勞，高官厚祿享清福，就不要再「辛苦」帶兵了。而且，重文輕武始終作為宋朝的基本國策延續了下來。據說，趙匡胤臨終前還有政治交代：要盡量尊重讀書人，不許殺害。否則，「非吾子孫也。」

　　當時北宋開國後，除北方有契丹族建立的強大的遼政權外，尚有佔據江

宋太祖畫像

一個守門小官畫的《流民圖》促使王安石變法徹底失敗

漢一隅的南平、佔據湖南十四州的武平、據有兩川、漢中四十五州的後蜀、據有嶺南六十州的南漢、據有江淮地區的南唐、據有兩浙地區的吳越、據有河東（約今山西省）江州的北漢等割據政權。面對「臥榻之側，皆他人家」的嚴峻局勢，宋太祖趙匡胤等在充分估計自己軍事、經濟實力的基礎上，經過再三權衡，深思熟慮，最後才確定了先易後難、先南後北、南攻北守的戰略。

這一戰略的著眼點是先弱後強，取得南方雄厚的人力物力後，再集中力量對付北面的強敵。經過十六年的戰爭後，結束了自唐朝中葉安史之亂以來的藩鎮割據和五代十國的分裂局面，實現了南北方主要地區的統一。但是，容易的解決了，難的卻始終沒有解決。

趙匡胤死後，弟弟趙光義即位，是為太宗皇帝。趙光義曾兩次對遼親征一次也沒成功，搞得自己還受傷而死（對外宣稱是病死）。到了真宗時期還不得不簽了澶州城下之盟。雖然兩國和解，契丹稱大宋為兄，但這兄長每年得給弟弟十萬兩銀子、二十萬匹絲綢，這當哥哥的代價也太大了。而且到了宋神宗時已經加到銀子二十萬兩、絲綢三十萬匹了。西北的西夏，雖然稱臣，卻不進貢，也每年要掏走幾萬幾萬的茶葉銀子絲綢。

北宋一直重文輕武，但又始終有強大的外敵和威脅存在；政府懼怕出現強勢的將領出現，但又要保持足夠強的國防力量。《水滸傳》說林沖是八十三萬禁軍教頭是誇張的說法，但北宋的軍隊人數是在不斷增加

的，趙匡胤時有二十萬，趙光義時有六十萬，到了仁宗時就已經有了一百二十五萬。而且，有趣的是，據說北宋時凡是當兵的，都要在臉上刺字，稱為配軍，如《水滸傳》裏的宋江武松等人，犯了法，發配到軍營中做苦工，就成了「賊配軍」——養兵是國家很重的負擔。

總體來說，北宋的政權就沒有強大過，中央財政也一直很吃緊。幸好的是，歷任皇帝都比較重視讀書人，沒有出現暴戾的昏君，政治上還比較清明，雖有內憂，但一直沒有出現大的社會動盪。

年輕的神宗皇帝很想改變這種弱的局面，所以，他與王安石「一拍即合」：兩人都有著共同的政治理想。一個是最高權力決策者，一個是能幹的又有實際地方改革經驗的名臣——改革的總指揮部建立起來了！

四

有了神宗皇帝的信任和支持，王安石開始大展拳腳實行起改革來。他的改革大致上可以分為理財、強兵、育才三個方面。理財方面主要有青苗法、農田水利法、免役法、均輸法、市易法、方田均稅法等；強兵方面主要有保甲法、保馬法、將兵法和設置軍器監；育才方面編纂頒行《三經新義》，作為變法的理論根據。

196

這些新法中，有好有壞，不能一竿子打死，但也不能說全部正確。比如說均輸法和市易法，就是讓國家壟斷商業，賺取商業交易中的利潤。王安石認為這並沒有增加百姓的賦稅，乃是因為中國自古重農輕商，賦稅多從農業中獲取的緣故，因而奪取商人的利潤他並不以為錯誤。當然，這是當時社會風氣的問題，我們暫且不討論。然而現代稍有經濟頭腦的人都知道，商業被壟斷，經濟不僅不會發展，反而會被抑制。國家原本想通過壟斷商業賺取財富，結果經濟萎縮商人失業，所得的賦稅反而比以前更少了。因此這兩法，不久之後就被停止了。

還有保馬法，是讓老百姓養馬，國家給與補貼。它本來的目的是為了強兵，因為出產馬匹的地區如東北和西北，都被契丹和西夏佔去，軍隊缺馬，王安石不得已用這個辦法養馬。這本來也是件好事，老百姓不用自己掏錢買馬只需要幫助國家養馬，不僅平時可以將馬當作勞力使用，而且每年還能得到國家補貼，當然願意接受。然而戰馬只能養在高寒之地，山谷曠野之中，南方潮濕之地卻不是牠能夠住得慣的地方，因此大多病死。而馬一旦病死，養馬的人就要賠償。因此保馬法也就成了壞法。

再如青苗法，是諸變法中最為人所知的一項，也是爭議最大的一項。它的本意是好的，王安石在地方主政的時候也曾經試行過，獲得了很好的成果。青苗法的主要內容，是在農民青黃不接的時候給予貸款，秋收後以二分利歸還政府。這樣農民既度過了危機，國家也獲得了收入，本來是一件兩全其美的好事。然而在實施中出現了很大的問題。第一個是對象不當。本來青苗貸款是幫助貧農的，但貧農沒有抵押，官吏們就將貸款發放給地主——這就好比現代銀行願意給富人貸款而不願給窮人貸款一樣，結果失去了青苗貸款的本意。第二是操作不當。有些貧民拿青苗貸款來填飽肚子而不是用於再生產，到了還錢之時自然一無所有。而官吏為了交差，便逼得貧民家破人亡。第三是用人不當。官吏收回貸款，往往是兩分利變為三分利甚至六分利，自己從中謀財。更有甚者，官吏怕在限期內無法完成收款任務，甚至在農民還沒有收穫之時就催農民還錢，逼得農民破家還債。第四是管理不當，王安石深信這個辦

法對於所有人都適合，深受農民歡迎，結果變成了強制貸款。每逢貸出的款數不能如數貸出時，他就暴跳如雷。他提拔辦理貸款好的官員，懲罰他認為懈怠的官員。結果上行下效，所有的官員都以完成貸款任務為主要目標，將貸款額強行分配。而農民還不起貸款，也就難免牢獄之災。到了後來，原本適用於農民的青苗法竟然在城市裏也推行開來，實在是滑天下之大稽。

免役法是諸法中最好的一項。老百姓要服數年的兵役，甲去幾年，乙去幾年，丙又去幾年，輪換來輪換去，很是勞民傷財。但如果甲乙丙合起來出錢雇傭丁將他們的兵役全給服了，則甲乙丙可以免去勞役安心在家務農，而丁有了這筆錢就足以養家糊口，完全可以脫離田地生產了。這是將徵兵制改為募兵制，實在是一個良方，但到了後來也變了質。兵役本來只是幾年的事情，結果免役法頒布後變成了一直要交免役錢，反倒相當於終身兵役了。

不僅青苗法如此，其他諸法也大都類似於此。實施過程中的出現了許多問題，導致好法變成了壞法。變法失去了富國強民之本意，變成了國家斂財、官吏升官的工具，自然民怨沸騰。

事實上，王安石的改革，其本意都是好的，確實是在為國家的富強竭心盡慮。而且，在實施過程中，總會出現這樣那樣的問題，這是難以避免的事情。如果王安石能夠注意政治策略，不那麼激進，改正其中的缺點，發揚其中的優點，也未嘗不能成功。然而這個「拗相公」，的確在這裏發揮了他「天變不足畏，祖宗不足法，人言不足恤」的特色，不理會任何對於變法的「攻擊」——不管是惡意的攻擊還是善意的提醒，對實施過程中出現的問題未能及時解決，一味地強制推行。結果好法變成了壞法，良藥變成了毒藥。

而諸如司馬光等人，雖然也許並不懷疑王安石的個人動機，但對其剛愎自用的個性以及政治作風卻極為不滿，最終演變成對整個變法的全

圈子
的智慧

198

盤否定，以及北宋政治舞臺激烈的黨爭——幸虧北宋的開國皇帝定下了不殺讀書人的規矩，所以打擊對手的手段基本上是降職、撤職，否則的話，以政治鬥爭的殘酷性，則很難說會有多少人頭落地了。

宋神宗畫像

令當時士人和後世諸多歷史學家和批評家所不能容忍的，除了冒險的政治改革外，還有另外兩項。一個是他編撰頒布的《三經新義》，成為科舉考生人人必讀的經典。考生如果和宰相的見解不一致，則很難得中。而另外一個，則是他控制了御史台，使抨擊朝政評論得失的輿論導向成為了新派打擊舊派的工具。這兩項措施，雖然在輿論上為王安石的變法提供了幫助，但同時也完全壓制住了反對的聲音。對於文化自由民主氣氛極其濃郁的北宋士林來說，王安石的這種做法，是絕對不可容忍的。

就這樣，王安石的變法遭到了以司馬光為首的北宋士林的反對。而他為了抵抗這股力量，同時也為了大力推行變法，不得不大量起用新貴。而這些新貴，卻是借用變法來謀取政治上的利益，並非真正是為了國家利益考慮，是所謂的小人。這些小人，作為變法的執行者，則徹底地毀壞了變法的本意。他們打著變法的幌子打擊政敵，為自己謀求高位，最終連王安石本人，也被這些小人趕下了台。

五

隨著王安石變法的實行，北宋的政治舞臺上掀起了一場政治風暴。

這場風暴幾乎將當時的名臣要員全部席捲了近來，而且持續了很長的時間。這場風暴起始於對王安石變法是否有利於民的爭論，但逐漸卻演變成了黨爭——兩大政治陣營的政治鬥爭。

我們來看看這兩大陣營的主要成員構成，林語堂在其《蘇東坡傳》中曾列出了一個簡單的名單，我們援引如下：

當權派

王安石（拗相公）

神　宗（雄心萬丈的皇帝）

曾　布（活躍的政客）

呂惠卿（聲名狼藉，後出賣王安石）

李　定（母喪不奔，後彈劾蘇東坡）

鄧　綰（兩面人，先後服侍呂惠卿和王安石）

舒　亶（與鄧綰一同彈劾蘇東坡）

王　雱（王安石之子）

謝景溫（王安石姻親）

蔡　卞（王安石女婿）

章　惇（後為蘇東坡敵人）

呂嘉問（王安石手下的貿易霸主）

反對派

司馬光（反對派之首，大史學家）

韓　琦（元老重臣）

富　弼（老臣）

呂　晦（第一個對新法發動攻擊的人）

韓　維（出身世家，王安石的推薦者）

曾公亮（脆弱人物）

文彥博（老好人）

張方平（元老重臣）

范　鎮（元老重臣）

歐陽修（元老重臣）

蘇東坡

蘇子由（東坡之弟）

范仲淹（偉人）

王安禮（王安石之弟）

王安國（王安石之弟）

　　上述的這張人物表，反對派的人物我們沒有全部列舉，括弧中的介紹或評價也是原書的內容。林語堂先生一代文豪，他是極為推崇蘇東坡的。在他的著作中，他顯然是站在蘇東坡的立場上說話的，但林先生不是史學家，這本書也不是史學著作，對林先生的觀點我們不做評論。

　　但是，細看上述兩大陣營的名單，我們恐怕不得不搖頭苦笑，承認新黨的某些成員確實名譽不佳：李定隱瞞母喪不報，以免辭官，功名心重，這在儒教社會中是大逆不道的。鄧綰之為後人所知，就在於他說了一句名言：「笑罵由他笑罵，好官我自為之。」王雱自命才高，不屑於做小官，稱「梟韓琦、富弼之頭於市，則法行矣」，連他老子都沒他這麼狂妄大膽自以為是。最卑鄙無恥者莫過呂惠卿，他憑藉變法獲得高位，後來又想取王安石之位而代之，便以卑鄙的手段公布王安石的私信，離間他和皇帝之間的關係，一下子就將王安石擊垮了。王安石晚年每天都寫「福建子」三個字數次，用以發洩他心目中的憤怒，就因為出賣他的這個呂惠卿是福建人。

　　而王安石所面對的對手，卻無一不是當世名臣。他們代表著當時士

神宗皇帝

王安石

司馬光、蘇軾

抱著各種目的
的政治新進

朝廷中幾乎所有的元
老重臣以及名士

王安石的失敗不完全是廣對派的強大，其自身集
圈有三大問題：1. 領袖王安石的政治謀略不夠高超；
2. 支持者中有許多人品行太差；3. 措施不完善又急功
近利地強制推行。

人的取捨價值觀，代表著整個社會的輿論導向，無論在朝堂上還是在社會上，都有著極為強大的影響力。他們之中任何一個人的政治地位，幾乎都與王安石不相上下。而反觀他自己的陣營中，卻幾乎都是由他一手提拔起來的人，而且這些人的道德行為並不高尚，不僅不能助他一臂之力，還有可能會拉他的後腿。王安石唯一的有力支持者，就是那個雄心萬丈的神宗皇帝。因此可以說，他幾乎是以一個人的力量對抗著一個龐大的陣營。

為什麼會出現這樣的情況呢？就在於王安石過分看重政策和制度的重要性，而忽略了人事的力量。他以為只要制度是好的，那麼人事就不太重要，即使庸吏也能辦成事。所以當他的那些朋友反對他的變法時，他不是想方設法地得到這些賢臣的理解和幫助，而是提拔了一些不相知的「才不勝職」之輩，來推行自己的政策，而這些人只是對他唯唯諾諾畢恭畢敬，實際上利用他以遂其私欲——好經也被歪嘴和尚給念歪了，更何況他的變法中本就有許多不完善的地方。

即使在這批人當中，他們的關係很微妙，各懷心思。比如王雱和曾布，這兩個人對王安石都極其佩服，也確確實實想推行變法。這兩個人被稱為變法的護法神，為推行變法不遺餘力，比如《三經新義》就是他們弄出來的。這兩個人，我們可以稱之為變法的原理派。而另外一派，則是投機派，其代表人物就是呂惠卿。借變法之名，行打擊政敵之實，

蘇軾回翰林院圖（局部）

不僅打擊舊黨人物，連新黨人物，只要擋在他面前，一律加以打擊。因此王雱很恨呂惠卿，厭惡他投機倒把的行為。而呂惠卿很恨曾布，因為曾布和他爭權。而鄧綰是跟著兔子跑，卻幫獵狗忙，吃裏爬外，結果兩面都不討好，處處惹人討厭。

當然，在舊黨陣營之中，也同樣還存在著小圈子。舊黨可分為兩個大圈子，一個是以司馬光為首，在學術上，他是「史學派」的領袖，與王安石的「經學派」相對立；在人事上，他是北方士子中洛派和朔派的領袖人物，與王安石的南派相對立；在政治上，他有著保守的立場，雖然也有改革傾向，卻更注重於人事而不是制度，到最後甚至瘋狂地阻止任何制度上的改革。

另一個圈子我們可以稱之為以蘇軾為首的「蜀派」。因為地域的關係，蜀派既有南方派的特點也有北方派的特點，所以其代表人物蘇軾的政治觀點也比較折中。他既反對王安石過於激烈的政治改革，希望改革能切合實際穩步推行，同時也反對保守，認為改革勢在必行。這種看似理性的態度，導致無論新黨舊黨當政，蘇軾總是不得其志。

司馬光為什麼會如此保守如此反對變法呢？我們無法說他討厭王安石的為人，也不能說他目光短淺。他是一位名臣，而不是一位庸臣。北宋積弱，並不是現在才出現的事情，而是很早以前就已經存在了。王安石能看出來，神宗皇帝能看出來，司馬光怎麼可能看不出來？韓琦、富

弼等人怎麼可能看不出來？他們也同樣憂國憂民，也同樣期待變革。我們不要忘了，在宋仁宗時期，仁宗皇帝就特地為范仲淹開天章閣，推行慶曆新政，力圖變革，而韓琦、富弼、司馬光等人，正是這新政的主角。

然而慶曆新政很快就失敗了。仁宗皇帝是一位英主，范仲淹更是一位偉人，韓琦、富弼、司馬光等輔佐者也無一不是名臣，但卻依舊失敗了。

在這種情況下，我們就不難理解司馬光為什麼如此保守了。因為慶曆新政的失敗，司馬光等人便認為凡事應當小心謹慎，以不變應萬變。雖然說是不變，事實上卻是希望走回慶曆新政的老路子，不過更加小心與保守罷了。而這一點，也正是他們最初期待王安石改革而後來卻反對變法的根本原因所在。

而在這裏，我們也應該同樣理解王安石為什麼會如此激進的原因。因為慶曆新政的失敗，已經證明了溫和的改革不可能獲得成功，必須要施猛藥下重手，大變，急變。但卻也正因為其操之過急，才導致變法失敗。

其實兩黨的領袖王安石與司馬光，雖然政見不同，但畢竟都是真誠虔敬潔身自好之士，在金錢與私德上從未受人指責。他們都志在執行自己的政策，而不在於謀取權力地位。因此他們之間的爭鬥，是君子之間的爭鬥。然而他們兩個人之間卻又是水火不容的。一個批評家曾說：「王安石必行新政始允為相，司馬光必除新政始允為樞密副使。」

在這兩位開始爭鬥的時候，基本上是對事不對人。但到了後來，形成了兩大黨派的鬥爭，發展到了水火不容的對人不對事的局面，這些政治鬥爭的升級和發展，就不是這兩位領袖所能控制的了。

首先引起雙方爭論的問題，是後世也毀譽參半的青苗法。

青苗貸款原本是幫助貧民和自耕農的，但當地官吏為了完成配額，竟然向地主和城市居民也推行。而這兩種人，和青苗貸款是絕對扯不上關係的。不可不知的是，每借進一筆錢，數月之後就要付出利息。因此朝廷即使說不是以斂財為目的，老百姓也不會相信。

韓琦當時在大名府，官居河北安撫使，親眼看到了青苗法實行的情形。韓琦將這種情況報告給了皇帝，舊黨大臣也同時上書要求廢除新法。皇帝猶豫了，派了兩個太監到外地視察回報。兩個太監深知利害，回來時說青苗法甚得民心，並無強迫銷售情事。皇帝這個時候就憤怒了。因為不久前發生了一件事情，他任命司馬光為樞密副使掌管軍事，司馬光說不廢新政他就不接任。皇帝心想，我知道你不贊同變法，所以我讓你去管與變法無關的軍事，你卻拿此來威脅我？你說變法不對，那麼你倒是給我提出個救國救民的良方來啊？他一怒之下降司馬光為制誥，門下省的官吏拒絕發布這道命令，他竟然親自將命令交給司馬光，可見其憤怒之情。

皇帝對舊黨的惱怒也是有理由的：你們說變法這不好那不好，可是你們又提不出替代的辦法，總不能就等著朕的江山繼續弱下去吧？！王安石的變法也確實取得了一些成就：對外是和西夏打了一仗，獲得了勝利，這在積弱的北宋是很難得的事情；對內是國庫的收入每年都增加了好幾百萬貫，用錢寬裕了許多。這些都是實實在在看得見摸得著的成績，豈是舊黨一言可以廢除的？神宗皇帝也知道變法中的確有不少不足之處，但這畢竟是一條道路，能夠邁出這一步，總比慢慢等死的好。

然而中國的士大夫都有一個特點，那就是堅持原則，而且是越有名的人越堅持原則。一旦自己的諫言不被採用，那麼就無法繼續留在職位

蘇軾書法

上，以免給人留下「戀棧權位」的口實。這叫「君子達則兼濟天下，窮則獨善其身」。因此不久之後韓琦、富弼等人紛紛辭官歸隱，而司馬光也專心去寫《資治通鑒》去了。神宗皇帝對司馬光還是頗為看重的，下了一道命令說，修史書局跟著司馬光走。也就是說，無論司馬光到哪裏，修史書局這個國家機構都留在他身邊。這樣的寵遇，也算是前無古人後無來者了。蘇軾也走了，他去杭州當太守。對於杭州當地百姓和中國文學史而言，蘇軾的這次貶職，是好事而不是壞事。皇帝也還掛念著蘇軾，侍候皇帝的隨從說，每當皇帝陛下吃飯的時候如果拿起了筷子卻忘記落下來，那肯定是在看蘇軾的新作。

舊黨紛紛離開朝中，新黨也就因此而得了勢。朝廷上暫時平靜了下來，沒有人再說新政的壞話了。

然而這種平靜，是暴風雨前的平靜。一個看似偶然的事件，又讓歷史的潮流掉頭他向。

當時有一個叫鄭俠的小官，是負責看管宮門的。他給皇帝畫了一幅難民圖，上面畫的是帶著腳鐐的難民在砍樹掙錢，用以付還官家的青苗貸款。皇帝把這幅畫帶到宮中，老太后——皇上的祖母說：「我知道王安石有大才，但是已經樹敵甚多。為了他自己的好處，你還是暫時把他的職務中止吧。」皇帝回答說：「可是我發現滿朝文武之中，只有王安石願意身當大任。」皇帝的弟弟岐王正站在一邊，說：「我認為你應該聽聽太后老人家剛才說的話才對。」神宗皇帝當時就憤怒了，說：

「好！好！我不會治國。你來接。」一下子大家都僵住了。老太后打圓場說：「老臣一個個被辭退，都在說王安石的壞話。這些亂子都是王安石惹出來的。你要怎麼辦呢？」神宗皇帝聽了這話，也無奈了。他想：暫時廢黜王安石的相位，讓他避避風頭吧。

於是王安石就被廢黜了，讓呂惠卿當了宰相，變法依舊在繼續。可是呂惠卿卻看到自己的機會來了，他不願意放過這個機會，不願讓王安石再回來站在自己頭上。他先是將競爭對手曾布打了下去，然後又想將王安石牽扯進一場謀反之中，使其萬劫不復。

這是一大失著，神宗皇帝信任的是王安石，不是他呂惠卿。皇帝召王安石回京詢問此事，這個時候鄧綰卻慌了，因為是他幫助呂惠卿陷害王安石的，於是他迅速叛節，又與王雱一起將呂惠卿打了下去。然而皇帝和王安石對於他的行為已經厭膩，不僅不感激他，反而將他罷官斥退。而呂惠卿在獄中卻不服，他對王安石發出了最後一擊。原來那些年他保存了王安石的一些信件，以備敲詐之用。現在他把那些信件都呈交給皇帝，控告王安石在皇帝背後圖謀不軌，因為幾封信上都有「無令上知此一帖」。皇帝對這些年的黨爭早已厭倦，看到這封信，第一次對王安石發了脾氣。王安石痛罵自己的兒子，不該背著他胡亂攻擊呂惠卿。他兒子王雱顯然不知道呂惠卿手中握有父親的把柄，深悔自己的魯莽行動讓父親受到了斥責，立刻病倒，不久又生了惡瘡，很快死去。

兒子王雱之死，對於王安石是一個重大的打擊。變法失敗，最信任的人背叛，再加上愛子去世，老相國再也承受不住，對政治和人生的虛幻，大徹大悟了，他感到厭倦，呈請辭官歸隱。皇帝准許他在熙寧九年（一○七六年）十月辭去職務，但仍保留若干爵位。

王安石退隱了，呂惠卿和曾布垮了，王雱死了，他們是新派的領導人物，沒有被舊派打倒，卻敗在了自己人手上。然而新政還在繼續，現在當政的是李定和舒亶。王安石、呂惠卿等人，其人品高下暫且不論，

至少是真有本事的，真能做出點事情來。而李定和舒亶，卻是三流的政客，要人品沒人品，要能力沒能力，推行新政是沒有那個本事的了，借著這個藉口打擊政敵的本事卻倒是不小。大概他們以為，只要把敵人打下去，那自己就能夠一直留在上面了。王安石的變法，到現在徹底地失去了富國強民的本意，成為黨派鬥爭的名目了。

不久神宗去世，哲宗年幼，太后掌權，司馬光被重用，新政徹底被廢除。這個時候蘇軾又站出來說話了，他說王安石的新政也並非全無可取之處，有些好的東西還是應該保留下來的。可是司馬光已經鐵定了心要廢除新政，和王安石一樣根本聽不得反對的意見了。而等到司馬光去世後，接著掌權的人又擔心蘇軾回到朝廷之後會奪取他們的權力地位，因此將蘇軾一貶再貶。這個時候，就如同新黨利用新政來打壓政敵一樣，舊黨也一樣利用這個名目來打壓政敵了。唯一的不同之處在於，一個是推行新政，而另外一個卻是反對新政。

哲宗長大成人之後，重新開始變法，蔡京等奸臣借著這個名目再次打擊政敵。哲宗沒當上幾年皇帝就去世了，然後就到了徽宗和欽宗，就有了金國入侵和靖康之恥，就有了北宋的滅亡——大宋的元氣，早在這幾次黨爭之中被消耗得一乾二淨了。

而這一切，都不是王安石所知道的事情。那個時候，他早就已經死了，在哲宗登基的那一年就已經死了。司馬光死得稍稍比他晚了幾天，

清明上河圖（局部）

清明上河圖（局部）

病重在床之際，他作為宰相所發的最後一道命令是：「王安石為人並不壞。他的過端在於剛愎自用。死後朝廷應以優禮葬之。」

這是兩個對手之間，所下的最後評語。

<h1 style="text-align:center">七</h1>

在宋朝的短篇小說集中，有一篇叫《拗相公》。這足以表示，王安石死後不久，在通俗文學中，他便以其外號為人所知了。而到了明朝，馮夢龍在他的《三言》中將這個故事改了一下，起了個名字叫《拗相公飲恨半山堂》。我們之所以知道王安石被稱為「拗相公」的由來，也大概就在於此了。

王安石的改革失敗，固然有眾多的原因。但毫無疑問，他個人的性格在其中佔據一個很大的因素。關於其為人，韓琦曾對宋神宗說道：「讓他做一個翰林學士參贊國事則可，讓他當宰相主持國事則不可。」

王安石有才有識，也有擔當，但他執拗、偏激甚至狂妄的性格卻是作為政治家的一大不足。他對改革變法的困難還是有清醒認識的，也有所準備，我們來看看他在受到司馬光指責後寫給司馬光的一封回信，即非常有名的《答司馬諫議書》中的部分內容：

蓋儒者所爭，尤在於名實；名實已明，而天下之理得矣。今君實所

209

以見教者，以為侵官、生事、征利、拒諫，以致天下怨謗也。某則以謂：受命於人主，議法度而修之於朝廷，以授之於有司，不為侵官；舉先王之政，以興利除弊，不為生事；為天下理財，不為征利；辟邪說，難壬人，不為拒諫。至於怨誹之多，則固前知其如此也。

人習於苟且非一日，士大夫多以不恤國事同俗自媚於眾為善。上乃欲變此，而某不量敵之眾寡，欲出力助上以抗之，則眾何為而不洶洶然？盤庚之遷，胥怨者民也，非特朝廷士大夫而已。盤庚不為怨者故改其度，度義而後動，是而不見可悔故也。如君實責我以在位久，未能助上大有為，以膏澤斯民，則某知罪矣，如曰今日當一切不事事，守前所為而已，則非某之所敢知。

（我們讀書人所要爭論的，特別是在「名稱」（概念、理論）與「實際」是否符合上。「名稱」與「實際」的關係明確了，天下的真理也就有正確的認識了。現在您所用來教誨我的，是以為我「侵官」、「生事」、「征利」、「拒諫」，以致天下的人都怨恨和誹謗我。我卻認為接受皇上的命令，議訂法令制度，又在朝廷上修正、決定，交給主管官署去執行，不算是「侵官」。發揚（恢復）前代賢君的治國原則，以便興利除弊，這不算是「生事」。替國家整理財政，這不算「征利」。排除不正確的言論，批駁巧言諂媚的壞人，這不算「拒諫」。至於怨恨毀謗的很多，那是本來早就該料到會這樣的。

人們習慣於得過且過的守舊之風已經不是一天了，做官的人又大多不為國家大事操心，以附和舊俗之見來討好眾人為美德。皇上卻想改變這種現狀，而我又不顧政敵的多少，想盡力去幫助皇上抵制他們，那麼，眾人怎麼會不大吵大鬧呢？過去商王盤庚遷都，群起怨恨的是老百姓，不僅是朝廷士大夫而已。盤庚並不因為有人怨恨的緣故，就改變他的計劃；他考慮理由正當，然後去做，他認為正確，看不出有值得悔改

的地方。如果您責備我執政很久了，沒有能夠幫助皇上大大地做一番事業，以此造福人民，那我自知有罪了。但如果說今天應當什麼事也不必幹，只是守著老規矩就行了，那就不是我所敢領教的了。）

這是一篇千古流傳的文章。王安石是知道自己會惹來許多非議的，因為「人習於苟且非一日，士大夫多以不恤國事同俗自媚於眾為善。上乃欲變此，而某不量敵之眾寡，欲出力助上以抗之，則眾何為而不洶洶然？」但是，你們要是指責我沒有幫助皇上有大的作為，我知罪，可要讓我（像你們一樣）「今日當一切不事事，守前所為而已」，那不行！

公平的說，王安石與司馬光、蘇東坡等人的爭鬥，可以歸入「儒者所爭」——不是為了自己的名利，而是為了天下，是君子之爭。王安石的失敗，是作為一個政治家的失敗，而不是作為一個儒者的失敗！

政策的具體得失是技術問題，當時有那麼多的傑出才智之士，政策上有失誤，大家可以集思廣益，進行修正和試驗嘛，不一定就進行不下去。但王安石一上來就把自己擺在了一個對立面的位置上，沒有有效地獲取元老重臣名士的支持，使得自己一直處於孤立的位置上。而且，由於他的執拗性格和不寬容團結，使早期為他說話的人在後來也轉而反對他，這是一個非常不利的因素。

儘管有皇帝的支持，儘管有多年地方實踐的經驗，但王安石卻沒有自己的系統和班底，也就是我們所說的自己的圈子和隊伍，沒有成熟和得心應手的人馬去為自己搖旗吶喊，去推行自己的主張。他的政治理想不見容於當時的士林，又沒有團結好實力派人物，在這個系統中，他是一個另類人物和異數，為此，他迫不得已大力提拔新進——用人失察，直接給自己種下了失敗的種子。在很大程度上，是一幫貪功冒進、鑽營自己仕途前程的小人毀掉了王安石。

列寧曾稱王安石為中國十一世紀的改革家，這是一個很高的評價。但，改革家一定要是政治家——這是前提條件，只有優秀的政治家主導的

211

改革才有可能取得成功：很好的政策措施；很好的時機；很好的執行與推進；很好的幹部隊伍；很好的輿論配合；很好的政治手腕與策略……如此等等，在眾多因素的合力下，每個環節都做到位了，方能取得漸進的成功。

<h1 style="text-align:center">八</h1>

　　實際上，王安石變法的失敗並不是偶然。綜觀中國古代許多朝代的變法改革，從商鞅變法一直到近代的戊戌變法，多以失敗而告終，也多有流血和犧牲。我們在此再簡單地分析一下其中的一些規律性的東西。

　　眾所周知，政治系統是一個代表社會各階層的利益集團的平衡格局。所謂的治亂循環就是一個動態的平衡：君與臣；文官勢力與軍隊勢力；中央與地方；內閣決策機構與各部執行部門；仕途新進與元老重臣；世家與寒門；整個官宦政治集團與社會其他階層……全部是微妙的力量平衡。當一方的的勢力過於龐大，破壞了原有的遊戲規則和平衡，就會引發局勢的動盪。一些小的不均衡，會得到系統自身修復力量的修補，這是系統本身的生命力和彈性。如所謂的忠臣與奸臣、昏君與諍臣、清官與貪官等等，都是矛盾的對立同一體。

　　中國自古就是一個疆土遼闊的大國，大一統又是歷代統治者的首要政治理想和目標。那麼，就需要一個龐大有效的行政系統，從中央到地方（大致到縣一級），從行政、財稅到軍事，層層疊疊的機構設置，大大小小的官員，各種利益交織其中，各種力量盤根錯節，形成一個巨大的生態系統。

　　任何一個系統，都有其內在的生命周期和惰性。當一個政治系統中既得利益者逐漸沉澱其中，形成巨大的寄生於系統上的食利集團時，這個系統就會變得效率低下，逐漸偏離其原來的目標和功能。當系統自我

修復力量已經不能夠完成自我糾偏時，大的動盪就不可避免了——反抗、暴動、造反等各種形式的革命就會爆發，外部力量會摧毀這個系統，並重新組建一個新的系統來行使必須的管理功能（古代政治的定位就是管理，所謂的「牧」和「父母官」，沒有現代政治意義上的服務功能）。

中國古代許多朝代的政治新政、變法與改革，都可以看作是一種系統內部自發的自上而下的修復行為，是為了避免系統被顛覆所做的努力。

一般來說，一個比較明智的最高統治者覺察到了某種危機或想要有所作為，是新政和變法的首要條件。實際上，每一個開國皇帝多少都會借鑒前朝覆亡的教訓，對前朝的弊病加以變通和改革，使新組建的系統具有一定的生命力。這個時候，一則因為前朝剛剛覆亡，前車之鑒就在眼前，新人馬也比較有進取心；二則新皇帝的威望也比較高，又沒有盤根錯節的既得利益集團，所以這個時候的新政不會有太大的阻力，而且往往都成為改朝換代之後順理成章的事情。

新人新氣象過去後，慢慢地就會堆積起許多的問題。一個雄心壯志的皇帝登上政治舞臺之後，或為自己家的天下著想，或為黎民生計出發，有了改變現狀的想法。這個時候，需要的就是一個或一批恰逢其時的改革家了。

但在這個時候，實施新政和變法的阻力比開國初期的時候要大了許多。讓人們接受「新」事物和改「變」現狀，不是一件容易的事情，他多年養成的習慣是本能的第一阻力。

而新和變，就意味著對原有利益格局的調整和重新分配：有從中受益的，也有要做出犧牲和讓步的——很少有人會主動地願意犧牲自己的利益。為了保護自己的利益，那麼他會選擇反對和抵抗，至少是消極的不合作。更要命的是，這些既得利益者基本上盤踞在政治系統的重要崗

位上，其既得利益基本上與其地位高度正相關，而他們的反對是所有改革碰到的第一困難。

反對者眾多，而且多是原來系統中的骨幹力量；而改革者是少數派，甚至是孤家寡人。在這樣的力量對比前，改革派往往會陷入以下的循環中：

因為受阻於原來的行政系統，自己很難有現成的隊伍和班底，自己的政策得不到有效地貫徹實施，被迫起用新生力量來推行自己的政策，想繞開那些像山頭一樣矗立在前進途中的反對派——於是，大量的新人進入政治舞臺。

因為改革變法的阻力很大，所以改革者所承擔的壓力巨大，決策者與新進者都特別想盡快做出成績：決策者要以成績來證明自己的政策是對的，新進者要用政績來證明自己的能力——大家都需要成績來左右輿論和社情，爭取更多的支持者，急功近利的心態難以避免。

因為急功近利，急於表現，所以情緒會激進，措施會草率，動作會走型，失誤會增加——受到的反對和攻擊會更多。

因為有許多的新進者，所以政治經驗不是很足，對官場的潛規則不熟悉，僅僅是一腔熱血和大膽——而且新進者中的成分也比較複雜，有為理想而獻身的，也有以改革之名求進身之實的（王安石的政治圈子中就有許多小人鑽營了進來）。

因為剛開始有最高權力的支持，所以反對派陣營會適度地收縮防線，以避其鋒芒，誘敵深入，當改革派的火力和失誤全面展露出來後，反對派抓住機會，開始反擊，攻其一點，不及其餘——問題和不如意之處確實擺在眼前，最高決策者的決心開始動搖。

因為處境更加艱難，改革派在此時往往會做最後的努力，甚至會有更過激的手段（如清末的戊戌變法時譚嗣同面見袁世凱，請其兵變），但此時改革派內部也會因形勢的嚴峻發生意見紛爭或者分裂，當時為求

功名而投身這個圈子的名利之徒開始為自己謀求後路，轉而想用同伴的鮮血換取自己的平安和富貴，叛徒和告密者開始活動——政治舞臺上開始出現血雨腥風（商鞅被車裂，戊戌六君子血灑菜市口）！

因為大勢已去，最高決策者為了保住自己的地位（光緒皇帝就被慈禧太后解除了實際權力），或維持政局的穩定，開始向原有的舊勢力妥協，甚至會玩起丟卒保車的手腕——政壇經過一番動盪後，又恢復到一個相對平穩和平衡的格局。

因為改革畢竟曾取得過一些成效，名利權位的爭鬥塵埃落定和經過一段時間的緩和之後，矛盾不再尖銳和激烈，會有更多的人能夠比較客觀地看待以前的新政和變法，會逐漸地肯定其中的一些做法——系統在各方比較溫和的較量下，進行一些自我修復，以使大家共同乘坐的這條大船不至於沉沒！但如果還不能夠及時修復，那麼就會引發系統外部的力量的反彈，從而形成更大的動盪……

中國歷史上失敗的變法改革者，其實都是失敗了的英雄，他們有足夠的理由值得後人敬重——歷史就是在這些變法和改革中曲折前進的！

也許有很多的文人和史家不太欣賞王安石這個人，但狂傲執拗的半山先生又豈會在意爾等的坐而論道呢？

「宰相之傑」與「身死之辱」——張居正的政治沉浮

一

　　在中國歷史上，實在很難再找出一個王朝，能夠像明朝這樣，湧現出如此眾多的愚君昏君：土木堡之變葬送了數十萬大軍的明英宗正統皇帝；那個在民間非常有名的喜歡寡婦和有夫之婦的明武宗正德皇帝；以崇信道教出名，二十三年不上朝的明世宗嘉慶皇帝；還有那位三十年不理朝政，導致整個帝國一半以上的官員職位空缺的明神宗萬曆皇帝；以及喜歡玩木工結果培養出個九千歲魏忠賢的明熹宗天啟皇帝，個個都是「天縱英才，非常人所能比及」。

　　而且，明王朝的奸臣權相以及宦官小人也很多，著名的有嚴嵩、王振、劉瑾、魏忠賢等，相反，數得出來的忠臣名將和大政治家卻不多，最著名的是張居正、海瑞、于謙、戚繼光、袁崇煥等。最值得稱道的大事是鄭和下西洋。

　　令人奇怪的是，在這些糟糕皇帝的統治和太監奸臣的禍害下，明朝居然還存在了兩百多年，實在是讓人一頭霧水。

　　在史學界，明史是一個大的分支，研究者眾多，包括許多大家。如當年的國學大師陳寅恪、曾任北京市副市長的吳晗以及名聲很大的海外學者黃仁宇等等，但與之形成反差的是，在民間的通俗文學中，有關明王朝的內容卻很少。除了開國皇帝朱元璋和劉基（伯溫）、徐達、常遇春等以外，老百姓對明朝近兩百多年的歷史人物和事件知道得並不多。

圈子的智慧

朱元璋畫像

學界之熱與民間之冷，形成很大反差。

明王朝是中國近現代史的開端。此前，中國是世界上實力最強大的帝國，而從十四世紀中葉開始，當朱元璋掃平天下建立明王朝以後，中華帝國卻步履蹣跚逐漸落後於世界發展的潮流。明王朝可以看做是中華帝國由強轉弱的一個分水嶺。

一個強勢的開國皇帝，往往會給整個的王朝打下深深的印記。明王朝的所有弊端，都可以追根溯源到朱元璋那裏。

在中國歷代封建帝王中，朱元璋可以說是出身最為低微的一個。在元末的動盪中，朱元璋的父母家人在旱災和饑荒中相繼去世，朱元璋和僅餘的一個兄長無力安葬親人，嘗盡艱辛。隨後朱元璋為了糊口，出家做了和尚，其時還未滿十六歲。而且據說朱元璋的相貌非常「怪異（醜陋）」。

朱元璋貴為九五之尊後，是一個非常精明能幹勤奮的皇帝，城府極深，手段毒辣──這些都與他的出身和艱苦經歷有很大關係。

由於他的卑微出身和經歷，朱元璋坐上龍椅後，幾乎不相信任何人，與他一道開國打天下的文臣武將幾乎沒有一個得到善終：在幾次大的政治清洗中，有接近五萬人送命。

據說，朱元璋的殘忍連太子朱標都看不下去了，為功臣求情。朱元璋命人取來一根長滿了尖刺的荊棘條扔在太子面前，命令太子拿起來。太子不知如何是好，朱元璋說：「上面有尖刺，你不好拿吧？我現在除去這些人，就是為你剪除這些尖刺啊，你還不明白我的用意嗎？」

太子卻不領情，說：「上有堯舜之君，下才有堯舜之民啊！」朱元璋大怒，因為馬皇后的關係，才沒有追究太子之罪。可這位比較仁義的

太子朱標，還是沒有等到繼位，就病死了。他的兒子雖然被立皇太孫，後來登基做了皇帝，但沒坐幾天就被燕王朱棣奪去了龍椅。

在殘酷的政治清洗中，朱元璋借丞相胡惟庸案，廢除了政治制度中的丞相制，實行特務恐怖統治，將所有的權力高度集中到皇帝一人的手中！——這是對中國古代政治制度的一個大的破壞，是一個開歷史倒車的行為。

在以往的政治制度設計中，丞相是一個很重要的權力分支，他是行政最高長官，是對皇權的一種有效制約。漢唐之時，丞相均有很高和很重要的地位，宋時，丞相的地位雖然有所下降，但趙氏歷代對讀書人是非常尊重的，丞相仍然發揮著重要的作用。到了朱元璋時期，他不相信武將，也不相信文官，只是相信他的特務組織——錦衣衛（以後還有什麼東廠西廠）。但國家如此之大，政務如此繁忙，朱元璋自己就是有三頭六臂也忙不過來，於是新設立了一個內閣作為他的秘書班子。

內閣大學士剛開始的地位並不高，還在六部尚書之下。但這些秘書參與機要的時間久了，其地位也日漸提高，及至明王朝的中後期及以後的清王朝，大學士實際上就漸漸地有宰相的意思了。

起初的內閣作為一個秘書班子，是沒有實際權力的，它的職能應該是起草些文件，給皇上批閱奏章的「朱批」打打草稿之類的文字事務工作。在朱元璋時這個職能是很清楚的，但到了後來，朱元璋的龍子龍孫們卻另類得很，沒有幾個傢伙對政治有太大的興趣——萬曆皇帝二十幾年不上朝，自憲宗成化以後，一直到熹宗天啟，前後一百六十七年，皇帝都沒有召見過大臣！這也真是亙古未有的奇蹟了。

在這種情況下，內閣的職能演變就出乎朱元璋的本意了。而且更出乎他意料的是：太監也攪和了進來。朱元璋本來是最煩太監干政的，曾專門製作了一塊鐵牌掛在宮裏，刻著：「內臣不得干預政事，犯者斬。」但他的子孫們老不上朝，內閣總要把文件遞進來，這樣太監就得以在其

間上下其手。甚至有的皇帝嫌麻煩，就叫太監替自己批閱奏章，而太監有時再一犯懶，居然就把大臣的奏章當作包魚包肉的廢紙用。所以，有史學家說：在明朝最黑暗的時候，大太監（太監中最大的官是司禮監）才是真正的皇帝和宰相，如「立皇帝」劉瑾、「九千歲」魏忠賢。

朱元璋為了朱家的天下，絞盡腦汁地剪除了許多所謂的「尖刺」，但由於他對原本比較完善的政治制度的破壞，卻為他的子孫後代種下了「毒瘤」！

大明王朝總計十七個皇帝中，像樣的不過兩三個而已；政治制度和框架又有內傷；不男不女的太監又穢亂朝綱──所以明王朝的這兩百多年，總體來說乏善可陳，政治舞臺上充滿了陰謀權術，其間雖然有耿直忠介之士，如海瑞、楊繼盛等，但終歸難以回天，也沒有大的政治作為，難以歸入大政治家的行列。

唯一值得一書的是張居正，儘管這也是個爭議極大的人物。

二

張居正是明萬曆年間的一位著名政治家。他從秀才、舉人、進士，官至內閣大學士，他榮登首輔之位後，理政十年：整飭吏治，刷新頹風；整肅教育，延攬濟世之才；革新稅賦，梳理財政。他的一系列政策使萬曆時期成為明王朝最為富庶的時代，後人曾讚揚他是「宰相之傑」和「救時宰相」。要知道，對一個政治家來說，這都是很高的稱譽，整個歷史長河中也沒有幾個人獲得過這樣的榮譽。也有人將張居正與商鞅、王安石並列，稱為中國封建社會初期、中期與後期最具盛名的三大改革家。

著名歷史學家黎東方對張居正有這麼樣的評論：以施政的成績而論，張居正不僅是明朝的唯一大政治家，也是漢朝以來所少有的。諸葛

亮和王安石二人，勉強可以與他相比。諸葛亮的處境比他苦，不曾有機會施展其經綸於全中國。王安石富於理想，而拙於實行，有本事獲得宋神宗的信任，而沒有才幹綜核僚佐與地方官的名實。

但是，張居正生前大權在握時聲勢顯赫，炙手可熱，聖眷優渥，無與倫比，但死後不久即被追奪官階，家產盡抄，殃及家族，禍連八旬老母，子孫慘死狼藉：張家子孫十幾人，被關在屋子裏活活餓死，大兒子被拷打後自殺。這一點上，張居正和被車裂的商鞅差不多，遠不如王安石幸運了，不是說張居正政治才幹不如王安石，實在是明王朝的政治大環境與北宋相比相差太遠。

直到萬曆末年，才又有人為之說公道話，有文士公開譽之為「救時宰相」。到天啟朝時，許多大臣申請為張居正「平反」。於是熹宗下詔「復（張居正）故官，予葬祭」，最後明王朝官方對之做出的政治評價定論是：

在張居正執政的十年間「海內肅清……荒外警服……力籌富國，太倉粟可支十年……積金至四百餘萬。成君德，抑近幸，嚴考成，核名實，清郵傳，核地畝，一時治積炳然。」「故輔居正……肩勞任怨，舉廢飭馳，弼成萬曆初年之治。其時中外乂安，海內殷阜，紀綱法度莫不修明。功在社稷，日久論定，人益追思。」（見《明史紀事本末》）

仕途政治上的榮辱沉浮起起落落是很正常的事情，歷朝歷代的許多大政治家都有過起落沉浮，但像張居正這樣，政績冠絕一時，下場如此淒慘，又重獲榮光的並不多見。與張居正同時期的大哲學家李贄，在張居正死後一片批評聲中，比較公正地說：「江陵（指張居正）宰相之傑也，故有身死之辱。」

問題是：既然是「宰相之傑」，又怎麼會有「身死之辱」呢？

這確實是一個很難回答的問題。

在中國古代的政治舞臺上，本就充滿了許多不確定的偶然性因素，

自古就有「伴君如伴虎」之說。在政治制度不健全的時候，這種偶然性更加難以把握。許多情況下，謀國與謀身甚至成為難以兼顧兩全的矛盾。

萬曆年間燒製的瓷器

　　首先，在理論上就有一個困惑的問題：國家是什麼？誰是江山社稷的主人？是天下的百姓還是一個皇帝？或者是一個特殊利益的集團（像元朝的蒙古民族和清朝時的滿族就是凌駕於漢族之上的有特殊利益的統治集團）？如果，自封為代表國家利益的皇族或特殊集團的利益與天下百姓的利益一致時，多半是政治比較清明的時候，這個時候，政治家可以把自己的為天下蒼生造福的理想與現實政治生活比較和諧地結合起來，謀國與謀身基本一致：你只要是為國家（皇帝）盡忠，那麼基本上不存在需要絞盡腦汁自保的問題，也不會不見容於朝野。

　　但在非正常的時候，當所謂國家利益代表者已經偏離了正常的軌道的時候，政治家是繼續效忠於原來的朝廷皇帝呢，還是相信天下是天下人的天下、唯有德者居之？是站在老百姓這邊還只站在皇帝這邊？什麼是忠？政治的目的應該是什麼？

　　其次，即使皇帝與百姓的矛盾沒有尖銳到一定程度，但政治綱紀已經敗壞，官場黑暗腐朽，大家都為自己謀利益和安於現狀，不求改進，你是同流合污呢還是孤獨地戰鬥呢？你要想有所作為，必然要觸犯大家的利益，又如何謀身？

　　再者，身在官場，必然有不得已的地方，即使你政治目的是好的，可你並非像諸葛亮那樣的完人，總會犯錯誤，而且有些手段也經不住道學家的推敲，或者，時過境遷，人家拿今天的明規則清算你昨天使用的

潛規則，你又能做何解釋？

大勢不好，或昏君無道時，有些人清高地選擇了隱退，從廟堂之高退居江湖之遠，既博得聲名又全一己之身，是個很「聰明」的選擇。

也有些人隨波逐流，保住自己的既得利益，在官場混嘛，反正只要不出大的錯誤和紕漏，琢磨好皇帝和上級的心思，也好混！

還有一小撮人，不甘於平庸與江湖，所以，他們的路途注定了有許多的艱難坎坷：他們是勇於任事的政治家，但不一定有好下場。

張居正無疑是最後一種人。有人評價說，張居正善於謀國，而不善於謀身——作為政治家，張居正有自己的缺點，但他所處的政治環境也給予了他太多的無奈。

<h2 style="text-align:center">三</h2>

張居正（一五二五－一五八二），字叔大，號太岳。嘉靖四年（一五二五年）出生於荊州江陵（今屬湖北），其父親是一位不得志的秀才，據說他出生時他的曾祖父做了一個奇怪的夢：月亮落在水池裏，四周一片光明，然後一隻白龜從水中悠悠地浮起來。曾祖父認定這個小曾孫將來必定不同凡響，給他取的乳名就叫「白圭」，希望他來日能夠光宗耀祖。

張居正確實聰穎過人，很小就成了荊州府遠近聞名的神童。嘉靖十五年，十二歲的張居正報考生員，其機敏伶俐深得荊州知府李士翱的憐愛。四年後，張居正又順利通過鄉試，成為一名少年舉人。湖廣巡撫顧璘對他十分賞識，曾對別人說「此子將相才也」，並解下腰間的犀帶贈予居正說：「希望你樹立遠大的抱負，做伊尹，做顏淵，不要只做一個少年成名的舉人。」嘉靖二十六年，二十三歲的張居正中二甲進士，選為翰林院庶吉士。

明朝極重翰林，到了張居正時代，已經形成不是翰林不得入閣的慣例。因此，人們一般把翰林視為「儲相」，也就是未來的宰相。之所以有如此說法，是因為朱元璋明確規定不再設立宰相的職位後，他的不熱愛政治的子孫們的變通辦法是由內閣大學士中，找出一位資深能幹者稱做「首輔」——基本上是在行使宰相的職能，且由於皇帝長期不理國務，政治重心自然就落到內閣身上，誰成為首

張居正銅像

輔，誰就能主政，實際上就握有最高的權勢，其他的大學士相當於副相或者就成為了擺設。張居正初入仕時，正是嚴嵩和夏言爭做首輔的時候，嚴嵩獲得勝利並長期把持朝政。隨後，徐階扳倒嚴嵩，高拱又推倒徐階，李春芳被高拱擊敗，高拱又被張居正趕跑——大明王朝的政治中樞上演著一齣齣勾心鬥角的舞臺劇。但要想進入這個舞臺，翰林出身幾乎成為必備的資格。

張居正具備了這個資格，而且，他很聰明，學問、才華、氣度、性情無不具備，因此很得賞識。更令人驚歎的是，當時把持內閣的嚴嵩和徐階，雖然明爭暗鬥，但同時都看好他。在政治漩渦的浪尖上，張居正依然能夠在其中遊刃有餘而不受任何一方猜忌。這種政治天賦，可以說是他日後成功的必要條件。

說到徐階與嚴嵩的爭鬥，我們可以多說幾句，大家從中可以看到一點明王朝政治鬥爭的殘酷與無奈。

嚴嵩不僅是明王朝有名的大奸臣，也算得上是中國歷史上著名的奸臣，而徐階在生前身後則都有不錯的評價。事實上，在嚴嵩當權期間，

徐階也有諸多讓人非議的舉動，比如把自己的孫女送給嚴嵩的兒子做妾；比如以躲避倭寇的名義，入南昌的戶籍，以便和嚴嵩拉上老鄉關係。以是之故，當時徐階與另外一名內閣大學士，曾被時人稱之為「嚴嵩的兩個小妾」。這多少是一種無奈，以當時嚴嵩父子的權勢，要在政治中心舞臺上混，不可能不與他們發生接觸和關係。局外人與後人可以盡情地由著自己的好惡講話，局中人的苦衷往往不足為人道也。

　　儘管徐階要刻意與嚴維持好關係，但嚴嵩父子心中顯然對他有清醒的認識：這人終究是能臣而不是嚴家的奴才，因此嚴嵩依舊一直提防著他，並想把他趕出內閣。有一次，徐階的一個同僚犯了案，嚴嵩以為徐階一定會保住這個同僚，所以想把他也牽扯進去。沒想到的是，當他起勁地在皇帝面前告狀完畢之後，嘉靖皇帝這才慢悠悠地告訴他，徐階是第一個彈劾那個傢伙的。極善隨機應變的嚴嵩當時就愣在了那裏，大半天說不出話來。

　　更有名的一個例子是在嚴嵩失寵之後，朝中大臣聯合起來彈劾這個奸相和他的兒子嚴世蕃，其主要罪狀是殺了楊繼盛、沈煉等忠臣，是一名奸臣。徐階看了這個奏章後問：你們是想嚴世蕃死還是想他活？那些大臣趕緊回答說：當然想他死。徐階就點撥他們說：這奏章上不得，一上嚴氏父子就活了，你們反而要死。殺楊、沈等人雖然是嚴嵩父子的陰謀，但卻是皇上同意了的，你們這不是明目張膽地指責皇上也錯了嗎？還有，嚴嵩父子要是奸臣的話，那重用了他們二十多年的皇上就成了什麼人了？眾大臣當時歎服，徐階就拿出另外一本自己準備好的奏章來，上面的罪狀非常簡單：嚴嵩父子辜負皇上對他們的恩德，竟敢圖謀造反，而且與倭寇海賊有勾結。這奏章一上，皇帝立刻同意了，而嚴嵩父子也就徹底倒臺。

　　徐階與嚴嵩鬥了十多年，幾乎從來沒有與嚴氏父子正面交鋒過，僅僅只是在最後關鍵時刻出手，一下子就致嚴嵩父子於死地。他的陰柔功

奸臣嚴嵩臉譜

夫，稱得上是當世無雙的了。因此史書上雖然也稱他為名相，卻也不得不說他「任智數」——也就是喜歡玩弄權謀的意思。

這位喜歡玩弄權謀卻青史留名的徐階，可以說是張居正的恩師。徐階對張居正賞識和關照有加，張居正也以師禮待之。只不過，日後學生的政績和名聲都遠遠超過了老師，而老師保身的「智數」，學生未能盡得個中奧妙：徐階多少有點把張居正作為傳人來栽培安排的意思，當他被政敵攻擊下臺後，張居正已經被他提拔安排到了重要的位置上，所以能夠保全他。相反，當張居正縱橫政壇十餘年，一旦失勢後，卻沒有繼承自己衣缽的政治接班人繼續在權力中樞，落了個很慘的下場。由此可見，政治上薪盡火傳預做安排的重要性。

嚴嵩罷相、徐階任首輔後，張居正的仕途更加順利。在四十二歲時，張居正終於在首輔徐階的大力提拔下進入內閣，進入權力中樞。

公正地說，徐階任首輔後也是想有所作為的，他下決心改變局面，把政治口號貼在牆上，吃住不離內閣，通宵達旦地處理公務，但對時局的敗壞並無大補，他自己也在對手的攻擊中被迫辭職。

繼任首輔高拱也曾經很器重張居正，是張在政治上的前輩和好朋友。兩個人在共同主持國子監的時候，曾經互相以相位期許。只是高拱的資歷更老一些，因此更早進入內閣為相。不久之後，脾氣耿直的高拱就與陰柔的首輔徐階發生了矛盾，徐階將其趕出內閣，而把「自己人」張居正提拔了進來。。

等到徐階退隱之後，張居正在內閣中是比較孤立的。幸好皇帝有意

起用被徐階趕出內閣的高拱，張居正在高拱復出並擔任首輔的過程中，還是幫了高拱的許多忙，二人成為政治上的盟友，在內閣內形成了一個小的勢力圈子。在一段時間內——大約有一兩年之久——兩個人的關係是非常融洽的，也辦了許多的實事。

兩人關係的破裂是在針對徐階的處理問題上。高拱不是一個心胸開闊的宰相，他對於當年徐階趕他出內閣的事情一直懷恨在心。他東山再起之後，不但在政策方針上全面否定徐階的做法，還指使人四處搜集徐階的過失，鬧得隱退在家的徐階日子很不好過。這個時候，張居正就很不滿了，對於他來說，沒有徐階，就沒有他的今天。因此張居正就很委婉地勸告高拱不要把事情做得太絕。高拱本來有些心動，但這個時候偏偏有人告訴他說是因為張居正收了徐階家人的賄賂才幫忙說情的，高拱立刻大怒，而張居正也憤怒了，指天發誓說沒有這麼一回事。兩人之間的良好關係，就因為這件事情而徹底決裂了。

四

可以說，在進入內閣之前，張居正有著很好的政治天賦，在政治上一直是左右逢源，幾大首輔權臣對他都有很好的印象，都有點把他作為「自己人」栽培的意思，及至已經進入權力核心，大家互相之間的關係就有了變化，張居正也不可能再等著「老人家」來提拔關照自己了——昔日的上司和盟友已經成為他仕途的障礙了，要想政治上再進步，就要搬走這些障礙。從這個意義上說，張居正與高拱的決裂是遲早的事情，哪一件事情成為導火索是偶然，但分手卻是必然。如果是徐階在高拱現在的位置上，張居正將來是否也會動手呢？不好說。

歷史機遇是對張居正有利的。張居正的政治恩師徐階當年未雨綢繆，曾為張居正安排了一步棋：皇帝還是太子時，張居正做過他的老

圈子
的
智慧

師。當時高拱也是太子老師，兩人也是同事，但以張居正之精明，他在太子府中落下的人緣要比高拱好得多，幾乎府中所有的人都說張先生好。現今皇帝多病將不久於人世，而將要繼位的太子還不滿十歲，現今的太子的母親對張居正印象是很好的。

明才子唐寅畫作《落霞孤鶩圖》

在此，我們拉扯一個坊間段子。據《中國古今巧對聯大觀》中說，當時有位名叫艾自修者與張居正同科中舉，艾自修名列在後。春風得意的張居正，碰到艾自修，順口占出一句上聯：艾自修，自修勿修，白面書生背虎榜。

張居正順口出此上聯，只是開開玩笑而已。艾自修很生氣，卻又對不出來下聯。時過多年，終於讓艾自修抓住了一個報復的機會。

據說有一天，艾自修到相府拜會張居正，得知張居正在花園裏賞花，他走進花園，卻見張居正鑽進一個地道，地道直通太后娘娘的臥室。艾自修於是對出下聯：張居正，居正不正，黑心宰相臥龍床。

這些蜚短流長的「地道」故事不足為憑，但也說明了人言可畏或者太后對張居正的好印象。萬曆皇帝的母親李太后出身低微，在她兒子當上皇帝之前，她還只是個貴妃，上面還有高貴的皇后。按照傳統，新皇帝繼位，必須尊先帝的皇后為皇太后，自己親生母親的地位只能排在後面。這種安排，顯然無法讓皇帝和李太后滿意。於是張居正想出了一個聰明的辦法，讓兩位皇太后並尊，沒有了地位差別，從而成為新的定制。而這位聰明的李太后也投桃報李，對於張居正非常支持。《明史》上就記載說，張居正施政，這位李太后「之力居多」。據說她訓斥小皇帝的時候，最喜歡說的一句話就是：「要是讓張先生知道了，我看你怎

麼辦？」言辭之中，對「張先生」充滿了敬意。當然，以後故事的發展又是另外一回事情了。

但在張居正與高拱鬥法的此時，未來的皇太后與皇帝還幫不上張先生太多的忙。關鍵人物是一個不得不提的太監——馮保。

當時的內閣要代皇帝對大臣的奏章擬出批覆意見，並把這些意見寫在「票簽」之上，供皇帝審閱定奪。皇帝定奪之後，交宮內司禮監按皇帝的意見批寫在各本章上。這種負責「批紅」的太監因此權力極大，批紅時往往按自己的意見改動內閣的票擬，或者對皇帝施加影響。而在司禮監中，掌印太監的權力最大，被稱為「內相」，其地位儼然與內閣首輔是同樣的。第二把手，則是秉筆兼提督東廠太監，相當於次輔兼刑部尚書。然後是秉筆太監、隨堂太監，相當於內閣諸成員。

馮保是一個很有才能的太監，在隆慶元年的時候就已經是秉筆兼提督東廠太監了。恰好權力最大的掌印太監出缺，本應該是馮保接位，但高拱卻推薦了另外一個人，因此馮保極為痛恨他。但馮保當時還有些希望，因為新的掌印太監沒多少本事，不可能獲得皇帝喜歡，他還是有可能獲得這個職位的。結果新的掌印太監的確是被皇帝趕走了，但高拱卻又推薦了一個很受皇帝喜歡的太監。

就是在對高拱仇恨到極點的情況下，馮保與張居正聯手，一起將高拱打了下去。隆慶皇帝死時，由於張居正和馮保的手腳，張居正的排名終於排到了最前面。

就這樣，在這場權力之爭中，張居正得到了馮保的支持，終於站在了整個王朝的政府首腦地位上。新皇帝只是個十來歲的孩子，還需要張居正教導他如何學習和做皇帝（做人），太后對張居正尊敬有加，朝中也沒有人再能稱得上是他的政治對手——張居正掌握了實際的最高權力。而他執政的十年，是他個人大展宏圖的十年，也使陰沉昏暗的明王朝中出現了難得一見的富庶的十年。

張居正掌握實際最高權力之後，進行了一系列的改革。

他首先提出以「考成法」整頓官僚機構，隨後陸續實施清通欠、省驛遞、懲貪墨、汰冗官、省支出等多項改革措施。又在全國清丈田畝，清理出歷年詭寄、隱漏及開墾未報的土地，在此基礎上改革賦役制度，推行「一條鞭法」，將田賦、徭役及各項雜稅合併，按畝折納，徵收銀兩，促進了商品經濟的發展，增加了國家財政收入。他還採取厚商措施，整頓錢法，嚴禁私鑄，同時許銀錢兼用，許商稅納錢；他任用名將戚繼光等練兵，加強防禦韃靼貴族的攻擊掠奪，使明王朝北部邊關數十年無烽火之驚；任用潘季馴主持浚治黃、淮，成效卓著……

在張居正的改革措施中，最為人所稱道的是「考成法」和在清查田畝基礎上實施的「一條鞭法」。

張居正的考成法，是針對腐敗的吏治的。作為——個雄才大略的政治家，張居正對明王朝所面臨的問題有深刻認識。他認為當時國力匱乏和盜賊橫行都是由於吏治不清造成的。官吏貪污，地主兼併，引起「私家日富，公室日貧」。基於上述看法，張居正決定從整頓吏治開始他的改革。萬曆元年（一五七三年）十一月，張居正上疏實行「考成法」，明確職責。他以六科控制六部，再以內閣控制六科。對於要辦的事，從內閣到六科，從六科到衙門，層層考試，做到心中有數。改變了以往「上之督之者雖諄諄，而下之聽之者恒藐藐」的拖拉現象。考成法的實行，提高了各級部門的辦事效率，而且明確責任，賞罰分明，從而使朝廷發布的政令「雖萬里外，朝至而夕奉行」（《明史·張居正傳》）。

張居正整飭吏治的目的主要還是「富國強兵」，在施行考成法時，將追收稅負也作為考成地方官員的一項內容。這使懼於降罰的各級官員不敢懈怠，督責戶主們把當年稅糧完納。由於改變了拖欠稅糧的狀況，

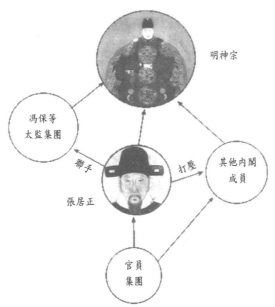

明神宗

馮保等
太監集團

張居正

聯手

打壓

其他內閣
成員

官員
集團

張居正很能幹，把持朝政，卻並沒有形成自己的勢力集團，政治系統中的其他環節和力量都是暫時被他壓制住的，時勢一變，立刻爆發出巨大的反彈。

使國庫日益充裕，扭轉了長期財政虧虛的狀況。

同時，在財政方面，張居正還大力節流開源。一方面，嚴格控制政府甚至包括皇室的各種開支，另一方面，又提出懲辦貪污、清理欠賦和清查田畝等三項措施來開源，其中尤以清查田畝聲勢浩大。

史書資料顯示，在朱元璋洪武年間，全國土地最多時有八‧五億畝，而到了萬曆六年，則只剩下五‧一億畝。兩百年間，為國家納稅的田地減少了三億多畝，全國將近百分之四十的土地，落入豪門富戶貪官污吏手中。張居正的重新丈量田畝，為國家多增了一‧八億畝田地。他的將土地與人口掛鉤的一條鞭賦稅制度，減輕了百姓的負擔和痛苦，卻引起了豪富的不滿。

一條鞭法是中國田賦制度史上繼唐代兩稅法之後的又一次重大改革，是中國稅收歷史上由實物稅向貨幣稅轉變的一個標誌。它把一切征項包括田賦、徭役、雜稅等合併起來編為一條徵收，化繁為簡；把過去按丁、戶徵收的力役改為折銀徵收，稱為戶丁銀，戶丁銀攤入田賦中徵收。需要注意的是一條鞭法還沒有把力役全部攤入田賦，只是部分攤入；「一概征銀」，無論田賦或力役一律折銀繳納，差役由政府雇人充當。清初繼承明制，繼續實行一條鞭法。到雍正年間，又在這一基礎上

圈子
的智慧

230

萬曆年間燒製的瓷器

進行重大改革，實行「攤丁入畝」。

從上述種種措施可以看出，張居正一切的改革著眼於國家的利益，因而他不可能不得罪明王朝政治系統中的大大小小的利益集團：考成法讓眾多官員戰戰兢兢，清查田畝和一條鞭法又將全國的豪門大戶貪官污吏全部給得罪了，唯一受惠的，只有國家。

「我們應該知道，從一五七二年年中到一五八二年年中，帝國官僚政治的效率在某個人的督促下達到了它的頂點，這個頂點還標誌著那個時代在中國社會的政治傳統的束縛下人力所能做到的極限」（黃仁宇）。在種種措施的合力下，萬曆十年，張居正死後，帝國糧庫存糧可滿足九年需要，國庫存銀一千二百五十萬兩，各省省庫存銀均在十五萬到八十萬之間。而在萬曆初年，帝國財政空虛，入不敷出，甚至連官員的俸祿都很難照實發放。

一個人的力量竟然能達到如此地步，的確讓人為之驚歎。但同時，這毫無疑問也必然會埋下禍根。

六

張居正雖然得到了皇帝和皇太后的支持，又有了馮保的幫助，有權力上的足夠保障，然而，大明王朝在當時已走過兩百多年的漫長歲月，各種各樣的弊病已經深入骨髓，張居正的靈丹妙藥只是解決一時之痛，讓病人的臉上重新有了血色和容光——原來就存在的各種毒瘤與病菌不

可能在這幾服藥的作用下消除，而是暫時被壓制住了，被壓制的還包括皇室的虛榮心和皇帝的權力欲望。所有的不滿都在悄無聲息地堆積著，尋找著一個爆發的機會。

事實上，在考成法制定實施之初，就有人跳出來了。而首先發難的，並不是那些在考成法中被廢黜的官吏，而是當時的清流代表——監察御史和給事中。

明朝的清流在歷史上的評價並不怎麼好。中國歷史上的清濁之爭一直延續了上千年，客觀地說，清流對政治起到了一定的監督和制約的作用，清流中有許多耿直忠介之士，冒死直言，促使政治舞臺保持一定程度的清明。但是，從另外一方面說，清流也始終有不了解實際情況坐而論道的不足之處，成事不足敗事有餘的情況也屢見不鮮。明王朝的學術界非常脫離實際，一批文人學士談玄說虛，鄙薄民生實事。他們嘲諷張居正說：「吾輩謂張公柄用，當行帝王之道，今觀其議論，不過富國強兵而已，殊使人失望。」——這幫人連富國強兵都看不起，言必稱孔孟先賢，一直幻想著什麼「三王之治」，完全脫離了實際。而張居正對此報之一笑說：「過譽我矣！吾安能使富國強兵哉！」

當考成法出臺之後，張居正利用科道官員——也就是監察御史和給事中——加強行政紀律，運用他們的彈劾權力支持他的計劃。這位孜孜不倦的大學士制定了一種方案，給事中們由此要將欠稅和帝國各府縣的盜匪案件造冊。所有欠稅必須全部徵收，所有盜匪必須捕獲。中央政府每月和每半年要總結任何未了事務。一個長官除非由給諫官署辨明無罪，他便不能被提升或調職。在某些未清情況下，官員們甚至於退職後被召回以回答有關未盡責任的問題。在這種情況下，科道官員實質上是擔任的審計監督的工作。

這樣一來，這些清流代表的科道官員就很不滿意了。他們本就對張居正勾結太監弄權不滿，更不屑於去做張居正給他們安排的審計監督工

作——在他們看來這是俗吏才做的事情。因此，他們便對張居正大加彈劾。

張居正的施政成績明顯擺在那裏，來自這幫脫離實際的書生的攻擊，不僅讓張居正憤怒，連小皇帝也憤怒了。書生們的這次彈劾當然不會有任何好結果。

但接下來的「奪情事件」則是比較嚴重的一個政治危機。

萬曆五年的九月十三日，張居正的父親去世。二十五日，這個消息傳到北京。按照禮法和慣例，他必須離職守孝三年，即所謂的「丁憂」。

在這種情況下，張居正陷入尷尬之中。一方面，他如果不回家守孝，就立刻會被別人看不起；另一方面，一旦他離職，人走茶涼，許多政策不僅無法保證繼續施行，甚至他的敵人很可能乘機對他發動攻擊，讓他永世不復。

在萬曆皇帝的挽留旨意下，即所謂特殊情況下的「奪情」，他讓他兒子奔喪，自己繼續在京城任職。張居正的這個選擇，毫無疑問給了對他心懷不滿的官員和道學家們一個攻擊他的機會。有不少人抓住張居正父死不奔喪的事，大做文章，紛紛向明神宗上書彈劾，有人甚至在大街揭貼告白攻擊張居正，鬧得滿城風雨。而在這群反對者中，竟然還包括幾個他比較親近的朋友和下屬。他們聯合起來質問皇帝說：陛下以江山社稷為重挽留張居正，然而江山社稷最重要的就是三綱五常。張居正是皇帝的老師，又是首輔，應該為天下人表率，卻置綱常於不顧，難道江山社稷還能安寧嗎？

這個奏章一上，憤怒的張居正和同樣憤怒的皇帝，採用了極端的手段對付這幫無視他們權威的傢伙，那就是廷杖。廷杖的結果，是讓張居正更加的不得人心，甚至連他自己都黯然說：「嚴嵩尚且沒有受到同鄉的攻擊，我卻受到了。我連嚴嵩都不如嗎？」

萬曆皇帝的聖旨

　　當然，也並非完全沒有人支持張居正，處於權力頂層的皇帝、皇太后和大太監馮保都堅定地站在他的這一邊。皇帝最後下令，再反對張居正留任的一律處死，攻擊才平息下來。

　　在這個時候，我們就能夠看出張居正並沒能建立起一個政治勢力集團的弱點了。他完全是憑藉個人的力量來督促整個政策的施行，在他暫時離開之際無法放心地讓人代行他的政策和位置。他雖然也提拔了一些自己的幹部，但並沒有形成有效的梯次配置和緊密的團結。相比較起來，王安石也有起落，但他畢竟還有一個「新黨」在貫徹自己的意圖，那些人的人品暫時不論，但比起張居正一旦遭遇困難就無人可以替代的窘況來看，畢竟還是好得多了。

　　這次奪情事件對於張居正的影響是非常大的。他原本以為自己一心為國，政績也擺在面前，卻沒想到仍會有這麼多的人不依不饒地與他為難。但可惜的是，張居正從這個事件中吸取的教訓是偏頗的。

234

　　在奪情事件以前，張居正在如何處理反對派的問題上比較理智。對於那些「以言亂政」者堅決予以清除，而對持不同政見者，則把他們安排到非要害部門，或令其退休。同時，對於有才能的人才也大力提拔，並不看重他原來是否支持自己。比如一向與他作對的馬自強因精明能幹而受推薦，馬自強「不自意得之，頗德居正」。還有高拱的心腹楊博也被任為吏部尚書。這種做法，無疑極有利於提高他的聲望。

　　但在奪情事件之後，張居正大受刺激，開始以私人愛憎提拔或廢黜官吏，而對於反對者，也不再像以前那麼寬容。他的心理變化不難理解，但作為大政治家來講，這顯然是不足取的。

奪情事件是張居正執政中期發生的一起比較嚴重的危機，因為高層的絕對支持，張居正雖於聲名有損，但權力與改革則沒有受到太大的影響。

　　但時間會慢慢地改變一切。當初非常依賴張先生的小皇帝慢慢長大了。

七

　　馬基雅維利（《君主論》作者）主義者關於什麼是牢固的政治勢力圈子曾經有過這樣一個評定，那就是：在這樣一個圈子中間，只能有一個一號人物，眾多的三號人物，不能存在二號人物。否則，權力的平衡就會被打破，圈子的牢固性也就不復存在。

　　人們往往把王安石和張居正相提並論。這兩個人有很多的相似之處，但不同的地方也很多。

　　我們在前邊已經分析過王安石的變法。王安石的新政，造就出一個新的勢力團體，也就是所謂的新黨。新黨在推行新政中獲得了政治上的利益，因此即使王安石下臺，但新黨為了維護自己的利益，也必須繼續推行新政。同樣的，舊黨也並非僅僅只是司馬光一人，他們為了打壓新黨獲取政治利益，也必然會反對新黨的權力基礎新政，這種狀況同樣不會因為司馬光個人的存在與否而加以改變。新舊黨之爭，並不是王安石與司馬光的個人權力地位之爭。

　　正是因為新舊黨之爭不是王安石與司馬光的個人之爭，因此宋神宗對這兩個人的人品道德非常信任，朝政也相對處於平衡的狀態。我們可以發現，終宋神宗一朝，雖然他對新政大力支持，但朝廷上的舊黨人物並沒有遭到殘酷的打壓，司馬光、蘇軾等人雖然因政見不同而遭貶，但作為政治的平衡力量是始終存在的並對王安石的新黨保持著足夠的壓

張居正故里已成爲旅遊景點

力。那麼在這種情況下，作為這個政治圈子第一號人物的皇帝，才能安心支持王安石的變法，而不用擔心某黨某人會對他的政權造成威脅。而且，皇帝即位時已經是一個成年人，有足夠的權威，是他賞識重用的王安石。在王安石、司馬光等人的頭上，天威是始終存在的。

但張居正就不同了。當他大權在握之時，由於沒有與他相平衡的力量存在，他也就成為了那個政治圈子中毫無疑問的二號人物。

這個地位是非常尷尬的。對上來說，他是威脅者──尤其是對於年幼的皇帝和作為女性的皇太后來說，朝廷中出現一個獨掌大權的臣子絕對是一個潛在的威脅。這種隱憂在他生前沒有表現出來，但卻在他死後表現了出來；對下來說，他是值得取代的對象──由於沒有強有力的對立面，他的下屬並不需要防備敵人而只需要往上爬就夠了；而對於其他人來說，他毫無疑問是一個弄權擅權者──勾結太監和後宮，凌駕於小皇帝頭上，這是張居正很遭人非議的地方。

更致命的是，張居正沒有用政治理想和利益建立起自己的隊伍：用政治理想的旗幟的話，他自己的人格彷彿並不高尚，不用說與諸葛亮比了，比王安石也不行；但他也絕不是政治小人，一味地結黨營私。他是一個有作為的政治家，但不是一股勢力的領袖。

王安石當年還擁有一批既得利益者支持自己，這批既得利益者為了自己的利益，即使王安石不在也會繼續推行他的政策和維護他的利益。而張居正是依靠皇權的權威和個人的才華督促整個官僚機構的運轉，他

沒有造就出既得利益集團和忠心耿耿的追隨者，他的下屬與他之間並沒有一榮俱榮、一損俱損的關係，因此一旦失去皇權的支援以及他個人的死後，也就沒有人會去延續他的政策和維護他的利益，造成了真正的「人亡政息」。他死後，除了一條鞭法保留了下來，其他所有的政策，全部被廢除了。

張居正死於萬曆十年（一五八二年）六月二十日，時年五十七歲。他的死，也有眾多的說法，一說是為國操勞，積勞成疾；也有人說其貪戀女色，史載一代名將戚繼光曾每年向張居正送一種叫「豹膽」的禮物，即海豹的睪丸，有壯陽作用，據說他的「後宮」不亞於年輕時候的明神宗的後宮，很多史官別有用心地稱其「縱欲過度而亡」。無論如何，他的壽數不大，而他的恩師徐階在他死後還健在，一直活到八十一歲。

張居正死後，神宗為之輟朝，贈上柱國，諡「文忠」。

應該說，神宗皇帝對於這位老師和首輔的感情是相當複雜的，可能多少有點類似於當年劉禪對諸葛亮的感情：先是學生對先生、後輩對前輩偶像式的懼怕和依賴，但逐漸隨著年齡的增長，就會有一些青春期少年對長輩和權威管束的反感和挑戰，還有就是皇帝權力被壓制的痛苦——從皇帝日後的表現來看，不論他政治上的成就如何，這傢伙至少是個很有個性的倔強的情緒化嚴重的人，他後來為了立太子的事，與臣子們鬧情緒不上朝達十幾年之久！

張居正的權實在太集中了，神宗皇帝漸漸長大起來後，幾乎難以插手政務。有一次，鬱悶的皇帝與一幫太監取樂，他喝醉酒後，無緣無故把兩個小太監打得半死。這件事讓太后知道了，馬上把皇帝找來，狠狠地責備一頓，還叫左右拿《漢書·霍光傳》叫皇帝讀。西漢霍光輔政的時候，不是有個昌邑王劉賀即位後，被太后和霍光廢掉皇位嗎？現在的張居正的地位就像當年的霍光一樣，皇帝長跪在太后面前承認錯誤。後

萬曆皇帝畫像

來，張居正把引誘皇帝胡鬧的太監全部趕走，太后還讓張居正代皇帝起草了罪己詔。像諸如此類的對皇帝管制和約束事情還有不少，皇帝對張先生不可能沒有看法：皇帝的威嚴何在？

再說，張居正當國十年，所攬之權，是皇帝的大權。在權力上，張居正隱然已經是皇帝的對立面。張居正去世，皇帝不得不表現出對其的「哀悼」，但他的心底到底是怎樣的想法，只有天知道。

政治的風向標在轉變。

就在張居正去世後的第四天，御史雷士幀等七名言官彈劾潘晟，神宗命潘去職。潘晟乃居正生前所薦，他的下臺，說明了皇帝對張居正態度微妙的變化。

整個事態發生變化的導火索是在馮保身上。萬曆皇帝對馮保相當厭惡，因為這位太監經常管束他。因此在張居正死後，一封彈劾馮保的奏章送到皇帝面前，皇帝高興地說：「我等待它很久了。」他怎麼也無法想像到，對馮保的調查卻將張居正的許多見不得光的事情給抖露了出來：原來這兩個人已經勾結很久了，原來高拱是被他們聯手打壓下去的，原來張居正並不那麼清廉，原來他有那麼多作威作福的事情，原來張居正並不那麼偉大……許多的原來，促成了一個偶像的破滅，也使壓抑心中許久的不滿情緒強烈反彈。

同時，被張居正強力督責的官吏們也敏感地把握到了皇帝的心態，彈劾張居正的奏摺適時地送到了皇帝的面前……

就這樣，在張居正死後大概還不到半年的時間裏，皇帝是下令抄張居正家，並削盡其官秩，追奪生前所賜璽書、四代誥命，以罪狀示天下，還

差點剖棺戮屍。他所有的功績都被否認，所有的榮譽都被剝奪，他的兒女子孫活活餓死了十多人，一代能相之家竟落得如此可悲的下場。

人亡而政息，張居正在位時所用的大批官員也都被清算，被他貶斥的官員重新回到政治舞臺。因為張居正事件的緣故，關於人品與才能的爭論充斥了朝野，甚至出現了「君子無才，小人有才」、「寧要無才的君子，不要有才的小人」之類的話語。整個國家失去了國策規劃上的現實目標，而陷入空洞的「君子小人」之間的道德爭論。其結果，則是造成派系林立，才能與素質是否和職位相稱，已經不再有人關心……

八

在張居正死後四十多年，有一位老人，開始為昭雪張居正的冤屈而四處奔走。他叫鄒元標，是東林黨人的創始人和領袖。

四十多年前，鄒元標剛剛考中進士，恰巧遇到了張居正的奪情事件和此後發生的廷杖事件。年少氣盛的他，當時就上了一封奏章，以非常激烈的語氣痛斥張居正為豬狗不如的禽獸。他也因此而遭受杖責，並留下終身殘疾。

四十多年後，同樣是這個鄒元標，此時他已名重天下，擔任國家重臣。這個時候，他醒悟了，面對著黨派林立即將分崩離析的帝國他不得不醒悟了，他要求重新評價張居正，重新恢復張居正時代的政策。

只是，在那時，一切都已經晚了。儘管後來明王朝為這位功臣恢復了政治名譽，但已經無法恢復國家的元氣了。

「世間已無張居正」。此後的大明王朝，在揮霍完張居正為它積累的財富之後，就逐漸走向了沒落的盡頭……

中國第一「富翁」的官場經營──和珅的小人圈子

一

二〇〇一年，《亞洲華爾街日報》曾選出在過去一千年來，全世界最富有的五十人。在這五十人中，有六名是中國人，他們分別是成吉思汗、忽必烈、和珅、太監劉瑾、清商人伍秉鑒和宋子文。

這個評選的標準不得其詳，像成吉思汗和忽必烈，如何界定其個人財產與國家財富的分界，很值得商榷。伍秉鑒和宋子文如何發家致富，跟本書的主旨也沒有什麼關係。而劉瑾與和珅確實是中國歷史上有名的「富翁」了。

明朝大太監劉瑾被處死後，在他的家中搜出黃金三十七萬公斤，白銀八百零五萬公斤，而明末國庫僅有二百萬公斤白銀──富可敵國，他可算是一大富翁了。

然而和和珅比較起來，劉瑾之輩也只能算是小巫見大巫了。

據載，和珅的家產，在嘉慶四年查抄時，統計為一百零九冊。如果把清單詳細列出來，足夠一本書的篇幅，其中的一小部分，大約有二十六冊做了估價，價值在二億兩白銀以上，估算其總資產當有八億兩白銀以上，少說也有四個劉瑾。恐怕當時關在牢中的和珅本人也沒有想到他自己會有這麼多錢，他只知道自己有錢，金銀珠寶到處都是，夾牆內藏著黃金，地窖內埋著白銀，珍珠、玉器、珊瑚、瓷器、字畫、房產、錢莊……，他和珅怎麼能計算清楚自己到底有多少錢？嘉慶皇帝組織一個

240

班子，費時費力地替他點清楚了。

如果按購買力平價折合成今天的人民幣，大概有二百五十億左右。平均分配給今天全中國十三億人，每人大概可以得到二百元。

乾隆末年，國家財政每年的實際收入大概是七千多萬兩白銀，和珅的財產相當於清朝盛世十年的財政收入。當時流傳著一句話是：「和珅跌倒，嘉慶吃飽」。

這一位，才算是真正的天下第一大富翁。

那麼，和珅的錢從哪裏來的呢？他是滿洲正紅旗人，雖然是當時的高貴血統，但他少年的時候家裏卻很窮，也就是說，他沒有繼承到什麼祖產。這個龐大的天文數字，是他在幾十年的宦海生涯中，日積月累搜刮起來的。在乾隆晚年，和珅權勢之盛，無人能及，「寵任冠朝列矣」。這位中國第一「富翁」，同時也是中國第一貪官。

由於乾隆的寵信，和珅的官職在清朝近三百年歷史上是空前絕後的。和珅的官，武職——鑲藍旗滿洲都統、正白旗滿洲都統、鑲黃旗滿洲都統、步軍統領；文職——內務府大臣、御前大臣、議政大臣、正白旗領侍衛內大臣、正黃旗領侍衛內大臣、軍機大臣、領班軍機大臣、協辦大學士、文華殿大學士、戶部尚書、吏部尚書、兼辦理藩院尚書事；學職——殿試讀卷官、日講起居注官、《四庫全書》館正總裁、石經館正總裁、國史館正總裁、翰林院掌院學士；錢官——崇文門稅務監督；內職——兼管太醫院、御藥房事務；爵位——太子太保、伯爵、公爵。

二

翻看浩如煙海的中國歷史典籍，大致上，我們能發現這樣一個規律，那就是：所謂的權相奸相，往往只能出現在庸君昏君或者幼君的統治時期。也就是說，是因為一把手缺乏才能，所以才導致了奸佞之輩坐

上二把手的位置，並長期為禍於天下。而在明君賢君的統治下，這樣的情況是很難出現的。

但很難出現，並不表示絕對沒有可能。

在中國歷史上的幾百個皇帝當中，乾隆絕對不能算是一個昏君或者是壞皇帝，「康乾盛世」是有歷史公論的。然而，這個太平皇帝時間久了，莫名其妙地養出一個中國歷史第一貪官和珅來。

其實，仔細分析其內在原因，和珅出現在乾隆一朝，是有著必然原因的。

在此，我們應該先分析一下乾隆皇帝（愛新覺羅・弘曆）這個人。

在分析康熙皇帝的那一章節中，我們曾經提到過弘曆。小弘曆的資質很不錯，康熙皇帝非常喜愛這個孫子，在他十二歲時曾特地把他帶到宮中親自教育，在康熙三十五個兒子上百個孫子中，這是絕無僅有的待遇。康熙之所以傳位給雍正，據說就有弘曆的原因，所謂的「佳子佳孫，可保大清三代江山。」以康熙之英明，如此青睞和看重這個孫子，足見弘曆的天資。

弘曆從父親手中接過江山社稷之後，也確實沒有辜負爺爺的厚望，文治武功，均有可圈可點之處，有史家認為：乾隆一朝的政治、軍事、經濟、文化，均達到中國封建時期的頂峰。乾隆也自視甚高，除了對他爺爺聖祖康熙保持敬意以外，對歷代帝王大都不放在眼中，晚年自誇「十全武功」，自號「十全老人」。

乾隆的統治可以分為兩個階段，其早期勵精圖治，所表現的政治才能不遜於其父祖，但到晚年，則飄飄然忘乎所以，自我感覺非常良好，好大喜功，藻飾太平。

其實，在歷史上這樣的皇帝也不乏其人，本人很有才情，前半段也頗有作為，但到了後期，就志得意滿起來，躺在以前的功勞和威望上，不容許有人攻擊他開創的太平盛世，只喜歡聽歌功頌德的話，只喜歡投

自己所好的人……在這種情況下，英明
領袖往往晚節難保，很多長袖善舞的小
人逐漸就有機會圍繞在其身邊，小人得
進，則賢臣遠矣。而且，封建帝王全部
是終身制，雖然英明半輩子、糊塗半輩
子的現象很常見，但也沒什麼好的辦法
——人家沒有駕崩，你要怎麼樣，就是
犯上、謀反！

乾隆皇帝畫像

　　當然，這其中除了帶有普遍性的規
律以外，還有個人的性情和偏好的因
素，具體到每個皇帝身上，都有不同的表現形式。如唐玄宗李隆基是在
「開元盛世」之後得了一個絕代佳人楊貴妃，從而逐漸「墮落」的，而
乾隆呢，則寵信了和珅，雖然沒有激起大的社會動盪，但也由著和珅把
大清國十多年的財政收入都搬到了自己的家裏。

　　在乾隆早期，曾重用過孫嘉淦。孫嘉淦是大清朝不可多得的名臣，
耿直不阿，鐵骨錚錚，他曾給乾隆上過一篇奏摺：

　　小人進而君子退者，無他，用才而不用德，故也。德者，君子之所
獨，才則君子、小人共之，而且小人勝焉。語言奏對，君子訥而小人佞
諛，則與（人君之）耳習投矣。奔走周旋，君子拙而小人便辟，則與
（人君之）目習投矣。即課事考勞，君子孤行其意而恥於言功，小人巧
於迎合而工於顯勤，則與（人君之）心習又投矣。小人挾其所長以善
投，人主溺於所習而不覺，審聽之而其言入耳，諦視之而其顏悅目，歷
試之而其才稱乎心也。於是小人不約而自合，君子不逐而自離。夫至於
小人合而君子離，其患可勝言哉！

這是一篇可以千古流傳的好文章。孫嘉淦把小人和君子的區別、小人如何得到寵倖分析得明明白白：小人和君子都有才，君子有德而小人沒有，小人也有君子所沒有的本事——「三投」，也就是巧言令色、不擇手段地投上所好；當小人得志而君子被迫離開時，「其患可勝言哉！」

　　古代也有一位名相用另一種方式就同一個內容勸誡過君王。那是在春秋戰國時期，有一次，管仲陪著齊桓公來到馬廄。齊桓公隨口問了一句：「馬廄裏什麼活最難幹啊？」沒等馬廄裏的官員說話，管仲搶著回答說：「我曾經在馬廄裏幹過活，我認為是編柵欄的活最難。」齊桓公不解，管仲解釋說：「編柵欄的難處在於選擇木料，如果一開始用了直的，那彎曲的就不會混進來，同樣，如果一開始就用了彎曲的，那麼直的就不好用上了。曲直不相容啊！」

　　齊桓公是個聰明人，馬上就明白了管仲的意思，而且當時的齊桓公正是雄心壯志要大幹一番事業的時候，所以對管仲的話深以為然：君子與小人很難相容，用了小人，會把君子趕跑的；用了君子，則小人也很難再混進來。

　　話再說回來。乾隆在早期也不讓於齊桓公，他對孫嘉淦也是信任有加，對孫嘉淦的直言不以為忤。可到了後期，就不是那麼回事了。

三

　　對於一位才華比較出眾自視甚高的領導，想拍他的馬屁也不是那麼容易做到的事情。乾隆不是常人，不是庸君昏君，而是自詡為聰明能幹學識淵博的明君賢君。對於這樣的一位君主，你太聰明不行，太愚蠢也不行，太庸俗不行，太高雅也不行，不拍馬屁不行，拍得太明顯也不行，實在是很難侍候。

　　據野史記載，有一次傅恆（乾隆的小舅子，曾任首席軍機大臣）曾

經在私底下問才子紀曉嵐，為什麼他們幾個經常被乾隆罵得狗血淋頭，而紀曉嵐卻很少挨罵，這其中有什麼秘訣。紀曉嵐回答說，也沒什麼秘訣，就是偶爾犯一些無關緊要的小錯誤。傅恆大吃一驚，說，犯錯誤該挨罵才對啊！紀曉嵐說，這你就不懂了。皇上是千古難逢的聖君，自然比我們這些大臣高明得多。你一點錯誤都挑不出來，怎麼能顯示出皇上比你聖明？傅恆一聽，猶如醍醐灌頂，立刻心悅誠服地對紀曉嵐說：佩服佩服！你算是救了我一命啊！

從紀曉嵐的回答中，我們大致上已經可以想像乾隆的性情了：一般人他瞧不上，可你太能幹了，要表現得比皇帝本人還聰明也不行——必須是人才加奴才。

和珅是一個人才，更是一個奴才。

和珅姓鈕鈷祿氏，是滿洲正紅旗人。他的祖上是滿洲貴族，雖然以軍功起家但卻一直沒有獲得高官厚祿。他的父親見武職無望，就希望自己的兩個兒子能夠走上文職道路，為家門增光添彩，於是就將和珅和他的弟弟和琳送進了官學就學。

當時在官學中，有許多的貴族子弟，把官場中的虛偽、傾軋及種種傳聞，當作新聞來販賣。和珅在此不但學到了書中的學問，也學到了官場的學問。聰明的和珅用心讀書，為人謙和，很贏得了一些人的讚許。當時的著名學者袁枚就曾稱讚和珅兄弟二人知書達禮，聰明機智。時任刑部尚書兼戶都侍郎和正黃旗滿洲都統的英廉對和珅也非常滿意，將自己心愛的孫女馮瑪氏嫁給了他。後來和珅應舉不中，英廉就一手策劃，使他成為協同管理皇帝鑾輿、儀仗的侍衛。這個差使雖然地位不高，但好在能夠接近皇帝，有一步登天的機會。而善於投機取巧的和珅，也正好抓住了這樣的機會。

關於和珅的得寵，有好幾個版本的說法，其中一個是這樣的：

有一次，乾隆皇帝出宮。起行之際，倉促間找不到御用的黃龍傘

蓋。乾隆很生氣，借用《論語》上的一句話發問：「是誰之過歟？」在場者面面相覷，不知如何回答。此時和珅卻立刻站出來答道：「典守者不得辭其責。」

乾隆帝很吃驚，因為《四書》上對上句話的注解是：「豈非典守者之過邪？」這裏，和珅變通得自然貼切。他回頭看了看這位年輕人，只見他脣紅齒白，相貌俊美，舉止合體，看上去機敏靈活，心中不覺充滿了好感。

乾隆皇帝是一個很愛才的人，當場就把和珅叫過去詢問。而和珅回答得很得體，很讓乾隆皇帝滿意。

就這樣，和珅通過這一句話獲得了乾隆皇帝的青睞，讓他總管儀仗隊。不久，又升為御前侍衛兼副都統，管理官中的瑣碎事務，如儀仗排列，護從派遣，車馬準備及膳食等事宜，每日形影不離地跟隨在乾隆帝左右。而和珅也就緊緊抓住了這千載難逢的機會，憑著自己的機靈聰敏，留神觀察，細心揣摩，漸漸了解了乾隆皇帝喜歡被人奉承的脾氣，為他迎合乾隆皇帝的心意而做好準備。

應該說，和珅是非常聰明的，當他將全部心思用到研究琢磨乾隆皇帝身上後，達到了一般臣子所不能到的「境界」。

據說有一次順天府鄉試，題目照例由皇帝「欽命」。和珅通過宮內太監，得知乾隆帝在命題時翻著《論語》，當第一本快翻完時，忽然似有所悟，立即提筆命題。和珅據此揣摩了一番後說：「這次肯定要考《乞醯》這一章。」考題發下果然如此。原來這一年是乙酉年，「乞醯」兩字中正好包含「乙酉」兩字。

還有一次，乾隆在半路上突然停了轎子，卻又不說自己想做什麼。身邊的侍衛莫名其妙，和珅卻趕緊在旁邊的古董店裏買了個瓦盆送進轎子裏去——原來皇帝陛下尿急了。也虧和珅想得到。這簡直太神奇了。

《清朝外史》中載有這樣一件事，一日乾隆召和珅入見，嘉慶帝也

在。乾隆閉目良久，口中喃喃而語。嘉慶極力諦聽，終不能解一字。乾隆突然張目曰：「其人何姓名？」和珅應聲對曰：「高天德，苟文明。」乾隆復閉目誦不輟。事後，嘉慶問和珅何意。和珅對曰：「上皇所誦者，西域秘密咒也。誦此咒，則所惡之人雖在千里外，當立死。即不死，亦必有奇禍。奴才聞上皇持此咒，知所欲死者，必為白蓮教中之首領，故竟以此二人名對也。」

事實上，在中國歷史上，還有另外一個人也具有和和珅差不多的才能，那就是明朝奸相嚴嵩的兒子嚴世蕃。當時是嘉靖皇帝在位，這位皇帝有個脾氣，就是發出的命令像天書一樣。有一次嚴嵩上奏摺想提拔一個叫胡宗憲的官員，皇帝批示：「憲似速，宜如何？」嚴嵩理解皇帝的意思是：胡宗憲好像提拔得太快了，應該怎麼辦你們再討論討論。嚴嵩以為有戲，打算再爭取一下。結果他兒子嚴世蕃看了之後說，胡宗憲沒戲了，你推薦楊宜吧——這裏的「宜」居然不是「適合」的意思而是人名——事實上果然如此。如果沒有這個「天才」兒子對皇帝的刻苦鑽研深明聖意，嚴嵩想保住嘉靖皇帝的十六年寵信幾乎是不可能的事情。

嚴世蕃還有一個才華就是精明到了極點，能夠將全天下所有官職的肥瘦進出計算得清清楚楚，從而為他父親賣官鬻爵安排各種官員提供了理論依據。因此當時人都知道，嚴嵩可能能騙過，但絕對騙不過嚴世蕃。在這一點上，和珅還是比不上他的。

但和珅也有許多比嚴世蕃強的地方。

第一是和珅確實是個人才，有一定的能力。例如，清朝疆土遼闊，民族眾多，而許多少數民族在清朝的政治生活中都佔有極其重要的地位。和珅通曉漢滿蒙藏四種語言，辦事又機敏靈活，乾隆在處理民族事務方面很倚重他。

據《八旗通志》記載：「去歲用兵之際，所有指示機宜，每兼用清、漢文。此分頒給達賴喇嘛及傳諭廓爾喀敕書，並兼用蒙古、西番字者，殊

難其人，惟和珅承旨書諭，俱能辦理秩如」。和珅還具有較豐富的外交經驗，曾多次負責接待朝鮮、英國等國的使臣。英使馬戛爾尼曾評論和珅說，和珅在談判中「保持了他尊嚴的身分」、「態度和藹可親，對問題的認識尖銳深刻，不愧是一位成熟的政治家」。

而且，和珅善於理財錢，首先是善於為乾隆理財，能夠不動用國庫滿足乾隆經濟上的要求，其次是「順便」為自己理財。

乾隆是一位喜歡享受的皇帝，凡事都追求華麗，晚年生活更是極度奢華。「乾隆乾隆，花錢花個大窟窿」：他六次南巡，沿途建造了三十個行宮；他擴建圓明園和避暑山莊，仿造江南風景修建娛樂場所；他八十歲時舉行萬壽大典。這些都需要大量的銀子，而許多銀子是不方便從國庫財政支出的，銀子從哪裏來呢？

有和珅在，這一切似乎都不成問題。和珅就替他找到了新的財源。一個是崇文門關稅，一個是議罪銀，再加上他又兼任戶部尚書、內務府大臣等財政要職，此他事實上就是乾隆的財務管家。乾隆只需要通過他就可以肆意滿足自己的經濟欲望，方便快捷而又隱密，能不信任他重用他嗎？

所以說如果和珅沒有真實才華，乾隆最多只會把他當作一個寵臣看待而不會當作一位能臣加以重用。而和珅被稱為「二皇帝」權傾天下，首先就是因為他確實有一定的才幹，是乾隆需要而不用防範的人才。

第二是善於揣摩聖意，迎合乾隆的意思，投其所好，而且，和珅拍乾隆馬屁的功夫簡直到了不著痕跡的地步。他知道對於像乾隆這樣有一定才華的主子，直接肉

和珅畫像

和珅手跡

麻地拍馬屁是得不到好感的，反而會被看不起，所以他採用了諸多高級的方式。

例如，乾隆一生喜愛做詩、書法，和珅為了迎合乾隆，在這些方面下了不少工夫，並達到了較高的水準。乾隆的書法很見功力，和珅的字酷似乾隆，可能是他刻意摹仿的，大學士英廉曾經稱讚和珅的書法「渾厚飽滿，雍容中又蘊挺拔」，乾隆後期的有些詩匾乾脆交由和珅代筆。掛在北京故宮崇敬殿的御制詩匾，據考證就是由和珅代筆。

和珅並不像紀曉嵐一樣到處題字盡露其才。才華對他來說只是討好皇上用的，不是可以顯擺的。他有他在官場上的金科玉律：絕不在不相時宜時現山露水，尤其是在乾隆面前更加謹慎。風雅可以附庸，掌握一個度很重要。

和珅知道鋒芒過露、咄咄逼人、恃才傲物，就會給天子以壓力，天子舉用和提拔你時不免會心有餘悸。大臣們把天子當天子，而和珅與天子很近，他知道乾隆也是凡人，也有凡人正常的心事，在皇帝面前顯擺才氣不如記熟了皇上寫的幾百首詩歌，並常常向皇上請教一下詩中妙語的出處。對皇帝的詩你讀得再透，也不過是在嚼皇帝的剩飯，這樣的風雅再附庸也不為過。

第三是在生活上對乾隆照顧得無微不至，刻意攀親。

有才華的大臣很多，也有不少人善於拍皇上的馬屁。和珅的才學與身經百戰的阿桂，出身名門、才高八斗的劉墉，有大清第一才子之稱的紀曉嵐等人相比，似乎還有差距，所以他還得有自己獨到的辦法。

和珅在乾隆面前，不自稱「臣」而自稱「奴才」，特別注意在生活上對乾隆關懷備至，乾隆身體不適，和珅一望即知，恭身上前，親自為

他捶腰，閒暇時，還給乾隆講一些市俗的俚語笑話，逗得乾隆開懷大笑，這豈是別的大臣能做到的。

乾隆年歲較高後，偶感風寒便咳嗽。朝鮮使臣就曾看到，當上朝遇到乾隆咳嗽，身任宰臣的和珅便在金殿上親手為皇帝捧唾盂。

在無微不至地關懷下，乾隆幾乎把和珅當家人一般看待，將自己最心愛的女兒和孝公主嫁給了和珅的兒子。

和珅長子出生後，和珅從一開始即下定決心，為長子盯準了乾隆最寵愛的小公主。於是，經常帶長子在宮中行走，不斷製造長子與乾隆見面的機會，果然，皇帝見到和珅長子雖年幼，但眉清目秀，與和珅的俊朗長相別無二致，心裏喜歡，便賜名豐紳殷德，豐紳二字在滿語中是有福澤的意思。

第四是忠心耿耿守口如瓶，能夠替乾隆做一些別人不方便做的事情。

乾隆皇帝是眾所周知的風流皇帝，而這位風流皇帝偏偏還假裝正經愛惜名聲，因此許多的事情都是由和珅悄無聲息地替他安排辦理的，非常符合他的心意。因此對於乾隆來說，和珅就是他私生活中必不可少的親信。

和珅對乾隆忠心耿耿，儘管乾隆知道和珅在為自己辦差的同時，順便把自己的腰包也辦得鼓溜溜的圓，但乾隆深信和珅沒有政治上的野心，對自己沒有二心，再加上自己確實離不開他，所以才一直護著他。

和珅的種種行為，都使得乾隆對他非常寵愛，終其一生都沒有改變。

對於和珅的獲寵，清人筆記野史還有多種說法：一是據說乾隆還是太子的時候，對於他父親雍正皇帝的一位嬪妃非常著迷。由於他調戲該妃，被母后發現，該妃立刻被賜死。由於該妃是自縊而死的，所以死後脖子上留下一道紅色印痕。等到乾隆三十八年見到和珅時，他覺得似曾相識，一下子又想不起在哪裏見過，但卻久久難忘。回宮後，追憶少年

到壯年時期的往事，才明白和珅與自己著迷的那位妃子有些貌似。於是召和珅進來，讓他跪近御座，低頭看他的脖子，果然有一道紅色印痕，因而心裏認定和珅是那位妃子轉世便倍加寵愛，對和珅後來的貪恣睜一眼閉一眼。乾隆將要退位時，對和珅說：「我和你有宿緣，所以能像這樣相處，後人將不會這樣容忍你的。」二是乾隆與和珅可能有斷袖之歡。清代官場上有好「男風」陋習，乾隆可能也受時風所襲。如御史錢灃就曾指責和珅辦公地點「相近寢禁」。

無論是正史也罷野史也罷，總之一句話，和珅獲得了乾隆的寵信，是他權傾天下的最重要原因。

四

乾隆年間的名將福康安，他是傅恆的兒子，民間傳說中乾隆皇帝的私生子，深得乾隆信任和重用的一代名臣，對於和珅，曾經下過一個很經典的評語。他說，那是一隻御蝨！

什麼叫御蝨呢？就是長在皇帝身上的蝨子。蝨子這種害蟲，既吸血，又傳播疾病，誰看到了都會忍不住一巴掌拍死它。然而這蝨子長在皇帝身上就很難辦了，因為你那一巴掌打下去，皇帝認為你不是在打蝨子，而是在打他。皇帝就會很生氣。皇帝一生氣，後果就很嚴重。

因此，御蝨是動不得的，雖然你明知道它是害蟲。

和珅的高明之處，就在於他讓自己成為了一隻御蝨。他知道，他的青雲直上直至大權獨攬，不是靠的操勞國計民生，也不是靠的戰功和政績，完全靠的是一套討好皇帝的逢迎本領。因此，他非常地謹慎，僅僅使自己只成為一隻蝨子，在皇帝身上吸一點血，最多癢一下，絕不離開皇帝去吸別人的血，也絕不咬重了讓皇帝感覺疼痛。這中間尺寸的把握，是非常微妙的。

為什麼這麼說呢？其實我們看看和珅所擔任過的職務就知道了。

　　和珅所擔任的職務，除了外交和民族事務外，基本上都是與財政有關係。他任過戶部侍郎、戶部尚書、內務府大臣等職，又兼任過崇文門稅務監督，並長期管理戶部三庫（銀庫、緞匹庫、顏料庫）。這些全都是財務要職。而他同時又負責圓明園、避暑山莊等工程的擴建工作。也就是說，管錢的是他，花錢的也是他。這一管一花之中，自然有無數文章可以做，而且很難被別人發覺。圓明園的擴建花費了三億多兩白銀，而和珅從中間侵吞了多少則是無法計算的數字了。

　　和珅還有一個重要的職務，就是負責收繳議罪銀。議罪銀又稱罰銀或自行議罪銀，主要針對各省督撫、鹽政、織造、稅關監督等大員而設。他們一旦犯罪，就必須交出罰銀，以免於查處。罰銀的數額視罪狀的輕重而定。這些罰銀歸皇帝私人支配，不歸國庫。和珅作為乾隆皇帝的私人財務大總管，議罪銀制度當然由他來負責。這就為他造成了幾大好處：第一，可以貪污部分議罪銀；第二，可以借此索賄受賄；第三，也是最重要的一點就是，可以借此拉攏人際關係，形成自己的勢力。

　　乾隆晚年，官場的腐敗已然成風。許多官員擔心自己被議罪而罰以巨款，便早早向和珅行賄，以防不測。這樣，一旦獲罪，和珅從中周旋，就會大事化小，小事化了。而和珅也因此建立起了龐大的人際網路關係。這個人際網路關係是非常重要的，因為貪官們官官相護，其勢力足以遍布朝野，也更有利於和珅貪污。

　　然而，透過這種種職務後面，我們再仔細看看，就會發現和珅所擔任的職務幾乎都與皇帝的私人事務有關：內務府大臣是管理皇帝和內廷開銷的；崇文門稅務和議罪銀是負責撈錢交給皇帝私人花用的；圓明園與避暑山莊是給皇帝陛下享用的。也就是說，他是乾隆皇帝的私人財物大總管，一旦查他的賬，就是查皇帝的賬。──誰敢？

　　而另一方面，我們同樣也會發現，和珅很聰明，他只是貪污，不干

涉軍政。他給自己的定位就是一隻蝨子，一隻稍稍吸點血但不會危害主人的蝨子。他不像江充那樣會逼死太子，也不像李林甫、楊國忠那樣弄權擅權，所以乾隆皇帝能夠容忍他。

和珅也曾經想表現過一回。那是乾隆四十六年（西元一七八一年）回族起義時，和珅作為欽差大臣趕赴前線。他急於立功，讓清軍急進，被起義軍打得落花流水，所有將領都拒絕聽從他的指揮。軍機大臣阿桂趕到後向和珅詢問失敗原因，和珅說將帥傲慢不聽指揮。第二天，阿桂召集將領，讓和珅坐在旁邊觀看，所有調撥，諸將領皆遵其命。布置完畢，阿桂問和珅：「怎麼沒見誰傲慢呢？」把和珅弄得非常尷尬，隨即打發他回京。這件事情乾隆皇帝很清楚，所以他以後很少讓和珅干涉軍政大事——而和珅也收斂許多，不再在這方面表現了。

事實上，和珅有一個過人之處是，他不怕丟面子。在皇帝面前他也會犯錯誤，表露出自己的短處——比如在軍政大事上的，因此乾隆皇帝在這些方面訓斥他時他從來都是乖乖接受。這就給乾隆造成了一種印象，就是和珅只善於理財不擅長軍政，不會對自己的統治造成威脅。而和珅的收斂也讓他覺得這是個識大體的人，值

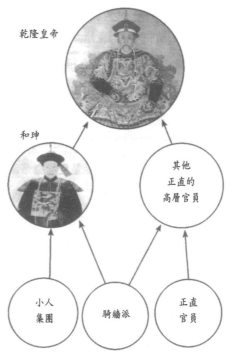

乾隆皇帝

和珅

其他
正直的
高層官員

小人
集團

騎牆派

正直
官員

在和珅長時間精心地侍候下，乾隆已經離不開和珅，而且和珅把自己的利益完全與乾隆結合到了一起，難以分割，成為「御蝨」。下邊趨利避害的官員也爭相投靠。

得信賴。這樣一來，和珅的貪污，對於他來說其實也並不是什麼重要的事情了，因為晚年的乾隆滿足於已有的功業，已不再像早年那樣克己勤政，兢兢業業，而是一味享樂，只求能維持這種「盛世」局面。他追求享樂，就離不開和珅，因此對於和珅的那些小動作也就不太在意了。用一句俗話說就是：又要馬兒跑，又要馬兒不吃草，怎麼可能？也就是說，乾隆也知道和珅是只蝨子，但這只蝨子既然咬得不痛也傳播不了什麼疾病，而且還頗有用，也就懶得打了。

　　《清朝外史》中所云：「和珅在乾隆朝為第一權臣，驕橫跋扈，天下皆知。豈以弘曆之英明老練，而反不覺其奸，直至嘉慶四年，弘曆既歿，始由顒琰正其罪哉，此其間蓋有故焉」。到底是什麼原因呢？

　　大概就是這幾點：第一，他讓乾隆離不開他；第二，他威脅不到乾隆的統治；第三，他雖然有問題，但這些問題是乾隆可以容忍的，不會失去乾隆的寵愛；第四，他的問題基本上與乾隆緊密聯繫在一起，政敵不敢攻擊這些弱點，也就無法動搖他的地位。也就是說，和珅將自己的利益完全與一把手的利益緊密聯繫在了一起。任何人都知道他貪污，可任何人都不敢告他貪污，因為那牽扯到皇帝。所以朝廷的每一次清查，不僅無法查出和珅的貪污，反倒讓他的財產來源更加合法化。

　　乾隆皇帝早把孫嘉淦當年的話拋到九霄雲外了！

<h2 style="text-align:center">五</h2>

　　和珅雖然是只權勢薰天的「御蝨」，讓人感覺無法下手，但還是有正直之士希望能將他扳倒。

　　典型的例子是乾隆五十一年（西元一七八六年）六月，御史曹錫寶彈劾和珅家人劉全：「（劉）本係車夫，浩管家務，服用奢侈，器具完美，苟非侵冒主財，克扣欺隱，或借主人名目，招搖撞騙，焉能如此？」

當時和珅正在熱河陪著乾隆，推說不知此事。事實上，在乾隆接到奏摺之前，和珅已經從自己的黨羽吳省欽處知道了這一消息，立刻命令劉全立刻毀其居室、衣服、車馬，凡有逾製一切器具，全部藏匿，不留痕跡。如此一來，自然查不出什麼證據，和珅倒打一耙，乾隆也偏袒和珅，最後的結論是：一，劉全「久在崇文門代伊主辦理稅務有年，其例有應得之項，稍有積蓄，亦屬事理之常」。二，曹錫寶參奏，「或其意竟本欲參劾和珅，而又不敢明言，故以家人為隱約其詞，旁敲側擊，以為將來波及地步乎？」這位一心為國的監察御史不

乾隆觀畫圖

僅沒告成和珅，反倒被皇帝懷疑他的人品，幾年之後就活活氣死了。

和珅為了確保於己不利的輿論傳不到皇帝耳中，對監察制度進行了一系列的調整。他規定：以後所有送給皇上的奏章，都必須同時送一份副本給軍機處，這樣誰去皇帝那兒告他的狀就不容易了。他還規定，御史位置空出時，只能用六十歲以上的老臣擔任。和珅用權力幾乎把所有通向皇帝的渠道都堵死了，這樣他就可以高枕無憂了。

還有一個大膽的御史錢灃，曾經在與和珅的較量中取得過一次局部的勝利。當時，錢灃在劉墉的支持下，巧妙地抓住了和珅黨羽山東巡撫國泰和布政使于易簡的罪證，將二人處死。隨後，錢灃又乘勝追擊，彈劾和珅本人，皇帝任命錢灃兼任「稽查軍機處」一職。可是不到一年，錢灃便突然暴斃。時人傳說錢灃乃和珅用毒藥毒死。而另一個御史管世銘剛在一個宴會上揚言要彈劾和珅，當天晚上便突然暴卒。

還有一次對和珅的攻擊是在乾隆五十五年，皇帝八十大壽，和珅負責籌辦慶典。和珅將這次慶典辦得是花團錦簇富麗堂皇，很讓乾隆滿

意。這個時候，恰巧內閣學士尹壯圖上了一本奏摺，是批評議罪銀制度的，說各地督撫藉口要繳納罰銀勒索地方州縣官員，造成州縣虧空。不僅沒能讓各地督撫誠心悔改，戴罪立功，反倒讓官場更加腐敗。請密派大臣，前往各地清理盤查虧空。

這個奏摺一上，乾隆頓時大怒。他對自己的治世是非常自信的，不相信「盛世之治」會出現這樣的事情，更不相信如此聰明能幹的自己竟然會被小人蒙蔽——太傷他的自尊面子了！因此他對尹壯圖上奏摺的動機深表懷疑。

和珅建議皇帝派大臣去調查，卻讓自己的親信擔任這欽差大臣。結果自然不會調查出什麼問題來。皇帝心滿意足，寬宏大量之下沒有治尹壯圖的重罪，僅僅只是革職留任了事。

就這樣，在幾次攻擊之中，和珅都安然無恙，而攻擊者的下場卻都不美妙，此後便沒有人敢輕啟戰端了。因為大家都明白，乾隆皇帝已經被和珅活活捧上了神壇，認為自己是完人聖人「十全老人」，不相信也不願意相信自己會有哪怕是一點點的問題——這是絕對不能碰的。

而攻擊和珅的理由，要麼是被乾隆認為是無足輕重，要麼就要牽扯到乾隆本人。比如前邊提到的兩個攻擊者進攻的方向都不對。無論是崇文門關稅還是議罪銀，都是為皇帝個人享受而設立的，無論乾隆再怎麼會狡辯，也逃脫不了「斂財」二字。他自己都難以覺得理直氣壯，所以越是心虛對此就護得越緊——那就是乾隆的逆鱗，碰都碰不得的。曹錫寶與尹壯圖都不了解乾隆的心理，恰恰指出了他最難堪的地方，自然會倒楣了。

而和珅的厲害之處，就是牢牢護住了乾隆的逆鱗！

你說和珅貪污，而實際上他是在為皇帝理財，最大的貪污犯是乾隆本人。乾隆早期懲貪是比較嚴厲的，當時，主要是為清帝國的長遠考慮，整頓吏治。而乾隆後期，經過連年戰爭，軍費巨大，再加上生活驕

奢，揮霍浪費，乾隆的手頭已經比較緊張了，他需要和珅為他斂財滿足自己的私欲，同時，他也樂意懲治一些小的貪官以增加收入（抄家）和維護統治。

乾隆寶馬圖

隨著乾隆的年邁糊塗，政治上的腐化和浮華，許多正直的臣子已經離他越來越遠，甚至希望嘉慶能早日親政。如曾任軍機大臣的阿桂臨死前說：「我年逾八十，可死；位居將相，恩遇無比，可死；子孫皆以佐部務，無所不足，可死。今忍死以待者，實欲俟皇上親政，犬馬之意得以上達。如是死，乃不恨然。」——就是心裏還有些話要對新君說。

其實，不用他說，嘉慶也明白是怎麼回事，可他又有什麼辦法？也許他也希望乾隆早日真正退休，自己不用再提心吊膽地過日子，也可有所作為，收拾政局——包括和珅。和珅也曾嘗試著與嘉慶結交。顒琰是乾隆策立的第三個太子，前兩個都夭折了，才讓這個十五阿哥撿了便宜。當時，和珅提前知道顒琰被立的消息後，派人送了一個玉如意給顒琰，暗示他已經被立，討好顒琰，但顒琰卻沒有收，不買他的賬。和珅知道顒琰對自己有看法，也曾經在乾隆面前使壞，攻擊嘉慶皇帝的老師、其智囊團主要人物朱珪，乾隆就曾因朱珪一事差點將顒炎（嘉慶）治罪。

嘉慶皇帝顒琰也是個非常聰明的人。他知道目前還不能得罪和珅，所以也沒有急著與和珅翻臉，遇到有需要上奏太上皇的事，就託和珅代言。一些近臣認為這樣做不好，嘉慶說：「朕正依靠相公處理天下事務，你們這些人怎麼可以輕視呢？」和珅還不放心，又推薦他的老師吳省蘭給嘉慶抄錄詩稿，以便監視嘉慶，嘉慶對和珅的用意心知肚明，吟詠中卻一點也不露出對和珅的不滿。

此時的和珅任首席軍機大臣，並兼管吏、刑、戶三部事務，是精力

日益不濟的乾隆處理政務全力依靠的得力大臣。太上皇的過分寵信和倚任以及新皇帝的隱忍退讓，也許使把持軍政財大權、總攬一切的和珅產生了一個錯覺：日子還是可以照這樣過下去的！

<h1 style="text-align:center">六</h1>

和珅在乾隆一朝的政治舞臺上表演了二十多年，雖有很多人對他不滿屢次攻擊他卻又毫無辦法，這其中的原因，除去和珅深得乾隆歡心，給自己找了個牢固的靠山外，與其在官場苦心經營多年，形成龐大的勢力網路也有很大的關係。

我們前文已經說過，和珅是一個有極高才能的小人。他在取得乾隆的寵倖之後，一刻也不停地貪取財物，而以他為核心，也逐漸地形成了巨大的小人圈子，形成趨利避害的勢力集團。

我們在前邊的總論中曾引用過歐陽修的《朋黨論》，其中說到「大凡君子與君子，以同道為朋；小人與小人，以同利為朋。此自然之理也。然臣謂小人無朋，惟君子則有之。其故何哉？小人所好者，利祿也；所貪者，貨財也。當其同利之時，暫相黨引以為朋者，偽也。及其見利而爭先，或利盡而交疏，則反相賊害，雖其兄弟親戚，不能相保。故臣謂小人無朋，其暫為朋者，偽也」。

對於小人來說，絕對沒有永遠的朋友，只有永遠的利益。而小人能結成朋黨和集團，其最主要的動機就是利益兩個字，其表現方式就是：「趨利」和「避害」——這是和珅能形成勢力集團的根本原因。

和珅鑽營乾隆的門路，下邊各級官吏則鑽營和珅的門路：一是為了獲取更大的利益，升官發財；二是在危機時刻躲避災難，謀求自保。

和珅研究乾隆，投其所好，還是要用功費力的，下邊走和珅門路的官員是費財不用費力，因為和大人的「好」大家都清楚：就是錢！而

且，不用擔心拍馬屁拍到馬蹄子上，只要是送錢，和珅準高興。

和珅也確實有「信譽」，收了錢就能給人家辦事，該提拔的提拔，該保的保下來，他有這個能力，敢收敢辦——久而久之，就形成了天下獨此一家的金字招牌，又壟斷經營還有信譽。

天下污七八糟的官員們總算是找到了捷徑：想做官——拿錢找和大人——上任後，不要出大紕漏，想辦法搜刮，把投資收回來——有了新的投資力量後，接著找和大人辦事——接著升官，接著發財——萬一有點什麼事不大妙，再接著拿錢找和大人劇事……

和珅的買賣興隆，客戶眾多啊！和珅發財高興，大家投資收益也划算，皆大歡喜！

這樣經營久了，和珅能沒有圈子和勢力嗎？只要是走和珅門路上來的官員，誰希望和珅倒臺啊？保和大人，也是保自己的烏紗帽和前程啊。一榮俱榮，一損俱損，巴不得和大人這個「二皇帝」也萬歲呢！

和珅還擔心乾隆年事漸高，這些官員連這層顧慮都不用有：和大人春秋鼎盛，身體保養得好著呢……

他們需要和珅和大人，和珅和大人也需要他們，需要他們成為自己的根基，需要他們為自己辦事。

和珅發達之初，只是一個憑藉皇帝的一時賞識就飛黃騰達的新人，他的官職上升速度飛快，但他也知道自己的根基不夠，所以不斷經營。

和珅精通人際關係經營的奧秘，他結網天下，真地做到了「省無所逃」，「閣老和珅用事將二十年，威福由己，貪黷日甚。內而公卿，為而藩閫，皆出其門」。在和珅政治集團中，主要人物有他弟弟和琳、福長安、蘇凌阿、伊江阿、國泰、景安、徵瑞以及和珅老師吳省蘭、吳省欽等要員。和琳在和珅的關照下，一直做到工部尚書、四川總督並被追晉為一等公。其他人等也官運亨通。

如和珅在咸安宮官學中學習時的老師吳省蘭、吳省欽兄弟得知和珅

和珅府中的景色

主管京畿的科舉考試的這一消息後，畢恭畢敬地到和珅府上拜望。於是，和珅想方設法從乾隆身邊的太監口中猜出了皇上出的考題，透露給了他的諸多「門生」，其中當然也包括投入他門下的吳氏兄弟。吳氏兄弟本就博學多才，加上預先得知考題，輕輕鬆鬆地就中了科舉，順利踏上了仕途。和珅對於他們可謂恩重如山了。從此，他們兄弟對和珅更加是忠心耿耿。

和珅深知聚集在他周圍的多為貪慕錢財、虛榮的小人，但是只要他們能為自己辦事，忠於自己，同樣就可以團結在自己的周圍。

和珅對他的舅父明保的做法就是一個例子。和珅年幼時曾帶弟弟和琳投到舅父明保門下，希望收留。當時的明保，家境殷實，但卻冷酷地將他們掃地出門還惡語相加。後和珅發跡，飛黃騰達，明保厚顏無恥地上門巴結，又提起了甥舅之情。按常理推測，和珅必定不會再理睬。換了嫉恨之人，還會動用手中的職權，施加報復。可和珅收下明保的禮物，待之以甥舅之禮，還向乾隆上書保薦他為官，使他當上知府。從此明保緊緊依附於和珅，頻繁出入和府。

「康乾盛世」延續了很長時間，社會還是比較富庶的，尤其是江南一帶的富商很有財力，卻一直沒有多少社會地位。和珅對這些人也著意結納，商人們富而思貴，更願意結識和大人，在政治上找個靠山。和珅與商人們結合，一舉多得：一則滿足了自己的腰包；二則在乾隆下江南時，又號召各地富商積極捐獻，給乾隆造成國泰民安的盛世景象，當然，富商也

圈子的智慧

借此獲得政治地位；三則，和珅自己還經營著不少買賣，包括當時幾乎所有可以賺錢的行業，這些經營也離不開各地商人的協助。這些也足見和珅的高明。

和珅府中的景色

善良的老百姓看著貪官們的表演，經常會由衷地感慨：要多少才夠啊？！官也夠大了，錢也夠多了，為什麼就不知道收手呢？

人在江湖，身不由己，人在官場，同樣身不由己。和珅的親人也多次勸說和珅早早收手，正如和珅之媳和孝公主說：「汝翁受皇父厚寵，毫無報稱，惟賄日彰。吾恐他日身家不保。」可是，在當時的情況下，或許已經由不得和珅了。他一手建立起了一個巨大的圈子，同時他自己也受制於這個圈子，一舉一動都會造成全局的影響。

一切都在一個既定的軌道上運行：要想停止，馬上就會有政敵的反擊，也許頃刻之間整個勢力集團就會土崩瓦解——要想安全，就必須繼續運行，繼續積累著新的風險——為了消除這些風險，必須要錢要人，要把勢力集團做到更大更強⋯⋯

和珅和他的小人黨羽們必然要走向一個宿命般的歸宿！

七

和珅早就被許多人惦記上了。

慶僖親王永璘，是乾隆的第十七個兒子，他對爭取儲位漠不關心，

對和珅的府第卻念念不忘，他曾說：「天下至重，怎麼敢存非分之想，只希望聖上他日能將和珅邸第賜我居住就心滿意足了。」後來嘉慶親政，沒收了和珅住宅，隨即賜給慶僖親王一處，滿足了他的願望。

終於，到了嘉慶四年（西元1799年）正月初三上午，已經八十九歲的乾隆皇帝駕崩。隱忍多年的嘉慶皇帝迫不及待地對和珅下了手。乾隆皇帝駕崩的第二天，嘉慶就剝奪了和珅軍機大臣、九門提督兩個職位，責令他和黨羽福長安晝夜守值殯殿，「不得任自出入。」這實際上是將兩人軟禁起來，讓其無法作亂。當天，嘉慶又發了一道上諭，將乾隆晚年的種種問題全部揭露出來，將矛頭直接指向了和珅。

一生倚靠著皇威作威作福的和珅在失去皇權的支持後一下子就倒了。正月初八，他和黨羽福長安被捕下獄，家產被抄。而正月十六日所抄出來的家產清單令天下震動，歷史上曾有的貪官巨富在和珅面前都黯然失色。

有的大臣上疏，力主窮追其餘黨。嘉慶並沒有這樣做，只是對幾個主要人物伊江阿、吳省蘭、吳省欽給予了處分（和琳已死），其他由和珅保舉升官者或給和珅送賄者，概不追究。真正是「小人無朋」，只要沒有辦到自己的頭上，並沒有人跳出來為和珅和大人求情保命，也並沒有什麼政治動盪。

正月十八日，嘉慶皇帝令和珅在獄中懸樑自盡，這時的和珅大概是五十歲（一說是四十九歲）。總算是因為皇親的緣故，沒有滿門抄斬。他的兒子豐紳殷德找了一塊地方將他草草掩埋。

一切煙消雲散。

和珅現象是一個特殊的現象：世界上不可能再有人能夠貪污到如此誇張的地步。但和珅現象卻又是一個極為常見的現象：在巨大的權力面前，總會有鑽營的小人圍集；政治制度的缺陷總會讓小人一時得逞，從而對國家和人民造成巨大的損失。

和珅的才能和財富，都成為一個有趣而沉重的話題。

內聖外王，曾左彭胡——經典的政治圈子組合

一

西元一八四○年，鴉片戰爭爆發。史家稱此為中國近代史的發端。

大清王朝承平景象下的種種弊端徹底地顯露出來，此後內憂外患一直困擾著步履沉重的王朝，君臣百姓的日子都不好過。

一八五一年，中國歷史上最大的農民起義爆發於廣西金田村，史稱太平天國起義。兩年之後，便立國定都，大封有功。十四年的時間，橫掃中國十八個省份，幾乎徹底摧毀大清王朝。

然而，用老百姓的話說，也許是清王朝氣數未盡，命不該絕。如此波瀾壯闊的農民起義，卻在事業如日中天時，發生了最高層領導的權力內訌鬥爭，元氣大傷。而清王朝這邊，卻出現了幾個難得的人才，這就是後來被譽為「四大中興名臣」的曾（國藩）左（宗棠）彭（玉麟）胡（林翼）四人。他們組建了以湖湘子弟為主要構成的湘軍，最終攻克了太平天國的首都「天京」（南京），鎮壓了這次農民起義。

曾左彭胡四人，在某種程度上可以說改寫了中國的近代史，他們不但使大廈將傾的清王朝得以起死回生，又存在了幾十年，而且，他們在政治、軍事、外交、文化等方面都對近代中國影響極大。後世學術界在如何評價其功過是非上有著巨大的分歧，尤其是對四人中的核心人物曾國藩，因其鎮壓農民起義，多有殺戮，更是眾說紛紜。

章太炎說曾國藩「譽之則為聖相，讞之則為元兇」；青年時代的毛

澤東對曾國藩十分佩服，他說：「愚於近人，獨服曾文正，觀其收拾洪楊一役，完滿無缺，使以今人易其位，其能如彼完滿乎？」（《毛澤東早期文稿》）；蔣介石則說「其著作為任何政治家所必讀」。無論如何評價，不可否認的是，中國近代政治人物多少都受到過這幾位的影響。近年來，關於曾國藩的出版品多不勝數，也足見其歷史影響至今未衰。

　　本書的主旨是討論古代政治舞臺上的圈子問題。從這個角度看來，這四人也是一個經典的政治圈子範例。

二

　　曾左彭胡，四大中興名臣，無一例外都是湖南人。

　　歷數近代中國政治舞臺的風雲人物，湘人多矣，足可以專著論之。其中代表性人物如毛澤東、劉少奇、彭德懷、任弼時、賀龍、羅榮桓、魏源、黃興、宋教仁、蔡鍔、譚嗣同等等，都對中國近代歷史有過巨大的影響。

　　二十世紀初，梁啟超戊戌變法失敗後逃亡日本，曾寫《少年中國說》傳誦一時。另一位年輕的湖南才子楊度則效任公筆法，寫了一首《少年湖南歌》，其中在對湖南的人傑地靈做了一番描述後，放言：「中國如今是希臘，湖南當作斯巴達，中國將為德意志，湖南當作普魯士。諸君諸君慎如此，莫言事急空流涕。若道中華國果亡，除非湖南人盡死。」其豪邁慷慨以及自負之氣躍然紙上。

264

　　如果我們仔細研究了湖南這塊風水寶地以及近代以來產生於此的豪傑俊彥之士，就不會指責楊度的狂傲了——在傳統文化和內在性格上，湖南人確實有其獨特之處。

　　開近代湖南風氣的人物，筆者認為有兩個人不得不提，一個是王夫之王船山先生，在思想學術上對後輩學人影響極大。他主張經世致用之

嶽麓書院大門的對聯「惟楚有材，於斯為盛」

學，反對治經的繁瑣零碎和空疏無物，主張治學當為國計民生，為社會實際問題的解決有所裨益，也就是要致用，「知而不行，猶無知也。」「君子之道，力行而已。」

另一個是陶澍（胡林翼的岳父，左宗棠的兒女親家），「少負經世志」，歷任江蘇巡撫、兩江總督。在任時得魏源、林則徐、賀長齡等人的協助，進行了一系列整頓漕運、改革鹽政、興修水利的工作。其官位顯赫，聲譽卓著，是三湘子弟經世致用的一個現實楷模。

但真正使湖南人整體崛起並使天下為之側目的，則還是曾左彭胡四人。他們一手組建的湘軍在與太平天國、撚軍的征戰以及左宗棠收復新疆的過程中，縱橫天下，湘系人物也隨之因功遍布政壇，其勢力之大，令朝野為之側目。

在中國古代政治歷史上，一般來說，每個朝代的政治舞臺上多有一個相對的地域中心，因為科舉考試取才的緣故，往往是文化發達的地區在政治上具有較多的機會，或者是跟隨開國皇帝打天下的軍功集團在王朝的前期發揮主導作用。而由於各種原因，歷史上湖南很少出現過一流的政治人物。最明顯的證據就是，一八六〇年以前，湖南能躋身史傳的人物極為罕見，有學者曾對此做過詳盡的統計：南京大學歷史系編的《中國歷代名人辭典》收錄鴉片戰爭以前歷史名人三千零五人，其中湖南籍僅二十三人，佔同期名人總數的百分之〇・七七；鴉片戰爭之後的近代名人七百五十人，其中屬湘籍者八十五人，佔同期總人數的百分之

十一‧三三。

這種情況是因為曾左彭胡的出現而徹底改變的。

太平天國平定之後，有人指出：「楚省風氣，近年極旺，看曾滌生領師後，概用楚

嶽麓書院中的牌匾

勇，遍用楚人。各省共總督八缺，湖南已居其五：直隸劉長佑、兩江曾國藩、雲貴勞崇光、閩浙左宗棠、陝甘楊載福是也。巡撫曾國荃、劉蓉、郭嵩燾皆楚人也，可謂盛矣，至提鎮兩司，湖南北者，更不可勝數，曾滌生胞兄弟二人，各得五等之爵，亦二百餘年中所未見。」（張集馨：《道咸宦海聞見錄》）還有人統計的數字是，湘軍人物官至督撫者達二十七人，而且，此後的影響長盛不衰。所以，今天我們去湖南長沙的嶽麓書院，會赫然看見門口的對聯：「惟楚有材，於斯為盛」——口氣雖大，卻也只令人感歎而無怪其狂妄之意。

曾左彭胡之後，獨撐晚清危局的李鴻章雖說不是湖南人物，也是出自曾國藩的門下，對曾以恩師相稱，其發跡也有曾國藩刻意栽培，以收薪盡火傳之意，這一點我們後文再敘。

講中國近代政治，離不開湖南；講湖南，離不開曾左彭胡。

曾左彭胡是所謂湖湘文化的代表性人物，又將之進一步發揚光大，使湖南人代有英傑。

客觀地分析，筆者認為這其中有兩方面的原因。

第一，地理位置對人的性格以及文化傳統是有很大影響的。近代歷史上的湖南有著其獨特的文化傳統和民風。

在一個生態系統中，地理位置往往決定了氣候條件，進一步又決定

該地區的物種生態，人作為生態系統中的一部分，肯定是要與其所存在的系統相適應的，這樣才能和諧生存。而且，在古代生產力技術比較落後的情況下，人口流動性很小，人們「改天換地」之類的雄心壯志與希望也微乎其微，多半只能被動地去適應環境。久而久之，則會形成本地區的民風習俗。

學者錢基博曾這樣分析湖南地理位置、自然環境對人的影響：

「湖南之為省，北阻大江、南薄五嶺、西接黔蜀、群苗所萃，蓋四塞之圍。其他水少而山多，重山疊嶺，灘河峻激，而舟車不易淡交通。頑石赭土，地質剛堅，而民性多流於倔強，以故風氣錮塞，常不為中原人文所沾被。抑亦風氣自創，能別於中原人物以獨立，人傑地靈，大儒迭起，前不見古人，後不見來者，宏識孤懷，涵今茹古，罔不有獨立自由之思想，有堅強不磨之志節。湛深古學而能自闢蹊徑，不為古學所囿。義以淑群，行必厲己，以開一代學風，蓋地理使之然也。」

用現代的話來說，湖南人的性格中最突出的特點就是堅韌不拔，倔強剛毅，有實幹精神卻不缺乏靈性；有尚文傳統，學風盛熾，士人刻苦自勉；也有尚武精神，民風強悍，士人性格強韌，單鷹敢死；獨不太善於經商。其近代人才輩出，但多是思想家、軍事家，或是政治家，少有經濟實業方面的巨子。當然，市場經濟的今天另當別論。

陳獨秀在《歡迎湖南人底精神》中如此概括：

「湖南人的精神是什麼？『若道中華國果亡，除非湖南人盡死。』……湖南人這種奮鬥精神，卻不是楊度說大話，確實可以拿歷史作證明的。二百幾十年前的王船山先生，是何等艱苦奮鬥的學者！幾十年前的曾國藩、羅澤南等一班人，是何等『紮硬寨』、『打死戰』的書生！黃克強歷盡艱難，帶一旅湖南兵，在漢陽抵擋清軍大隊人馬；蔡松坡帶著病體領子彈不足的兩千雲南兵和十萬袁軍打死戰；他們是何等堅毅不拔

的軍人！」

曾左彭胡的身上當然都具備了湖南人的這些精神和優點，但在太平天國起義之前，他們也僅僅是普通的官員、書生而已。風雲際會，歷史終於把他們推到了前臺。他們也抓住了機遇，把自己的特質發揮出來，並影響了歷史。

第二，曾左彭胡初始所練之兵，僅僅是鄉勇團練的性質，也就是地方武裝，為的是在兵荒馬亂中保一方平安。這是朝廷在時局緊急時的應急措施，所以，其幹部和兵員當然都是本鄉本土的家鄉兒郎。

及至戰局的發展以及曾國藩等人的能力和戰績表現，迫使朝廷不得不越來越倚重他們，團練也就逐漸發展成了軍隊，出境平亂，四處征戰，戰將和幕僚不斷地因功而得到保舉升遷，最後成此氣候——這其實並非曾國藩的本意，更不是朝廷的初衷了。

也就是說，主觀上，曾國藩最初的想法無非是子弟兵保境安民，後來出境作戰，多用湘人，也僅僅是因為許多共同的特性使其使用起來更加方便而已，並沒有黨羽天下的想法。而客觀上，當湘軍的升官發財效應出來後，湘中乃至天下人才爭相投靠，以圖有所作為，以至最後湘軍和湘系都形成了可以左右天下的巨大勢力。收拾完太平天國後，有許多人期冀曾國藩再走得更遠一點……

三

曾左彭胡四人中，毫無疑問，曾國藩是核心和隱然的領袖，他的成就和影響也最大，也最為後人所推崇。

有幅對聯高度概括了曾國藩的一生：

立德立功立言三不朽，
為師為將為相--完人。

太平天國的制錢

——這個評價近乎聖人
了。

但曾國藩的天資並不
高，是屬於那種特別能下苦功夫的人。據說，曾有這樣一個故事：

曾國藩小時候在家裏用功讀書。有一天晚上，別人都睡覺了，他還
在翻來覆去地背誦一篇文章。有個小偷潛伏在他家中，想等這個讀書郎
睡了好偷點東西。誰知道這個少年就是背不會，而且倔強得很，就是不
睡。小偷實在等不及了，跳出來訓斥曾國藩：「你這種資質還讀什麼
書？這樣簡單的東西都背不會！」說完，就把那篇文章從頭到尾背了出
來——他聽了半天，都早背會了。曾國藩目瞪口呆，小偷氣沖沖地揚長
而去。

當然，這只是個笑話，有擠兌曾國藩之嫌。但曾國藩本人在自己的
日記中也多次說自己的資質不高，所以要多用功——他的天資平平，應
該是沒錯的。

但這個湖南人認準了的事情就絕對要做好，曾國藩讀書還是讀出了
功名，在二十八歲時進京「趕考」（會試），得中第三十八名，三個月
後，在正大光明殿殿試，名列三甲第四十二名，得賜同進士出身。

這一點上，他比左宗棠強，左只有一個舉人的出身。但在二人成名
之後，左宗棠以舉人出身而建功立業為榮——這更可以顯示出他的不同
凡響；而曾國藩卻終生以名列三甲為憾事。後人曾流傳一個對聯故事：
曾國藩有一次在幕府與眾幕僚閒談，隨口吟了一句上聯：替如夫人洗
腳。有個抖機靈的幕僚張口接了一句下聯：賜同進士出身。

殿試時三甲的功名就是：賜同進士出身。沒有人家前邊的「進士及

第」的榮耀，曾國藩臉上登時就有些掛不住，氣氛頓時尷尬。曾國藩的涵養不錯，幕僚也是無心之過，也就算過去了。

但在對待此等事情的態度上，也可看出曾左二人的性情來。

雖然是「同進士出身」，但曾國藩的官運還是不錯的，在京十年七遷，連升十級。先後任四川鄉試正考官、翰林院侍講學士、內閣學士、禮部右侍郎，歷署兵、工、刑、吏等部侍郎（應該算副部級吧）。如果沒有太平天國起義，他可能也就是個不錯的尚書（正部級）而已——歷朝歷代，尚書多如牛毛，雖也光宗耀祖，但絕無可能封侯拜相了。

歷史有時候就好像是馮夢龍小說中的那位喬老爺，喜歡亂點「鴛鴦譜」，心血來潮時亂點的竟比深思熟慮後精選的更合卯榫。在江河日下的末世，曾國藩有民胞物與之量，求內聖外王之業，立志救焚拯溺，噓枯回生，而且博求濟民之方，卻唯獨對兵典興趣不濃。然而歷史就喜歡開這個玩笑，讓這個以儒家聖人自期的書生去領兵打仗，並且最終居然還獲得了勝利——他四十四歲時以在籍侍郎的身分組建湘軍，十一年之後，率領湘軍攻陷天京。

270

這是立功的一面，而曾國藩之所以能位列四人之首，為後世推崇，還在於他的立德和立言，他的道德和學問也不錯。尤其是在修德持身方面，曾國藩終生在「慎獨」上用功夫，自我要求極其嚴格，所以後人也將其作為讀書人的典範，認為其頗有「內聖外王」之氣象。

內聖，是指道德的自我修練，替聖人立言；外王，是指經世致用，拯救生靈之苦。聯合起來就是，士大夫做官不是為了做官，而是為了濟世，而濟世又是為了體現一定的理念。如果再具體一點說，就是通過建功立業的方法，宣揚聖人之道。

內聖外王，其實也就是做到了德、言、功的統一，談何容易，別說排在曾國藩身後的三位，就是幾千年的中國歷史上，能達此境界或被吹捧到這個地步的能有幾人？

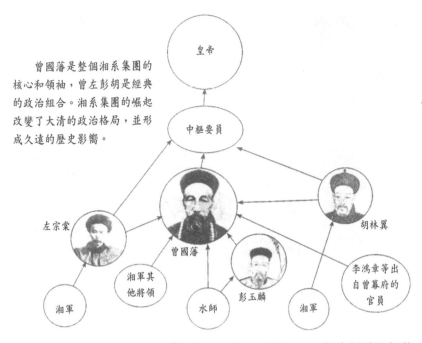

曾國藩是整個湘系集團的核心和領袖，曾左彭胡是經典的政治組合。湘系集團的崛起改變了大清的政治格局，並形成久遠的歷史影響。

皇帝

中樞要員

左宗棠

胡林翼

曾國藩

湘軍其他將領

彭玉麟

李鴻章等出自曾幕府的官員

湘軍

水師

湘軍

　　除了曾國藩自己的刻苦「修練」以外，他湖南人生性中倔強堅韌的一面，在他的事業中也發揮了重要的作用，這也是他為人所敬重和能夠團結其他俊傑的一個原因。

　　首先是因為做事情的大環境很不理想。滿清政權對於漢人的提防和戒備無處不在。「漢人必由翰林出身，始堪一拜，而滿人則無論出身如何，均能資兼文武，位裁將相，其中蓋有深意存焉。」（鄒容《革命軍》）據說在紫禁城中，有塊御碑，專門提醒滿族的高級幹部：漢人不是同族，故不可輕授漢人以大權，唯令其供奔走之役而已。

　　在這種種情勢下，我們是很容易理解曾國藩辦湘軍之艱難的。一方面，太平天國聲勢浩大，就像一股所向披靡的龍捲風，暮氣已重的滿清軍隊則如枯枝敗葉，不堪一擊。太平軍從廣西金田殺到湖南省會長沙，只用了半年時間，再從湖南殺到南京，只用了不到一年時間，以「風捲殘雲」來形容，絲毫不算誇張。面對如此強敵，雖竭盡全力也實無勝

271

左宗棠畫像

算。可另一方面，朝廷這邊不僅兵力薄弱，而且國庫空虛，要打贏這場曠日持久的戰爭，國家根本拿不出錢糧來，只能靠自己想辦法。這倒也罷了，最讓人氣憤的是，還是朝廷的不信任和提防之心。

曾國藩在長沙辦團練時，難處不少。「籌兵，則恐以敗挫而致謗；籌餉，則恐以搜刮而致怨」。而在這麼困難的情況下，湘勇還處處受到正規軍（綠營）方面的歧視和欺凌。幕僚羅澤南勸曾國藩忍下這口氣，但曾國藩認為綠營怯於戰陣，勇於私鬥，他要借此整頓這股歪風，結果事態鬧到不可收拾的地步，得罪了整個長沙官場，被逼將大本營移到衡陽。當曾國藩兵敗岳陽和靖港慘敗險些亡命湘江的消息傳到長沙官場時，不少人幸災樂禍。

272

湘勇訓練沒多久，還沒有成為一支能夠上戰場的正式力量，朝廷就下了一道詔令，催曾國藩領軍出戰。在這種情況下，曾國藩忍了，以顧全大局為重，選擇了「以戰代練」。結果靖港一戰，湘軍初戰不利，士氣大挫，紛紛奪路而逃。曾國藩鎮壓不住，又氣又急，乾脆一咬牙跳到冰冷的江水裏。要不是幕僚拯救，他就真的餵魚了。後來那個幕僚晚年請人畫了一幅《銅官感舊圖》，內容就是紀念他早年在靖港救起曾國藩的那次壯舉。狂妄的左宗棠為此寫了一篇序，大意是曾公當時獲救當然是幸事，但即使沒有獲救，天下也一樣會得到澄清。其言下之意自然是說他左宗棠也可擔當此重任，沒了曾公事情照樣能辦。

左宗棠的序文中還記載了一件趣事，說曾麟書在老家聽到兒子打了敗仗打算自殺的消息後，便給曾國藩寫了一封信，信中說：「兒此出以

殺賊報國，非直為桑梓也。兵事時有利鈍，出湖南境而戰死，是皆死所；若死於湖南，吾不爾哭也！」老爺子這回真的動了肝火脾氣，罵道：你堂堂男兒，報國捐軀，死哪兒去不行？現在吃了敗仗，硬要死在家門口，豈非丟人現眼？要是你就這樣子死了，我半滴老淚都懶得為你流！老爺子做思想工作，一手軟，一手硬，火候恰好。

曾國藩一生遭遇大厄的地方共有三處：一為靖港，二為湖口，三為祁門。靖港之戰是湘軍的出場亮相，逼得他差點自殺。而湖口大敗時，他再次跳河。等到了祁門危急的時候，曾國藩對於失敗不僅能夠忍受，而且還能激勵他人了。其實，他當時基本的心態也是明知不可為而為之，大不了就將自己性命搭進去就是了。

據《歐陽兆熊筆記》記載，當祁門危急時，曾國藩手下的幕僚個個灰心喪氣，連行李都準備好了，隨時準備散夥逃命。有人問作者（歐陽兆熊）：「死在一堆如何？」可見士氣之低迷，人心之悲觀。曾國藩將眾人的肚腸看得雪樣分明，乾脆發令：「賊勢如此，有欲暫歸者，支給三月薪水，事平仍來營，吾不介意。」眾幕僚聽了這話，且慚且愧，人心反而安戢如堵了。

在他屢敗屢戰苦力支撐的情況下，清政府依舊猜忌防範著他。當他攻下武昌之後，咸豐皇帝對他大加讚揚，可軍機大臣祁雋藻卻從旁大潑冷水，說什麼曾某只是一名在籍侍郎，相當於匹夫，匹夫一呼，而應者雲集，未必是國家之福。——其實，這也確實是「老成謀國」之言，歷史上有哪個朝代的統治者允許手下的臣子擁兵自重的？太平天國是威脅，手握重兵的漢臣曾國藩也是威脅啊！

曾國藩自然知道其中的微妙之處，他的尷尬位置多年來沒有得到絲毫的改善，作為一支軍隊的統帥，他處處受到高層以及地方大員的掣肘——這其實也是他後來大力保舉自己人的原因之一。

苦苦支撐的曾國藩忍到了極限，正巧老父親於咸豐七年去世，便委

軍不顧，奔喪回鄉。他此時本來是想借此機會向朝廷開條件講價錢的。但戲劇性的是，他走後，太平天國發生了天京事變，全盛的太平天國因此元氣大傷。清軍得以喘息之機，並且還取得了一些戰役上的勝利。咸豐皇帝也鬆了口氣，也乘機將曾國藩撤到了一邊，一撤就是一年零四個月。如果不是太平天國後期的兩員大將李秀成和陳玉成的奮戰，使局面再度危急，清廷才又將他請出了山，曾國藩可能就真的再無領兵之日了。

李秀成和陳玉成是太平天國後期的非常傑出的人才，經他們一番「重整河山」，清軍重兵守衛的杭州、蘇州相繼失陷，浙江巡撫羅遵殿自殺，兩江總督何桂清棄城而逃，東南形勢急轉直下。咸豐皇帝著了慌，只好將江蘇、安徽、江西三省的軍政大權全部交給曾國藩，命這位忠勇可嘉的湘軍統帥「以兵部尚書銜署理兩江總督」（其後不久還讓他兼任浙江巡撫）。如此沉重的擔子，當時普天之下也只有曾國藩一人能夠挑得起。

曾國藩再度出山，已非前日之尷尬處境，已然手握實權。而且，在家閒居的這一年多時間，他也充分檢討了自己以往的教訓，不再一味地以剛猛處世任事，多了些必要的政治妥協和謀略。此後他的步調越走越順，直至攻克南京，爵封一等侯（除卻清初的三藩，一等侯爵是清王朝對漢員的最高禮遇，左宗棠軍功蓋世，也只封為二等侯）。

「好漢打脫牙，和血吞」——這是曾國藩經常掛在嘴邊的一句話。十餘年的時間，多少艱難困厄，沒有堅韌不拔之精神，如何做得下來？

也正因為曾國藩身上有這些優點，他才能以書生領兵，駕馭群雄，成為湘軍和湘系的核心和領袖。

四

我們細察曾國藩平生心跡，不難發現，他之所以一忍再忍，跟清王朝的大環境有關係，跟一些人事方面的因素也有關係——官場中本就需要忍耐，左宗棠更是一個需要他忍耐讓步的人。

和謹小慎微的曾國藩完全相反，左宗棠卻是個恃才放曠之人。此人一生敢說敢做，豁達明快，是個快意男兒。正因為他的這種個性，所以他一直很看不起曾國藩，認為他「貌似君子，實為小人」。

左宗棠是性情英雄。他的豪放，如果放到漢唐盛世的大格局之下，放到那些個人意氣開拓進取的年代，也許沒有什麼不和諧的。就如霍去病，「匈奴不滅，何以家為」；就如班超，「犯我大漢聲威者，雖遠必誅」；就如薛仁貴，「將軍三箭定天山」；就如王玄策，率尼泊爾騎兵與印度作戰……然而很不幸，他出生在清朝，出生一個沒有大器局大氣象的時代。思想上，整個社會漸趨保守；政治上，外強凌辱，內政腐敗；因此，社會需要他的能力和才幹，卻不寬容他的性格。

這個漢人太強硬，太無拘束，敢與強權對著幹：慈禧的萬壽聖節，他敢不參加行禮；法國人攻佔臺灣島，他發出「渡海殺賊」的動員令；英國人豎上「華人與狗，不許入內」的牌子，他立即搗毀並沒收公園；只要他進入租界，租界當局立馬換上中國龍旗，外國兵警執鞭清道；俄國人被趕出了新疆，伊犁被收回……

他的才華也的確驚人。曾國藩說：「論兵戰，吾不如左宗棠；為國

曾國藩書法

盡忠，亦以季高為冠。國幸有左宗棠也。」有後人評論說：「唐太宗以後，對於國家領土貢獻最大的人物，當首推左宗棠，實非過譽。」又有人說：「中國歷史上有四個永遠打不敗的將軍：漢朝的韓信、唐朝的李靖、宋朝的岳飛和清朝的左宗棠。」這些話也許有些過譽，然而在那樣一個時代，有這麼樣一個人的出現，卻又是多麼的不容易。

左宗棠書法

他並不是沒有受過挫折的。左宗棠十五歲參加縣試，名列第一。次年應長沙府試，取中第二名。二十一歲參加湖南鄉試，中第十八名。之後六年，三次赴京會試，均未考中。舉人出身帶給左宗棠一生一種頗為複雜的心態：一方面，他以極度的傲氣來掩飾這一點缺憾，自比諸葛亮，說自己是「今亮」，大丈夫建功立業，豈可與那些死讀書走官場門路的庸才同日而語；但另一方面，他畢竟是參加了考試而落第的，不是從開頭就不在意，而是沒有考取才不在意的，多少總有些酸溜溜的味道。

但他又是幸運的。二十六歲獲得同鄉前輩陶澍的賞識，陶澍不顧自己的身分，非要與左宗棠「攀」兒女親家，為自己的小兒子娶左宗棠的女兒，搞得胡林翼比他低了一輩，稱他為「季丈」；三十七歲時被林則徐期許為「西定新疆，捨君莫屬」，並將自己在新疆積累的一手資料全部交給了他；太平天國兵臨湖南時，湖南兩任巡撫張亮基、駱炳章皆先後召他入幕，軍機大事一任處置……

有本事的人大多生性傲岸，瞧不起平庸的人。永州鎮總兵樊燮到巡

圈子
的智慧

276

撫衙門辦事，左宗棠責怪他沒有給自己見禮，樊燮辯解：我是朝廷命官，你只是個來幫忙做事情的舉人，我如何給你行禮？左宗棠被說到痛處，怒罵樊燮：「王八蛋，滾出去！」樊燮哪能受這窩囊氣，一狀告到京城，說左宗棠是「劣幕」，把持湖南軍政。咸豐帝也很氣憤，下令要湖廣總督官文處理此事，若屬實則將左宗棠就地正法。樊燮本就是官文的親信，早就瞧不慣左宗棠的「作威作福」，殺了「劣幕」左宗棠，可以借此打擊日益強大的漢人勢力。

然而保左宗棠的人更多，曾國藩、胡林翼、賀長齡、郭嵩燾、駱炳章等等紛紛上書，湖南才子潘祖蔭更寫出一句流傳千古的話：「國家不可一日無湖南，湖南不可一日無左宗棠。」咸豐帝這才放過了他。

一個區區舉人幕僚，卻被人看得這麼重，這麼高，身繫國家安危，左宗棠之才氣，由此可見一斑。

這樣一個另類刺頭，若是在平素四平八穩的官場之中，豈有他的一席之地？亂世用人之際，湘系各重要人物紛紛施以援手，才把他保了下來。

當然，還有更深一層的原因。

此人豪氣，素不甘居人下。他的功業雖然與曾國藩相差無幾，但氣度卻比曾國藩差了太多，平生都在暗中與曾相比。據說有一次，他問幕僚：「世人都說『曾左』，為何卻不說『左曾』？」那幕僚回答道：「是因為曾公眼中有左公，而左公眼中無曾公。」左宗棠聽了之後沉思良久。

沉思歸沉思，江山易改，秉性難移。在其晚年，左宗棠仍對自己排名在曾之後耿耿於懷，整天罵人，罵得最多的就是已經去世的曾國藩。當時，左宗棠收復新疆，威震天下，可大家仍稱「曾左」，左宗棠心裏老大不服氣，這曾國藩簡直就是永遠橫在自己面前的一座無法翻越的大山。

正因為左宗棠的這種「老大情結」，咸豐皇帝樂得利用和提拔他。

咸豐一度猛升左宗棠和胡林翼等人的官，偏偏把正主曾國藩晾在一邊，意在造成湘軍內部「多頭並列」的局面，不能形成曾國藩一個核心和領袖。這種政治手段，曾、胡二人心裏都明白是怎麼回事。胡林翼對此不以為然，依舊全力地做事情，輔佐曾國藩，而左宗棠在名這方面，則要計較得多。

這也是性格使然，沒辦法，不是這樣的話，就不是左宗棠，而是另外一個人了。

但總體來說，大敵當前，左宗棠是能分得清輕重緩急的明白人。牢騷歸牢騷，抱怨歸抱怨，大事情上沒有含糊，沒有拆過曾國藩的台和扯過後腿，有意見背後敢說，當著曾國藩的面也照說。而且，他也深知曾國藩之才幹，內心深處，對之也有一份難得的尊敬，不輕易說罷了。

曾國藩身後，左宗棠送的輓聯是：「知人之明，謀國之忠，自愧不如元輔；同心若金，攻錯若石，相期無負平生。」在祭奠英年早逝的胡林翼時，他也說：「曾侯觥觥，當世所宗，公與上下，如雲如龍。」——輓聯悼文，雖然有客氣恭維的成分，但出自左宗棠之手，則又當別論。

難得的是，左宗棠雖然有些不舒服，但絕沒有嫉妒之類的小人心態。他自己認為，與曾國藩所爭論者，全是國事，並沒有權勢之爭。這是實話，他上給朝廷的指責曾國藩的奏章，都要同時抄送曾一份。

所以說，儘管有咸豐皇帝的別有用心，左宗棠的自負自大，但總體上，湘軍的創建者和主要領導者還是團結的領導班子。幾個人有著共同的文化背景和理想追求，各自獨當一面，同氣連枝，政治軍事上都互為援助，最終得以大功告成，也使自己青史留名，為後人所景仰。

五

曾左彭胡四人中，普通讀者最不了解的就是排名第三的彭玉麟了。

他的事跡雖然流傳得較少，但能名列四大名臣的第三位，絕對不是浪得虛名之輩。

如果說，曾國藩是內聖外王、道德文章傳天下的聖人，左宗棠是內剛外剛、狂放剛烈的狂人，彭玉麟則是內方外也方、高潔清奇的雅人，胡林翼可說是內方外圓、折沖樽俎的奇人。這四人才情都很高，性格上互補性也很強，志同道合，所以配合得也很好，可說是一時之絕配。

彭玉麟同左宗棠有些相似之處，科舉功名不得意，只是個秀才出身。其父親彭

曾國藩畫像

鳴九雖然出任過官吏，但兩袖清風，家境貧寒，他十六歲時，父親去世，族人爭奪他家的田產，彭玉麟被迫外出謀生，投到當地的軍營中當文書，以侍養母親。一天，衡陽知府高人鑒來軍營公幹，看到案頭放著一份文書，字體非顏非歐，氣格亦豪亦秀，便問這份文書出自何人之手，誇讚道：「此字體甚奇，當大貴，且有功名。」

彭玉麟得到知府的青睞後，人生之路方才稍微順暢了一些。咸豐三年，曾國藩被排擠出長沙，率領一千湘勇來到衡州府。有人推薦彭玉麟膽略過人，足堪倚任。當時，彭玉麟正居母喪，不想出山，恰巧曾國藩也居母喪，便對彭玉麟說：「鄉里藉藉，父子且不相保，能長守丘墓乎？」

彭玉麟有感於曾國藩的多次懇切相邀來軍效力，並受命帶領一營水師。在隨後一年的戰事中，彭玉麟的軍事才能逐漸顯現，不久便與楊載福一起出任湘軍水師統領，擔負起重整水師、指揮作戰的重任，成為曾國藩不可或缺的左膀右臂。

彭玉麟字雪琴，以一介書生，統帶湘軍水師十多年，部屬和友人喜

歡稱他為「雪帥」。彭玉麟為人儉樸隨和，對位卑者能免去官禮，平等相待，「生平治軍嚴而不倨」。與曾國荃的吉字營配合打下南京後，彭玉麟被封為一等輕車都尉世職，加太子少保銜。在曾國藩主動裁撤時，水師則全建制地保留了下來，成為朝廷的正式軍隊，改名為長江水師。彭玉麟親手制定水師章程，並進一步加強正規化建設。彭玉麟可以說是大清水軍的主要締造者。

除去軍功以外，彭玉麟最為後人所稱道的有以下幾點：

第一是氣節高雅，雖出身貧寒，戰功顯赫，但屢次辭官不就，當時有「彭玉麟拼命辭官，李鴻章拼命做官」的說法。他先後推辭過安徽巡撫、漕運總督、兵部侍郎、兵部尚書、署理兩江總督兼南洋通商大臣（這項官職他推辭不幹後朝廷才任命左宗棠的）等官職。

他曾在奏摺中自陳：「臣素無室家之樂，安逸之志。治軍十餘年，未嘗營一瓦之覆，一畝之殖。受傷積勞，未嘗請一日之假。終年風濤矢石之中，未嘗移居岸上，求一日之安。……臣之從戎，志滅賊也。」說到做到，江南全境收復後，他上書要求辭去職務，回鄉為慈母守喪終制。清廷看他情懇意切，同意了他的請求，但特地任命他為首任長江巡閱使，每年巡視長江水師一次，實為「得專殺戮，先斬後奏」的欽差大臣。

而當日後中法發生戰事之時，年已六十八歲的彭玉麟，應命募兵赴廣東備戰。他不顧年高體弱，立即募兵四千人開赴虎門附近駐守，並派部將率兵分駐廣東沿海要地。

在其一生的軍政生涯中，彭玉麟不居功自傲，但又綱紀嚴明，不循私情。他曾作一聯：「烈士肝腸名士膽，殺人手段救人心。」他自己不貪財色名位，潔身自好，眾多同僚下屬都敬畏他三分，連殺人如麻難以管束的曾老九也懼怕他。

第二，彭玉麟才氣很高，詩、書、畫都有不錯的功底。彭玉麟的詩

作中有不少名篇佳句，如《宿莫愁湖上》：「石澗泉聲瀑布流，萬竿修竹擁僧樓。我來睡入雲窩裏，曉起推窗白滿頭。」讀來頗有超凡脫俗之意境。他還善於畫梅花，自言「無補時艱深愧我，一腔心事託梅花」。其所畫梅花，彷彿霜刃血珠未冷，凜凜然秉殺氣如虹，人稱「兵家梅花」，至今尚有真跡被名家收藏。

有德有才，而無名利之心；有功有祿，卻無驕矜之態——時人多譽之為奇男子也。

六

與前三位相比，胡林翼又是另外一番性格。

胡林翼雖然名列滿清四大中興名臣之尾，事實上他的功業不讓於其他任何一位，只是由於他去世得早，所以才被如此評定而已。若論他的功績，領兵作戰尚在其次，最重要的卻在於調度長江上下游的軍事布置，組織前後方的後勤供應，維繫軍隊與地方的公共關係。也就是說，他是湘軍的總後勤部長，蕭何一類的人物。

在湘軍平定太平天國的戰鬥中，有一個事實是不得不加以重視的，那就是對於這支軍隊，朝廷幾乎沒有供給任何糧餉。並不是朝廷不願管，而是國庫空虛實在管不過來。在這種情況下，籌餉就成為了湘軍的頭等大事，也成為帶兵將領們最頭疼的事情。多年以來，為湘軍提供糧餉的可靠省份，只有湖南湖北兩省而已。而湖南貧瘠，銀錢枯竭，因此糧餉供應並不多。湖南為湘軍貢獻最大的，是源源不斷的血肉之軀——昨天放下鋤頭今天穿上軍裝的青年農民。真正為湘軍提供較多軍餉的，還只有湖北一省。

而當時的湖北巡撫，正是胡林翼。

和滿清四大中興名臣中的其他三人不同，胡林翼出身官宦世家，且

內聖外王，曾左彭胡 第二部份

281

太平天國的天王殿

為獨子，自小就生活在優裕的環境中，因此養成了一個衙內習氣。《凌霄一士隨筆》中記載：陶澍欣賞胡林翼的才華，將自己的女兒嫁給了他。新婚之夜，要入洞房了，卻不見姑爺的蹤影，後來還是從一個小巷的酒樓裏找到了他，已喝得爛醉如泥。陶夫人很生氣，埋怨丈夫誤了女兒一生，陶澍卻說：「此子是瑚璉之器，今後必成大事，年少縱情，不足深責。」

還有一種說法是，陶澍督兩江時，胡林翼在他府衙中，整日出沒秦淮畫舫。陶澍關防甚密，其他幕友，皆不許擅離衙署，有人就以胡林翼說事。陶澍說：「渠他日為國宣勞，乃一況瘁之人，今特令其暫時行樂耳。」（《南亭筆記》）

還說，胡林翼用財浩侈，陶澍悉如其意給之。有人不解，陶澍說：「此子橫海之鱗，勺水豈足資其迴旋邪？」既而設盛饌招飲，座無他客。席間暢談先輩立心制行不可及處。公大感悟，由是折節讀書。（《舊聞隨筆》）

以上種種說法，有所不同，但說的基本事實大同小異：胡林翼少年時浪蕩無行，而一代名臣陶澍竟不以為忤，深器重之。後胡林翼的發展果如陶澍之言，時人莫不佩服陶澍的知人之明，高出尋常多矣！

這樣一個浪子，在幡然回頭後，捐了個貴州署理安順府知府。

貴州號稱不毛之地，又多盜匪，官吏視為畏途，有人寧肯丟掉前程

也不願赴任。胡林翼因捐重金，本可自行選擇別省。他主動請發貴州，除去他的父親曾做過貴州學政一層原因外，主要是他看出匪亂多的貴州，正是英雄的用武之地。

後來的事實證明胡林翼的眼光是深遠的。正是因為貴州的剿匪生涯，鍛練了他的實戰本領，使得他由一個浪蕩公子文弱詞臣，轉變為一位吃苦耐勞能辦實事的幹員，為腐敗的晚清官場造就了一個少有的人才。他的帶兵打仗的才幹，先被湖廣總督吳文鎔所看重，後又被正在湖南主辦團練的曾國藩所青睞。曾國藩勸湖南巡撫駱秉章供應胡氏部屬的餉需，又上奏朝廷，力薦胡氏，稱「胡林翼之才勝臣十倍」，希望朝廷同意將胡留在湖南歸他調遣。

胡林翼也果然不負所望，半年後便取得同日攻克武昌、漢陽的重大勝利，擔任湖北巡撫，為曾國藩及湘軍集團的最後成功奠定了良好的基礎。

胡林翼做湖北巡撫時，已經名滿天下，且手握重兵。朝廷派滿人官文督鄂，有監視之意。胡、官之間，存在兩種矛盾：一是滿、漢區別，一是督、撫同城（武昌）的矛盾。官文作為滿洲貴族，對胡林翼等漢人官吏有著天生的不信任。總督、巡撫同居一城，互不買賬，明爭暗鬥，是清代地方政治的痼疾。論官銜，總督高於巡撫；論職權，二者卻差不多，且總督並無節制巡撫的權力，倘若二人鬧矛盾到不可收拾的地步，也只有各自奏告皇帝，聽天由命。

官文以協辦大學士的身分出任總督，地位崇隆，但此人才能平庸，與湖北地方官員多有不合。胡林翼的內心深處也很瞧不起這個的制軍大人，但為大局，又不得不與他建立好關係。

有一次，官文為最寵愛的三姨太過壽，向湖北官場遍發帖子。藩司等眾官員以為是總督的夫人過生日，均前往祝賀。來到官府大門，得知實情乃是姨太太生日，藩台大怒：「夫人壽辰禮應慶賀，今乃若是！吾

為朝廷二品大員，焉能屈膝於賤妾裙帶之下哉？」眾人皆怒，索回名帖，準備掉頭回府。

大家將走未走之時，卻見胡林翼的大轎逶迤而來。胡林翼「昂然入賀」，大家以為胡林翼不知道內情，及問侍從，侍從說：大人知道是怎麼回事。大家見巡撫猶屈尊入祝，自不必拘執小節，遂魚貫而進。「官為妾求榮，偽言以欺人，幾遭大辱，得文忠乃保全體面。」胡林翼為三姨太賺足了臉面，官文對此感激不已。

胡林翼趁熱打鐵，讓三姨太拜自己母親為義母，自己也成了官總督的乾姐夫。據說，此妾曾開導官文，說：「胡大哥才識勝你千萬倍，凡事都服從其辦理，絕無貽誤，自己落得享清閒。」官文遵命而行，湖北大治，而湘軍之功遂也大成。（《睇向齋秘錄》）

但這種計謀，如果讓曾國藩、左宗棠、彭玉麟來玩肯定玩不轉。為什麼呢？因為他們的生活背景不同。胡年少浪蕩，雖然後來高中鄉試，中進士，點翰林，其骨子裏仍然留有兒時桀驁不馴的個性，加之胡在貴州知府基層剿匪積累的經驗，他對官場對社會的理解比讀聖賢書出身的曾、左要透徹一些，不擇手段一些。好在胡林翼把這種靈活圓滑的為官之道用在治軍治民上，使之成為不可多得的人才。

胡林翼是難得的官場人才，但也是難得的具有戰略眼光的政治家。湘軍的重大戰略方案，都有他的智慧在裏邊，事實上，是他與曾左一起制定的總戰略方針，而且，在曾左二人之間多有調停。

可惜的是，因其少年時的無行，使胡林翼身體一直不太好，加上軍政操勞，更是積勞成疾。在太平天國大勢已去之時，他已經在考慮戰後國家的發展問題。

有個曾在胡林翼麾下為戈什哈的安徽合肥人，姓劉，退役回鄉後，逢人便講胡林翼如何為國操勞和分憂。據這位劉軍官講：當日湘軍包圍安慶後，胡林翼曾前往視察部隊，策馬登龍山，鳥瞰形勢，高興地說：

太平天國文件

「此處俯視安慶，如在釜底，賊雖強，不足平也。」下山後騎馬來到江邊，忽見二洋船鼓輪西上，迅如奔馬，疾如飄風。胡林翼變色不語，勒馬回營，中途嘔血，幾至墜馬。胡林翼的病情自是日益嚴重，不數月就死於軍中。平定太平天國，胡林翼已有成算。可看見洋人的驕橫氣焰以及先進技術，胡林翼憂慮不已，憂國憂民，沒有片刻清閒。（《洪楊異聞》）

其後曾左等人大力推行洋務運動，也有他的想法在內，只不過他已經沒有機會實施罷了。

七

曾左彭胡四人，個個都是一等一的人才。他們出身和經歷雖然不同，但當天下大亂之時，卻都勇於任事，以書生之身領軍馳騁沙場。他們四人可謂是志同道合，有共同的理想和追求，道德人品上沒有問題，性格能力上又有較強的互補性，形成牢固的政治同盟，是一個經典的政治圈子典範。

古往今來，凡是成就大事者，無不需要一批人追隨左右，以及同僚的鼎力相助。那麼人家為什麼願意追隨你、幫助你呢？這四人再厲害，也僅僅只是一個強有力的領導班子而已，還需要中低層的大量幹部以及

最基層的追隨者。

對於次等的人才，除了理想、人格魅力以外，也許更需要的就是實在的利益和好處。就像湘軍中那些普通的「湖湘子弟」，他們不可能都在歷史上留下自己的名字，也許他們也有對理想的追求，但眼前的實際利益無疑更能打動他們。至於等級最低的人，為了利益追隨你，也可以為了利益背叛你。

無論是做什麼事情，都需要有自己的隊伍和圈子，你要用理想號召人，還要用利益團結人。

曾國藩辦團練之初就意識到了這個問題。首先要解決的就是政治宗旨和理想的問題。

當時清王朝腐敗，不得民心，為大清平定叛亂不一定會得到老百姓的支持（本身還有滿漢之分）。在這種情況下，曾國藩便抬出了孔子、孟子，攻擊太平軍信仰天父、天兄，其要害是要滅亡儒教、蕩盡傳統文化。《討粵匪檄》中攻擊洪秀全最激烈的一點就在於：「舉中國數千年禮義人倫、詩書典則，一旦掃地蕩盡，此豈我大清之變，乃開闢以來名教之奇變，我孔子、孟子之所痛哭於九泉，凡讀書識字者，又焉能袖手坐視，不思一為之所也！」

這一招是很厲害的。這樣一來，鎮壓太平天國起義就不僅是「保國」而且是「保教」，是為了延續中國文化血脈而進行的正義行動。他在政治上佔據了大義名分。從這個層面上來說，曾國藩是用理想號召了一批擁護傳統文化的士人聚集在自己周圍。

在這些人中，也確實出了不少人才。曾國藩的幕府堪稱是中國古代歷史上規模和作用最大的幕府，幾乎聚集了全國的人才精華。他一生推薦過的下屬有千人之多，官至總督巡撫者就有四十多人，位至布政使、按察使、提督、總兵、參將、副將、州、府道員的不可勝數，影響之大無人能出其右。他們既有李鴻章、左宗棠、郭嵩燾、彭玉麟、李瀚章這

曾國藩畫像

樣的謀略作戰軍需人才，也有像俞樾、李善蘭、華蘅芳、徐壽等第一流的學者和科學家。其中尤其是李鴻章，是為晚清支柱人物。

除了理想之外，曾國藩還採用了人情。

曾國藩的湘軍，從軍隊組織來看，實行上級選拔下級的層層負責的制度，即統領由大帥挑選，營官由統領挑選，哨官由營官挑選，什長由哨官挑選，士兵由什長挑選。曾國藩認為，這樣由上級挑選下級，上下級經常是同鄉、朋友、師生等關係，而且下級會感念上級的知遇之恩，這樣平時容易團結，有了危難也會相互照應。

有理，有情，還有利。湘軍每月餉銀是綠營兵的三四倍，這樣，「將士愈饒樂，爭求從軍」。三管齊下，再加上嚴格的治軍手段，終於將湘軍鍛練成為當時戰鬥力最強的一支部隊。

然而曾國藩畢竟是理學家出身，尊奉孔孟，一心一意用儒家思想指導自己的行動，不僅嚴格要求自己，而且對部下的要求也很嚴格，顯得有些迂腐。在他初掌兵權時，對於部下很「吝嗇」：在向朝廷保薦有功人員時，「據實上奏」，一是一，二是二，有多大功勞就是多大功勞，不肯多報一點，更別提虛報那些無功人員了。不濫用朝廷「名器」。

後來，老九曾國荃勸說他：大哥，你這樣不行啊！你是朝廷大員，你可以「修身齊家治國平天下」，你可以百世流芳，這是你的追求，可是這些弟兄們沒有你那麼高的追求，他們要的就是眼前的利益。弟兄們流血賣命打仗，圖的是金銀財寶和有個官職封妻蔭子，你不給人家好處，誰給你賣命啊？

聽了這話之後，理想主義的曾國藩在現實面前也只好妥協，他在寫給友人的信中說：「近來吾辦事之法在大處著眼，小處下手。」可見已經意識到自己過於理想主義化。因此後來他一是對湘軍戰後的洗劫睜隻眼閉隻眼，二是更多地為手下向朝廷邀功請賞。在曾老九攻下南京後，湘軍將士將太平天國積攢的財富搶劫一空，曾國藩也只能盡量在朝廷那裏為他們遮掩，並且最後自請裁撤湘軍。

在人事調停和組織上，胡林翼就要比曾國藩通達得多。

湘軍勇將鮑超，是一介武夫。他帶兵打仗雖然勇猛，但軍紀卻很不好，時常劫掠地方獲取財物。胡林翼知道後，並沒有懲罰他，反而詳細詢問他的家庭經濟狀況，每月按時給鮑超家裏匯錢過去。鮑超對此非常感動，劫掠的事情大為減少了。

曾國藩在祁門時，鮑超在安徽告假回籍三月。曾國藩緊急召他回軍，鮑超卻借此要求二千金安置家裏。曾國藩大怒，說了一大通聖人之言，將鮑超罵了個狗血淋頭。胡林翼知道此事後，卻立刻就給鮑超送上三千金，因此鮑超對他非常感激，一生都願意為他死命效力。

另外胡林翼還頗為擅長處理將領之間的關係。比如鮑超和多隆阿，都是驍勇善戰的猛將，也都聽從胡林翼的指揮，然而兩人的關係卻很不好，經常互相爭強鬥狠。胡林翼一方面制止他們之間的私鬥，另一方面卻又鼓勵他們之間的競爭，因此這兩人的軍功，是湘軍中最強的。又如沈葆貞不願聽從曾國藩的調遣，曾國藩對他很不滿意，胡林翼在中間勸說說：「天下糜爛，恃吾輩二三人撐持，吾輩不低首求人才，以自助可乎？」其維持大局之良苦用心以及謀略手段，俱被人推崇。

有人曾做如此評價說：「按聖賢而豪傑者，曾（國藩）公也。豪傑而聖賢者，胡（林翼）公也。」彭玉麟則說：「為聖賢作，用菩薩心腸，英雄手段，能令千古文人豪傑一齊下淚。」若論受歡迎，他比那個道學先生曾國藩可愛多了。

八

在太平天國被平定之後，湘軍的去留問題就成為朝野關注的焦點。

湘軍是特殊歷史時期的一個奇怪的產物，是界於私人、地方和國家武裝之間的一支有較強戰鬥力並且立下赫赫戰功的軍隊。而且，隨著連年的戰事，湘系人物（湘系將領以及曾國藩的幕府人才）因功而位至高官者眾多。此消彼長，滿清入關以來，出現了第一個龐大的漢人勢力集團，滿清的軍事、政治力量都有了很大程度上的萎縮。

這個時候，有不少人都勸曾國藩再進一步，光復漢家江山。據說連左宗棠和彭玉麟都試探過曾國藩。

但在傳統文化的薰陶下成長的曾國藩，沒有做更多的非分之想。他一方面自請裁撤湘軍，消除朝野各方面對自己的政治猜測；另一方面安排非湖南籍的李鴻章作為自己的衣缽傳人，讓其組建淮軍平定撚軍，薪盡火傳，又能繼續保證自己系統在政治上的影響力。

這兩步棋，使湘系人物在政治上都基本得以善終。

李鴻章出於曾國藩湘軍幕府，建淮軍後漸成淮系，主要的士兵來源、將領幕府也都以皖籍為主。曾左彭胡之後，李鴻章遂成為晚清第一能臣。湘軍勢力逐漸消散後，淮系取而代之；及至淮系式微後，北洋系又登上歷史舞臺；袁世凱身亡後，北洋系又分裂為皖系、直系……

太平天國以後，雖然再沒有大的起義發生，四大名臣聯手打造了短暫的中

北京出版社出版的精裝《曾國藩全集》

興太平，然而，大清王朝國運已
衰，再無能力對付內憂外患了：
內憂是嚴重的社會危機，腐敗的
政治，效率低下的國家機器，日
益強大的地方勢力；外患依然是
胃口越來越大的，對大中華垂涎
欲滴的各國列強⋯⋯

　　曾左彭胡挽救了大清王朝，
在另一方面，也給它製造了新的
危機：地方勢力和軍閥。這幾位
近現代「軍閥鼻祖」，都是沒有

曾國藩書法

胡作非為的君子，可他們身後，大大小小的軍閥頭子就不是那麼回事
了。

　　曾左彭胡「睜眼看世界」，選派幼童出國留學，開展洋務運動，以
圖富國強兵，可一個天津教案，險些將曾國藩的一世英名付之東流，中
華帝國給「老師」的學費交個沒完。以曾左彭胡以及其後李鴻章的才
智，在當時的歷史條件下，又能何如？

　　曾左彭胡使湖南成為全國的政治大省，歷代人才輩出，出得最多的
還是革命志士，反帝反封建，反倒了大清，反倒了軍閥，直到毛澤東從
韶山衝一直走上天安門城樓⋯⋯

　　作為近代史上承前啟後的關鍵人物，曾左彭胡的歷史影響，又有誰
能說得清楚？

第四部份

無名之輩無形之網
—— 中國古代政治圈子脈絡

我們前邊已經觀看了許多主角人物的表演，
在這裏，我們所要研究的，就是舞臺的背景因素，
藏在幕後的起決定性作用的諸多因素。
從秦漢到明清這兩千年間，
在中國官場上形成了一套基本的傳統和制度，
或者說是一種基本的遊戲規則。
只要你登上這個舞臺，你就必須遵守這套規則，
否則，你就無法表演下去。
這不是小層次上的圈子、山頭、派系，
而是大格局下的規則、條件、基礎，
許多政治人物的命運，
其實是由這些因素決定的。

無名之輩無形之網—— 中國古代政治圈子脈絡

一

　　在前面的文章中，我們講述了一些具有代表性的政治家（或政治人物，如和珅）的故事。

　　在中國數千年的歷史政治大舞臺上，數十個王朝的數百位皇帝，不計其數的大小官員，生旦淨末丑，唱出一臺轟轟烈烈的大戲——我們前邊講述的這十幾個人物，是不同時期的主角，他們的表演很精采，以至於千百年後，個中細節仍讓人回味無窮。

　　大幕開合，你方唱罷我登場，然而，縱使主角更換，舞臺卻依舊，背景與遊戲規則也依舊。

　　這個舞臺背景，就是中國傳統的政治制度、官場文化和潛規則，以及由不計其數的中下層官員組織成的政治系統。這些因素如同幕後的導演和編劇，觀眾看不見他們的面孔，卻無時不感覺到他們的存在——臺上人物的喜怒哀樂、沉浮起落、生死命運，他們都給安排好了。

　　所以，會看戲的觀眾，除了看臺上人物的表演藝術外，更多的要琢磨導演、編劇的水準、意圖和構思：這個人物為什麼能成為主角？他為什麼是這樣的命運？故事為什麼是這樣的結局？……

　　我們前邊已經觀看了許多主角人物的表演，在這裏，我們所要研究的，就是舞臺的背景因素，藏在幕後的起決定性作用的諸多因素。

　　從秦漢到明清這兩千年間，在中國官場上形成了一套基本的傳統和

制度，或者說是一種基本的遊戲規則。只要你登上這個舞臺，你就必須遵守這套規則，否則，你就無法表演下去。這不是小層次上的圈子、山頭、派系，而是大格局下的規則、條件、基礎，許多政治人物的命運，其實是由這些因素決定的。

歷史前進了兩千年，這套規則也有所改進，但基本的背景沒有多大的改變：

一把龍椅，一個帝王；

兩廂排列的文武官員；

帝王身後的皇族、外戚以及宦官集團；

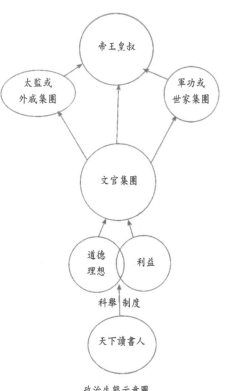

政治生態示意圖

金字塔中下層的大小衙門，穿著各式各樣官服，戴著各式各樣烏紗帽的官員，身後的幕僚，旁邊的差役，「肅靜」、「迴避」的牌子……

基本的勢力集團是：

以帝王為代表的皇權集團；

以秦漢以後逐漸登上舞臺的，「學而優則仕」的讀書人為代表的廣大官員，可稱為文官集團；

以外戚和宦官為代表的得到帝王信任的，不時冒出來干擾正常政治生活的小人集團；

亂世中稱雄的軍功集團。

政治交鋒的主線是：

結語　無名之輩無形之網　第四部份

293

文官集團為了保持基本的政治秩序，與其他勢力集團之間的爭鬥
（皇權與相權的爭鬥也可劃入這一範疇）；又或是文官勢力集團之間，
為了忠奸之辨或不同政見的內鬥。

　　這是中國歷史政治上基本的勢力圈子格局和故事框架。其中的文官
集團是政治生態系統中的基本力量，他們大多是無名之輩，但共同組成
了一張政治大網，維繫著政治系統的運轉。一個好的帝王的標準很簡
單：「親賢臣遠小人」而已，賢臣多半是好的文官，小人多半是外戚宦
官之類的人物（當然也有一些文官在此類中）。

　　文官制度的演進，是中國政治制度的主要命題，也是中國古代政治
對世界文明的一大貢獻。

　　我們來看看中國古代政治大的圈子脈絡。

二

　　文官政治制度的正式出現是從西漢時代開始的。

　　按歷史學家的說法，直到秦漢時期，中國才正式有強有力的中央政
府。秦以前的中國，只可說一種在分封諸侯基礎上（封建）的統一。秦
一統天下，建立起中央集權政府，地方行政區域的劃分，也不再是封建
性的諸侯列國並存，而是緊密隸屬於中央的郡縣制度。這是中國政治制
度上一個重大的轉折。

　　在古代封建社會中，做官的人要有一定的血統出身，秦漢之前的政
府官員，基本都來自貴族子弟。到了秦始皇君臨天下，封建世襲制度已
被推翻，哪些人有資格進入政治系統呢？

　　除去貴族門第外，一般而言，應該是軍功集團和財富集團，這是最
容易與政治聯姻的社會力量。但中國並沒有選擇這樣的道路，而是選擇
了讓讀書人進入政治舞臺。這種做法，是處於「世界領先地位」的，西

方國家的文官政治制度其實就是借鑒了我們的發明。

這種政治制度，到漢武帝時期才逐漸定型和成熟。漢武帝時期，國家設立了太學，是全國最高學府，專門為國家培育政治幹部，「學而優則仕」的文化傳統初見端倪。太學生畢業後，成績優異的甲等即成為皇帝的侍從和官員的候補人選，即所謂的郎官；成績差一些的乙等學生，則回到地方上擔任當地官員的屬僚，兩年後依然有成為郎官的機會。

同時，漢武帝還規定各地推舉孝廉擔任郎官，各地所推舉的孝廉，往往又是那些太學畢業回到地方的學生。因此，讀書人逐漸有了進入政治系統的正常的制度化的渠道。再加上漢武帝的罷黜百家獨尊儒術——確立了系統的政治指導思想和社會的倫理規範，貴族集團的勢力遭到進一步打擊，士人政治地位進一步得到提升，這個傳統一直延續了下來。

在西漢的政治舞臺上，文官集團的主要對手，是外戚集團。這兩大集團的政治鬥爭，是西漢政治的主線。

劉邦開創漢家江山後，外戚始終有一定的政治影響力。劉邦死後，呂后一度專權，劉氏子孫好不容易才重新奪回權力，鑒於這個教訓，一連兩任皇帝，對外戚都保持相當距離。漢武帝劉徹為了避免外戚干政，曾經將太子的母親年輕美麗的鉤弋夫人殺掉，他解釋說：「我死了之後，她一定為非作歹，重用她的家人。為了避免呂雉故事的重演，不得不如此。」

儘管如此，可一旦出現小皇帝或老皇帝時，「娘家人」的力量就又抬頭，尤其是在出現小皇帝的時候，所謂的「母后」是很有危機感的，她不敢相信外人，這個時候，最貼心的當然是娘家自己人——這就是中國古代政治

漢代習射圖

舞臺上屢屢出現外戚干政的內在心理原因。

西漢時期，所面臨的不是特定的某一人某一姓的外戚問題，而是普遍性的外戚問題。即如漢武帝，雖然殺了鉤弋夫人，卻依舊任用了另外一個外戚霍光。而他的孫子漢宣帝，雖然是被霍光扶上臺的，但對霍光卻依然感到芒刺在背，在任用他自己的娘家親戚掌握政權後，這才感到安全。霍氏外戚終被屠殺，史姓外戚和許姓外戚接著興起。

這種情形，到後來竟然演變成一個慣例，就是舊皇帝逝世，他的外戚即退出政府，新皇帝即位，他的外戚即進入政府。例如，第十二任皇帝劉驁去世，沒有兒子，由弟弟的兒子劉欣繼位。因為不是父子相襲，所以各有各的外戚。劉驁的母親皇太后王政君（王莽的姑媽），就下令王姓外戚全部免職，將官位讓給劉欣的外戚傅姓和丁姓。然而劉欣病死，也沒有兒子，由他叔父的兒子繼位。王政君恢復皇太后的權力，立刻召回王姓外戚，將傅姓和丁姓外戚全部或殺掉或趕走。

儘管姓氏換來換去，可外戚集團一直是西漢政權的主要政治勢力，因為，其時士人剛剛步入政治舞臺，還沒有形成強大的勢力和傳統，更不具備完全控制政權的力量，只能對政權施以一定的影響。他們最大的努力，是盡力將自己與外戚集團靠攏，鞏固自己的政治地位，在某種程度上也使外戚集團承認並延續了「士人政治」這個大原則，並同時用儒家的思想觀念對外戚集團加以影響。

王莽的出現就是這樣一種妥協的產物。他身兼外戚和士人的雙重身分——以外戚的身分崛起政壇，奉行儒家道德觀念，並為自己博得了巨大的聲望，成功地奪取了最高權力。

王莽的失敗，不是在他奪取了劉姓政權，而是在他之後推行的改革。

歷史記載王莽變法的主要內容是：將全國土地改為「王田」，限制個人佔有數量；奴婢改稱「私屬」，均禁止買賣；推行五均六，以控制和壟

斷工商業，增加國家稅收；屢次改變幣制，造成經濟混亂，農商失業，食貨俱廢；恢復五等爵，經常改變官制和行政區劃分等等。由於貴族、豪強破壞，改制沒有緩和社會矛盾，反使矛盾激化；又對邊境少數民族政權發動戰爭，賦役繁重。終於激起了全國性的農民大起義，新王朝在赤眉、綠林等農民起義軍的打擊下崩潰，王莽也在綠林軍攻入長安時被殺。

王莽的改革，基本上是書呆子想當然的做法。

當時的儒生們，總以為傳說中的堯舜時期才是理想中的社會，所以只要按照堯舜的模式去做，就能夠創造出那個理想的社會。他們經常掛在口邊的話就是：堯舜如何，周文王周武王又如何，動輒以古人為辭，以為只要皇帝按照那幾個聖人的行為去做，天下就可以大治。其實堯舜的時代，是一個非常簡單化的社會，生產力水準低下，社會關係也簡單，大家追求的是團結一致，共同對付各種自然災害，求得生存，也就是說沒有更多的公共事務以及管理內容，也沒有特權階層，堯舜本人還參加生產勞動，維持自己的生活。

堯舜的品格自然是好的，但如果真的將其做法移植到後世的社會上來，就會出問題了。

後世對王莽的評價極低，基本上是一個大大的偽君子形象：其先前的種種作為都是為了篡權而演戲，是個野心家，時機成熟後就撕下面具，跳上前臺，倒行逆施，終究自取滅亡。

如果王莽的新政取得巨大的成功，創造出一個「王莽之治」來，那麼又如何評價他的「篡權」？

其實，筆者本人更願意把王莽看做一個迂腐的書呆子，在篡權的過程中，他有陰狠毒辣的手段，也表現出了權力野心——政治家沒有野心的有幾個？執政的十多年中，他天真地把書本上的東西生硬地搬到現實中來，最終失敗。

這是文人理想化執政的一個失敗典型。

三

　　西漢時期的政治舞臺，我們注意到三個特點：士人走上政治舞臺並形成制度化的渠道；外戚集團力量強大；王莽的書生治國理想完全破滅。

　　那麼到了東漢，文官集團的力量得到了進一步的發展。首要的一個事實就是，東漢的開國皇帝漢光武帝劉秀，自己就是知識份子出身。他本來就是太學生，而輔佐他的那些人，有很多都是他太學時的同學。

　　在這種背景下，文官集團的力量大為膨脹，「學而優則仕」成為主流價值趨向，讀書的目的直接指向做官。以前的讀書人，還保持著濃郁的農戶氣息，耕讀是傳家的主業，做官只是副業。到了東漢，則士大夫階層已經形成，做官基本成為讀書的唯一目的。

　　那麼，怎麼才能做官呢？

　　東漢延續了西漢的做法，對於候補官僚的人選，依舊是採用地方推舉孝廉的方式，並最終形成了唯一的方式。而推薦的標準，除了知識學問外，更多的還要考慮道德名聲。在激烈的競爭下，必須有良好的聲譽，才能引起有推薦權的人的注意。至於如何贏得和維持良好的聲譽，需要每個知識份子每時每刻都戰戰兢兢，嚴格自律。這使得當時的社會風氣，有很大的特殊之處，為後世所罕見。

　　我們在史書上，常常可以看到，東漢時期的那些名士，往往以至純至孝、對朋友忠誠、廉潔、忠於主人等種種行為而著稱於世。一幅《二十四孝圖》，描繪的基本上就是那個時代的故事。而前後兩次「黨錮之禍」，更是將這些士大夫的道德品質展現得淋漓盡致。他們確立了中國士大夫的風骨和脊樑，使後世人為之景仰。

　　然而，這種輝煌也僅僅只能燦爛一時。

　　在文官集團最初推薦和聘任候補官僚的時候，還注重聲譽，一個各方面都沒有關係的平民，只要有被稱讚的道德行為，就有被推薦被聘任

的可能性。後來制度的缺陷性逐漸顯露了出來——推薦，有一定的標準，但並沒有絕對客觀的標準。「近水樓臺先得月，向陽花木易為春。」久而久之，就形成了新興的官宦門第。

漢代耕學圖

因為當時造紙以及印刷術的局限，讀書是一件很不容易的事情。上一代人讀書讀出了官職，那麼子孫後代讀書的條件就要比其他寒門子弟優越得多，而且，地方官員在舉薦人才的時候，也要照顧到情面（說不定他自己也是這樣被舉薦上去的啊）。這樣，書香門第和官宦世家就高度結合起來。

社會的縱剖面呈現無數直線行業，木匠的兒子繼續當木匠，農夫的兒子繼續當農夫，士大夫的兒子繼續當士大夫，也就是說，做官者的兒子繼續當官，這就是門第。一個士大夫的門第，以其家族中做官人數的多寡和官位的大小，作為高低的標準。像楊震，四代中出了三個宰相（四世三公）。像袁紹，四代中出了五個宰相（四世五公）。這種門第，受到社會普遍的羨慕和崇敬。

門第自東漢開始成型，魏晉南北朝時期達到巔峰，唐時仍有餘威，一直到宋朝才消亡。然而它的餘波所至，直到二十世紀初期，都在中國歷史上發生普遍的影響，雖歷經改朝換代而不墜。

關於門第，我們將在下文繼續講敘。在這裏，我們所要講的，是當時的文官集團與外戚集團和宦官集團之間的鬥爭。

東漢王朝有一個很重要的特徵，就是皇帝的年齡都很小。除了開國皇帝劉秀和他的兒子劉莊外，其他皇帝登上寶座的時候，最大不過十八歲，最小的還抱在懷裏餵奶，這個現象使外戚政治的重演，不能避免。

和依靠才華而掌握政權的士人集團不同，皇帝幼小是外戚政治的唯一基礎，所以外戚自己也盡力排斥年紀較長的繼承人，以造成非實行外戚政治不可的形勢。可是，外戚們大多數不知道珍惜權力，而只知道濫用權力，貪污暴虐，一味追求物質上的享受。這個時候，已經成長起來的士人集團自然不會像西漢時期那樣選擇妥協，而是與外戚集團對抗——這種方式，也很符合當時道德至上的社會風氣的。

　　然而無論是文官集團還是外戚集團，他們的權力來源都是皇權。相對於文官集團來說，外戚集團顯然更接近這個權力的魔杖。因此文官集團與外戚集團之間的鬥爭，佔上風的多是外戚集團。

　　不但文官集團會失敗，縱令皇帝自己，如果他想收回本應屬於自己的大權，他也同樣面臨危機。漢質帝劉纘，他九歲時，受不了外戚梁冀的傲慢態度，說了一句「跋扈將軍」，梁冀立刻就把他毒死。

　　西漢王朝的外戚，尚可以說是劉姓皇室的輔佐。到了東漢王朝，則成為了劉姓皇室的毒瘤。皇帝必然會和外戚鬥爭，而也必然需要獲得外力的支持。沒有外力支持的皇帝，脆弱程度和普通人沒有分別。漢質帝劉纘的被毒死，就是一個明證。皇帝想得到外力支持，有兩種方法，一是跟士人集團結合，一是跟宦官結合。但跟士人集團結合的可能性很小，因為皇帝與他們平常太過疏遠，而且也不知道誰是攀附外戚的走狗。唯一的一條路只有依靠宦官，別無其他選擇。

　　最先向外戚發動攻擊的是東漢第四任皇帝劉肇，跟宦官鄭眾結合，逼迫外戚竇憲自殺。接著是第六任皇帝劉祜，跟宦官李閏、江京結合，逼迫外戚鄧騭自殺。第七任皇帝劉懿逝世時，宦官孫程、王康、王國發動宮廷政變，迎立第六任皇帝劉祜的兒子劉保登基。而到了「跋扈將軍」梁冀掌權時期，第十一任皇帝漢桓帝劉志，就和五個宦官密謀，將梁姓戚族全體屠殺。自那以後，宦官以政府正式官員的身分出現，他們的家族和親友，也紛紛出任地方政府首長。中國歷史上第一次宦官時代也正式開始。

宦官集團的行為，比外戚集團的行為更加惡劣，這使得本來與外戚集團抗爭的士人集團，受到更大的傷害，他們憤怒地轉回頭跟外戚聯合，把目標指向宦官。並且不像過去那樣，僅僅只是在皇帝面前告狀而已。這兩大集團，利用所能利用的政府權力，對宦官採取流血對抗。宦官集團自然予以同等強烈的反應，從而引發了兩次「黨錮之禍」。

雙方最後的決鬥發生在西元一八九年。文官集團的領袖之一袁紹，跟外戚領袖大將軍何進結合，密謀剷除宦官，何進的妹妹何太后堅決不同意。於是，中國政治歷史上最愚蠢之一的謀略被提了出來：袁紹建議何進召武將董卓進京，以武力脅迫何太后。宦官得到消息，把何進誘進皇宮砍頭。袁紹帶兵攻入皇宮，對宦官進行滅絕性屠殺。

中國第一次宦官時代因此結束，宦官集團徹底失敗，但文官集團的勝利也沒有到來，董卓的鋼刀已經架到了他們的脖子上。天下大亂後，軍人集團無疑是最有力量的。

四

三國兩晉南北朝時期的政治舞臺，是文官集團演繹成的新門第世家表演的巔峰時期。

兩漢王朝的候補官僚，是由官員們推薦產生的，三國時期的曹魏帝國加以改正，改由政府專任官員負責遴選，制定了九品中正制的幹部選拔制度。

九品中正制並沒有能改進薦舉制度的缺陷，評定的標準不久就脫離了「才能」和「道德行為」，而只衡量「門第」。有門第的士大夫分別擔任大小中正，他們不允許利益外溢。於是，在文官集團內部，又一分為二：一是世家，一是寒門，當時叫士族和庶族。並很快就出現了「上品無寒門，下品無世家」的醜陋現象。

而另一個醜陋現象就是眾所周知的「晉人清談」。晉朝的政權是從曹魏手中奪過來的，司馬懿父子當權時期，採取了殘酷的血腥鎮壓手段，凡是忠於皇帝或者被疑心忠於皇帝的士人，大批被殺。連第四任皇帝曹髦，在受逼不過，起而討伐司馬家族時，也被司馬家族包圍，一矛刺死，士人陷入恐怖世界。於是這些已經當了官或者尚未當官的知識份子，發明了一種最好的避禍方法，那就是完全脫離現實，言論不但不涉及到政治，也不涉及現實任何事物，以免引起曲解誣陷。清靜無為的老莊哲學，正好符合這個趨勢。士人遂以談了很久還沒有人知道他談些什麼為第一等學問，因為他沒有留下任何可供當權人物逮捕他的把柄。

司馬家族的血腥統治，雖然在晉王朝建立以後逐漸和緩，但清談風氣卻沒有隨之而去。因為九品中正制，已經確保了士族在仕途上的順利，他們根本不需要為前途付出努力，而只需要迎合社會風氣，通過「清談」這種「雅事」獲得名聲，而真正辦實務卻成為「俗事」、「鄙事」被人看不起。

晉朝開國皇帝司馬炎的宰相何曾有一次就對他的兒子說：「國家剛剛創業，應該朝氣蓬勃，才是正理。可是我每次參加御前會議或者御前宴會，從來沒有聽到談過一句跟國家有關的話，只是談些日常瑣事，這不是好現象，你們或許可以倖免，孫兒輩恐怕難逃災難。」

何曾的預見是正確的。不久之後就出現了「五胡亂華」，晉王朝被逼到江南偏安一隅。在中國的北方出現了完全憑藉武力爭奪天下的十多個國家，而在中國的南方，門第制度卻正蒸蒸日上。

高級門第世家為了鞏固自己的既得利益，他們用婚姻作為手段，結成一個堅強而奇異的士大夫集團。寧可使自己的女兒嫁給門當戶對的白癡，也不跟平民庶姓通婚。假使有人跟平民庶姓通婚，那會使全體士大夫震動，不惜以政治力量加以破壞。當時身為高門第世家，但比較貧窮的王源，貪圖高額聘金，把他的女兒嫁給富陽富豪滿家。由於滿家是庶

姓，身為大臣的沈約就大動干戈向皇帝提出彈劾，說：「禮教凋零，世家墮落。」認為對世道人心和國家命脈，都有嚴重傷害。

高等門第世家既然結合成一團，遂成為士大夫中的士大夫，跟平民庶姓的距離越來越遠，甚至以跟平民庶姓結交為莫大恥辱。

南齊第二任皇帝蕭賾最寵信的大臣紀僧真曾向他請求說：「我的出身不過是本縣武官，請陛下准許我當士大夫。」蕭賾回答說：「這事由江斅做主，求我沒有用，你可以去找他。」江斅是都官尚書，紀僧真前去拜訪，剛要坐下，江斅立刻命僕人把自己的座位搬開。紀僧真向皇帝訴苦，蕭賾回答說：「士大夫不是皇帝可以委派的。」

這種情況，可見當時門第社會風氣之一斑。

門第社會的形成，促使掌握政權的士族成為了一個奇怪的新貴族集團。他們唯一的職業是做官，以門第世家的高低，確定官職或能力的高低。這些人十分珍惜自己的門第血統，他們固然高立於廣大的平民庶姓之上，同時也旁立於政府和國家之外，是一個只享受權力，既沒有義務也沒有道德責任的純勢利的寄生集團。平時他們不繳納任何賦稅，戰時他們不服任何兵役或勞役，而只站在勝利者的一邊，幫助維持安定局面，並從而做官，用政治力量維護他們的既得利益。

讀書的味道完全變質了，儒家文化的精義也被既得利益所淹沒了。這個新貴族集團，不但輕視平民庶姓，而且也無所謂忠君。無論誰做皇帝，反正都是要他們來當官，所以他們也沒有必要為某一個皇帝效忠——很奇怪的現象，他們已經把持了實際的政治系統，最高層的一把手換不換都無所謂，只要自己的門第世家在，一切就都在！這正是門第的可怕可恨之處。

所以，在南北朝時期，朝代更迭地特別快，阻力也特別小。

南朝如此，以武力建國的北朝政治系統很快也捲入了這樣的黑洞之中。

北魏的第七位皇帝魏孝文帝拓跋宏（後改為漢名元宏）是位對漢民族文化盲目崇拜的君主，認為漢民族的一切都是進步的、好的，而他自己的鮮卑民族一切都是落伍的、壞的。南齊使者蕭琛、范雲晉見拓跋宏時，拓跋宏跟兩人談論良久，然後對群臣說：「南朝多好臣。」大臣李元凱氣得發抖，高聲回答：「南朝多好臣，一年一換皇帝。北朝無好臣，百年一換皇帝。」弄得拓跋宏面紅耳赤。

李元凱指出門第社會的一個顯著特點，就是他們的權勢地位不是來自於皇帝，而是來自於自己的門第世家，因此缺乏對國家對政府和對皇室的忠誠。

拓跋宏將五胡亂華十九國時代中受到徹底破壞的門第制度用政治力量恢復起來，並使它跟政治制度結合。他在本來沒什麼等級區分的鮮卑人中生硬地製造出門第和等級，在漢民族中也確定了所謂的「郡姓」，如范陽盧、清河崔、滎陽鄭、太原王、隴西李等五姓，列於其他諸姓之上。一些有頭腦的大臣曾為此跟皇帝爭論，但這個崇拜漢文化的皇帝堅持原則：政府用人，只問門第，不問才能。

結果北朝也和南朝一樣，迅速陷入了門第漩渦中。而門第世家為了保持自己的地位和威嚴，跟晉王朝崩潰前夕一樣，官員們互相以窮奢極侈誇耀。宰相元雍，僅女婢就有五百餘人，男僕就有六千餘人。另一位親王元琛，他的馬槽是銀製的，飲食器具都是西域進口的外國貨。他曾吹牛說：「我不恨沒有見過石崇，只恨石崇沒有見過我。」

因此沒過多久，到了北魏第九任皇帝孝明帝元詡時就出了問題。皇帝被毒死，軍閥爾朱榮起來奪權。他將文武百官全部抓起來，宣布罪狀說：「國家所以衰亂，你們應負責任。」結果，包括北魏第一富翁的宰相元雍在內，兩千餘門第世家出身的高級貴族和高級官員，全部被殺死。

東西兩晉南北朝時期的昏君暴君之多，在中國歷史上是非常少有的。這不是一個兩個君主的個人品德問題，而是一個普遍性的問題，是

門第思想對整個社會所造成的統治階級對國家對人民不負責任視百姓如芻狗的社會風氣。

　　文官集團在政治上的發展偏離了正確的軌道，這個時期的中國政治系統又進入一個黑暗的惰性時期。

五

　　大分裂時代的結束是在隋文帝楊堅的手中完成的。他最大的功績有兩項，第一項是使分裂的中國重新統一，第二項就是創造出了被某些外國學者譽為「中國第五大發明」的科舉制度，也就是文官考試制度。

　　楊堅是一個很有才華的君主。但不幸的是，他有一個絕頂聰明和精力充沛的兒子楊廣，這個兒子迅速地毀滅了他的一切。而楊堅卻給後來的唐朝留下了一個很好的政治制度設計藍圖。

　　接下來的盛唐，幾乎所有制度，都是從隋朝繼承下來的，只不過是換了一個更好的執行實施者。盛唐的繁榮昌盛，在某種程度上也可以證明隋文帝的雄才大略。

　　唐王朝的學校制度和考試制度，影響中國一千三百年之久。

　　唐朝時的教育非常發達。各州有州學，各縣有縣學。首都長安有三個教育機構：國子監、弘文館和崇文館。其中國子監最為有名，是世界上最可觀的高等學府。而學校教育的發達，同樣也促進了科舉制度的發展。

　　科舉制度的主觀目的是選拔優秀人才為皇帝服務，客觀上造成了政權對平民的開放。漢代的推舉制度，一度曾取得較好的效果，但因缺乏相對客觀標準，最終卻造就了新興貴族門第，形成龐大的既得利益集團，阻礙社會和政治的發展。唐代的科舉制度，讓政治權力的大門向民間優秀人才開放，使中國的政治系統獲得了新鮮的血液和旺盛的生命力，同時也緩解了社會矛盾。

然而，千年以後我們回頭來看，這種做法也許有這樣的弊端：它進一步強調確定了「學而優則仕」的原則，使得知識份子除了做官之外基本再無別的選擇，使社會的精英人才全部以進入政治機構為榮；同樣也使得知識份子之外的階層基本上沒有進入政權的機會。它的開放，是對知識份子的開放；它的封閉，是對整個社會多樣性的封閉。它有利於維護政權的穩定和國家的統一，卻減少了中國社會由農業社會轉變為商業社會的可能性。

　　唐朝是門第社會向科舉社會轉型的中間期，是一個開放政權的朝代。

　　門第貴族在南北朝時代那種把持政府、世襲官職的煊赫情形，到了唐朝初期，仍有強大的殘餘勢力。北魏帝國頒定的那些「郡姓」，照舊成為一種特殊階級，高居平民之上。這種門第貴族集團中，崔、盧、李、鄭、王五個姓氏，也繼續保持著以前尊貴的地位，稱為「五姓」，在一般人心目中，有時還超過皇族。一個例子可以說明，中級官員鄭顥，正在和盧姓議婚的時候，皇帝卻聽了宰相白敏中的話，命他迎娶公主。這是普通人家求之不得的榮耀，但鄭顥卻因為斷了盧姓婚姻的緣故，把白敏中恨之入骨，以致以後白敏中幾乎死在他的手上。皇帝想將女兒嫁給五姓，卻無人願娶。他氣憤而又無奈地說：「我家也是百年簪纓世家啊！」

　　但庶族卻也成長起來了。他們的最大扶持者是中國唯一的一位女皇帝武則天。武則天由於其庶族出身的緣故，一直不得門第貴族的認同。為了鞏固自己的政權，她不得不利用科舉制度大力扶持寒門庶族。結果，不甘心退出歷史舞臺的門第貴族與剛剛登上歷史舞臺的寒門庶族之間就發生了爭鬥，集中體現在晚唐時期的牛李黨爭。

　　牛（僧孺）李（德裕）兩個政客集團之間的鬥爭，最初只是私人恩怨，但逐漸就演化成為不同階層之間的矛盾和衝突。門第世家的盛況，隨

著南北朝的結束而一去不再。科舉制度使一些他們所輕視的平民滲透到統治階層，威脅他們的利益。由於失勢而自覺受盡了委屈的世家出身的官員，便集結在士族出身的李德裕的旗幟下，對平民出身的官員排斥。而平民出身的官員，也集結在牛僧孺的旗幟下加以反攻。他們之間的鬥爭，持續數十年（有說四十年，有說十七、八年）。在這些年中，幾乎每年都會發生一次政治上的大換血。李黨當權，李黨黨羽全被調回，牛黨黨羽則被逐走。牛黨當權時亦然。公正地說，李德裕的能力，牛僧孺的道德，都使人尊敬。可是，一旦牽扯到大的圈子集團中，便身不由己。而且，由於另一方的掣肘和牽制，使執政一方的政策效果也大打折扣。

為了根本斷絕平民參政的機會，李德裕甚至曾主張停止科舉考試。他向唐武宗提出理由說：「政府官員，必須任用世家子弟，因為他們從小就熟悉官場生活，對政府典章制度比較熟悉。用不著特別訓練，就具有官員們所必需的禮節和風度。而平民出身的官員，即令十分有才，卻對這些絲毫不懂。」幸好唐武宗沒有聽取他的建議，科舉制度才保留下來。

牛李黨爭數十年，是門第世家殘餘勢力的最後一次反撲。到了五代十國時期，殘酷而持久的混戰，全以軍功衡量人才，土地的荒蕪又促使大家族崩潰，門第世家才基本退出政治舞臺。

門第世家與寒門庶族兩大圈子之間的政治鬥爭，是大唐王朝的基本政治背景，而在晚唐，另外兩個政治集團則從根本上對政治系統構成摧毀和打擊，這就是藩鎮和宦官。

唐王朝國力非常強盛，收服的藩屬國很多。為了管理和防範這些藩屬國，在軍事上設立了十個戰區，戰區的最高指揮官稱為節度使，擁有軍事、行政和財政權，目的就在於能夠集中力量，應付不測，這就是「藩鎮」的由來，意思是國家的屏藩和重鎮。

這是中央政府和地方政府的矛盾。當中央政府的控制力強大時，這些藩鎮自然是得力的助手，一旦中央政府的出現問題，則藩鎮就成為了

獨立王國。在第九任皇帝唐玄宗李隆基時期，爆發了「安史之亂」。「安史之亂」平定後，唐王朝已經元氣大傷，開始走下坡路，再也無力控制各地的藩鎮。

政治局面的混亂，給另一個小人集團以可乘之機，這就是在中國歷史上時常就跳出來表演一番的宦官集團。政治清明時，這些皇帝身邊的「奴才」自然是卑微的下人，跟政治沾不上邊，可一旦皇帝在政治上無所作為，退居到深宮沉溺於玩樂時，這些小人就有了政治機會。

安史兵變之後，皇帝對將領們充滿猜忌，轉而只信任身邊的宦官，發明了一種監軍制度──派宦官出任監軍。這種做法的本意是讓宦官監視軍隊的將領和統帥，防止叛亂。可實際效果是，這些作威作福的小人把許多本無意造反的將領，逼迫到了造反的路上。昭義戰區監軍宦官劉承偕，經常凌辱節度使劉悟，甚至計劃綁架他。最後劉悟把劉承偕逮捕，開始打算脫離中央。同華戰區節度使周智光則索性把監軍宦官張志斌殺掉，說：「僕固懷恩本來不反，被你們逼反。我本來也不反，今天為你而反。」

僕固懷恩，是撲滅安史之亂的大將之一。一門之中，為國戰死的四十六人，女兒也為了國家的和親政策遠嫁回紇，可算得一門忠義。但因為得罪了宦官駱奉仙而不得不叛變。

宦官做了不少壞事，但政治系統中缺乏對他們的約束力量──因為皇帝信任和支持他們。其中最執迷不悟的皇帝是唐昭宗李曄，這傢伙被宦官廢黜，差點連小命都丟掉，可他一重定，就接著信任宦官，實在是愚蠢到了極點。

這是中國歷史上第二次宦官時代。但和第一次宦官時代有重大不同的是，宦官在這裏掌握了軍權。因此在第一次宦官時代，是宦官依靠皇帝。而在第二次宦官時代，則是宦官居然可以廢立皇帝。這是一個重大的改變，此外再沒有哪個朝代的宦官擁有過如此可怕的權力。

有了文官集團，有了藩鎮
軍閥集團，也有了宦官集團，
這三者之間的爭鬥，自然是不
可避免的。然而在這場爭鬥
中，士人集團依舊處於下風，
因為他們缺乏武力，缺乏皇帝
有效的支持。

藩鎮軍閥集團和宦官集團
都對知識份子進行打擊。諸藩
鎮轄區，學校一律封閉，科舉
一律斷絕。而宦官，對於讀書
人則更加防範。唐文宗李昂在
位期間，爆發了「甘露事
變」，包括宰相在內的高級官

楊貴妃出浴圖

員數千名，被宦官屠殺一空。而唯一得到善終的宦官仇士良更說過一段
非常經典的話，他對那些後輩宦官說：「我等想要掌權，就不能讓皇帝
讀書，不能讓他和那些讀書人接觸。我們應該想盡辦法讓皇帝遊玩嬉
樂，絕不能讓他有讀書的空閒時間。只有這樣，我輩才能高枕無憂。」
這句話，道盡了天下所有小人的心聲。

藩鎮，宦官，再加上文官集團的內鬥，三柄巨斧齊下，在中國歷史
上被譽為黃金時代的盛唐王朝，終於崩坍了。

<h2 style="text-align:center">六</h2>

五代十國時代，是藩鎮勢力的延續。

所謂的五代十國，實際上不過是將唐朝藩鎮的招牌改上一改，節度

使改稱帝王，戰區改為帝國、王國，所以有些政權不能適用嚴格的國家意義。如南平、南楚、吳越，往往維持著藩鎮的外貌，在表面上臣屬於中原的五代政府。尤其是南平，它為了得到賞賜，幾乎向每一個鄰邦稱臣，各國都喚它的國王為「高賴子」。

五代十國時期結束得很快，總共只有七十三年的時間，比起上一個分裂時期兩晉南北朝在時間上短得多。這其中一個很重要原因，就在於門第世家的力量蕩然無存，由士人政治變成了軍人政治，政權缺乏一個穩固而長期的支持力量，因此每個政權的壽命都非常短暫。到了宋王朝建立之時重新回到士人政治的老路上，這才維繫了長治久安。

任何新興的政權，初起的時候都會有一段時間具有相當強大的戰鬥力。但宋王朝卻不然，它是由兵變而獲取的政權，是投機取巧的路子，所以開國皇帝趙匡胤首先要防範的就是自己的部下，尤其是那些軍隊將領，極力不讓部下有集中的權力。宋王朝的軍事力量一直很弱，備受周圍少數民族國家的欺負。

但宋王朝卻是中國歷史上少有的讀書人的黃金時期。

宋王朝沒有門第——五代十國時期門第就被毀滅殆盡了；沒有外戚——親王、駙馬都沒有實權，只有尊貴的地位；沒有宦官——直到北宋滅亡時期，才出了一個童貫。所以政治系統中的各級幹部，幾乎全由寒門出身的讀書人擔任。

宋王朝對於科舉制度非常重視，社會上讀書的風氣也很好，一旦考中了功名，一般就會有一個很好的政治前程。趙匡胤又留下「優待士人不殺」的祖訓，文官們在政治舞臺上可以盡情地施展自己的才能。

所以，雖然宋王朝的整體國力與唐王朝不能相提並論，但在文化事業方面，卻幾可比肩，其人才之鼎盛，詩、詞、書、畫、散文各方面成就之傑出，成為中國文化史上的蔚為大觀的黃金時期。

沒有外戚，沒有宦官，文官政治制度進入相對比較完善的時期，文

人們因為政治理想和治國方針不同而引發的鬥爭也隨之而來。

首先，士大夫在制度的保護下，可以任意抨擊時弊而不必冒大的政治風險——最多也不過貶官，反倒能夠得到「正直忠良」、「不畏強權」的美名，而且還會有東山再起的機會。這本是政治民主的表現，但也有些文人卻因此而博取名聲和資本，對許多實際任事者橫加挑剔和指責，而且逐漸使清議脫離了監督的本義，演變成為黨派鬥爭的工具。

其次，國家積弱所面臨的問題一直存在，大部分文官士子拿不出切實的解決辦法，卻又死搬教條成法，阻礙任何改革變更。在這種思潮下，整個社會日趨保守，國家缺乏蓬勃向上的精神，抱殘守缺，苟且偷安。

第三，在激烈的黨派鬥爭中出現了簡單的二分法，就是將所有的人都分為兩個系統，要麼君子，要麼小人。在黨派鬥爭中，完全形成了對人不對事的情形，而這個判斷標準，卻又是模糊不清的。人性本來就是善和惡的綜合體，誰也無法做到十全十美，因此誰都有可能被當作君子，也誰都有可能成為小人。結果兩分法成為黨派鬥爭的利器，以攻擊對方人品為目標，一竿子徹底否認打死，而事情的真正對錯卻反倒無人在意了。

我們可以通過以下幾件事情，大致了解一下文官集團內訌情形。

第一件事是「慶曆新政」。由北宋第四任皇帝宋仁宗發起，名臣范仲淹主持。他們針對北宋冗兵冗官造成國家財政短缺的現況，決定先從小地方入手進行改革，輕微地淘汰了少數官員，限制未來的「蔭子」人數。所謂的「蔭子」指的是高級官員的子弟不必經過學校和考試就可以當官的一種制度。有些官員還沒有結婚，而兒子已經被政府委派官職，甚至懷抱中的嬰兒，往往已經是一縣之長。范仲淹很謹慎，只是把這種荒唐的流弊稍微縮小，要求必須有兒子而且兒子必須滿十五歲，結果就引起高級官員的公憤，將他納為「破壞祖宗成法」的小人系統。范仲淹

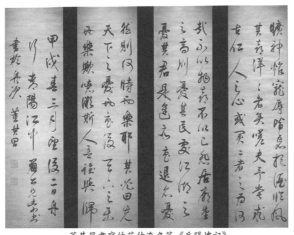
董其昌書寫的范仲淹名篇《岳陽樓記》

是個聰明的人，在沒有招來更嚴重的打擊之前，立即辭職，一切照舊。

第二件事是「濮議事件」。宋仁宗沒有兒子，繼位的是他的一個侄子宋英宗。於是就發生一件我們現代人怎麼也想不通但當事人看起來卻非常嚴重的問題，就是宋英宗應該怎樣稱呼他的親生父親濮王。宰相韓琦、副宰相歐陽修等人認為當然應該稱父親，而以司馬光為首的另一派卻認為應該稱伯父，而應該稱宋仁宗為父親。司馬光等人的看法是按照儒家宗法制度的大小宗關係來確定的，宋英宗是以「小宗」入繼「大宗」，自然要以大宗為主。結果這兩派彼此爭鬥，韓琦、歐陽修等人一下就被歸入小人系統，要殺之以謝天下，歐陽修憤筆寫出後世聞名的《朋黨論》來為自己辯解。而當宋英宗不肯接受司馬光等人的意見時，他們就立刻以辭職威脅，表示君子與小人不能同處一朝。

第三件事是「王安石變法」。王安石的改革範圍和力度比范仲淹的要大許多，所受到的阻力自然也更加強大。關於這場鬥爭，我們在前面已經講述過，在這裏就不再多說。不過，儒家思想的僵化可以通過宋神宗與司馬光的一段對話描敘出來。宋神宗問：「如果西漢王朝一直守著蕭何制定的法規不加以改變，你認為可以嗎？」司馬光回答說：「當然可以。豈止西漢可以，如果夏、商、周的法規一直用到今天的話，也是最完善的。漢武帝改變祖宗成法，盜賊遂遍中國。漢元帝劉奭改變父親

的法，西漢因之衰弱。所以，祖宗成法不可有任何改變。」

范仲淹、歐陽修、王安石、司馬光等人，沒有一個稱得上是壞人，沒有一個不是為國家著想的。然而，儒家思想的僵化，宋王朝給予士人集團的優厚待遇，都使得他們為了保護自己的既得利益而更趨於保守，滿足於維持現狀。

宋王朝是士大夫的理想樂園。然而正因為這個樂園的條件太過於優厚，所以他們不想有任何的改變，而寧願苟且偷安。這是宋王朝的悲哀，也是士大夫的悲哀。

整個中國，自漢唐的開放到明清的保守，其轉捩點就在宋朝。

七

宋王朝的苟且偷安，遂使得它根本沒有抵禦外敵的能力。「內戰內行外戰外行」可以說是對當時佔統治地位的文官集團的最好描述。而且，即使在南遷之後，苟且偷安的精神依舊沒有任何的改變。結果，遼、金、蒙古先後登上了歷史舞臺。

蒙古帝國的武功的確強盛，但文治方面也著實不怎麼樣，基本上對傳統政治文化沒有什麼影響。接下來的明朝，影響不小，但多是負面的。

明朝的開國皇帝朱元璋是個出身非常卑賤的人，對於他的出身深以為恥。在他充滿自卑的情緒中，異常羨慕官員和士大夫所保持的優越地位，而時時擔心別人揭自己的瘡疤或者威脅自己的皇權。結果朱元璋不僅在制度上實行專制，在思想上也同樣實行專制。

明朝對讀書人的戕害有兩大法寶，一個是文字獄，一個是八股文。

文字獄的特徵是：罪狀由當權人物對文字的歪曲解釋而起，證據也由當權人物對文字的歪曲解釋而成。一個單字或一個句子，一旦被認為

誹謗元首或者諷刺政府，即構成刑責。文字的意義不在客觀的解釋，而在當權人物主觀的解釋。

　　文字獄的主要功能是在圍堵、剷除任何可能引起叛亂的苗頭。這是一把懸掛在讀書人頭頂上的利刃，警告讀書人不得有任何離經叛道的行為。而同時，在大棒之外，也拋出了胡蘿蔔，就是八股文。

　　八股文是一種文章的體裁，一篇文章中，不多不少地，恰恰包括八股──一股即是兩個或四個完整的句子，這形式是嚴格的，不能改變，改變便不是八股了。但八股文的主要特徵卻是在精神方面，即內容方面。依照規定，做八股文，不能發揮自己的意見，也不是自己在說話，而是儒家系統在說話。它沒有獨立的思想──事實上是嚴禁獨立的思想，而只能把聖人的語言恰當地代入這八股之中。

　　這是知識份子進入政權的唯一一條道路，即將八股文做好，在科舉中勝出。而為了將八股文做好，知識份子只能苦苦鑽研四書五經，不接觸其他任何書籍──因為考試只考這個。一旦有人翻閱了其他歷史古籍，不僅自己認為是浪費時間，他的家長和老師也必然會深表驚訝。而至於將精力轉到文化藝術或科學工程上去，那更是駭人聽聞，為其親友所不齒。知識份子的人文精神與思想被皇權強行限制。

　　隨之同時進行的，還有政治制度上的變化。

　　在明朝以前，文官集團是皇權的輔佐力量，維繫著國家政治機器的運轉。在政治制度的設計上，文官集團的領袖對皇帝的權力是有一定的制約的，也就是說，不像老百姓通常在戲劇舞臺上看到的那樣，國家大事全部由皇帝一個人說了算。比如，唐宋等朝代皇帝發出的詔敕，一定要宰相蓋章。宰相不蓋章，就發不出去成為正式產生效力的詔書。這是當時文官集團政治地位的一種體現。

　　到了明朝，這種地位不再存在。朱元璋廢除了相權，在制度上不再設立宰相，把所有權力高度集中在皇帝一人的手中，同時實行高壓特務

恐怖統治。這是政治制度上的一個倒退。

權力高度集中到了皇帝手裏，可朱元璋的子孫中又有許多不願意打理朝政，這種時候，宦官們就又冒了出來。

明朝是中國歷史上的第三個宦官時代，距第一個宦官時代一千三百年，距第二個宦官時代六百年，持續了二百二十七年，一直到明王朝滅亡。而中國歷史上任何一個宦官時代的結束，都必然是王朝的結束。

明朝宦官時代的開始應該從第六任皇帝明英宗朱祁鎮寵倖大太監王振算起，此後的幾乎每一位皇帝，都有他寵信並掌握權柄的宦官。即使沒有特別親信宦官的皇帝，如明世宗朱厚熜（嘉靖皇帝），則有一個特別寵信的貪官——嚴嵩。宦官集團猶如明王朝政治中的毒瘤，頑強地侵蝕著帝國的政治肌體。

而這個宦官時代與其他兩個宦官時代有重大不同的就是，文官集團的很大一部分成員，公然無恥地爭相向宦官集團賣身投靠。這也是思想奴役、奴才哲學所導致的「缺鈣綜合症」的表現之一。

明憲宗朱見深寵信的大太監汪直是歷史上有名的壞蛋，然而御史王億卻上奏皇帝，頌揚汪直所主持的西廠對治安有極大的貢獻，他說：「汪直所作所為，不僅可以為今日法，並且可以為萬世法。」當奏章傳出時，若干人要唾王億的面，但他卻立刻被提升為湖廣按察副使。而宰相（大學士）劉吉，同樣也是向汪直拍馬的人物之一，貪污狼藉，屢被彈劾，但他被彈劾一次，就立刻升官一次，因此人稱「劉彈花」。一直到汪直下臺，他才跟著下臺。

最典型的例子是明熹宗時期的閹黨。這個以魏忠賢為首的宦官集團，竟然幾乎包括了大多數宰相和大多數政府官員。其中最有權勢的核心組織，有「五虎」、「五彪」、「十狗」、「十孩兒」、「四十孫」。「五虎」是核心中的核心，是智囊集團，以兵部尚書崔呈秀為首，禮部尚書田吉為次。「五彪」是第二圈的核心，全屬鎮壓反對派的打手，以

錦衣衛提督田爾耕為首。而那些地位崇高的宰相顧秉謙、魏廣徵等輩，不過是週邊分子，甚至還跨不進核心。

文官集團委身投靠於宦官集團，使整個政治系統變得烏煙瘴氣。而同時文官集團的內訌也愈演愈烈。儒家思想的僵化形成的教條主義，作為輿論監督的清流不負責任，以及黨派鬥爭中的君子、小人兩分法等等，宋王朝的種種弊端，都被明王朝完整地繼承了下來。而其中典型的事例，就是嘉靖皇帝即位時期的大禮儀事件。它是宋王朝濮議事件的翻版，卻表現出比濮議事件時期更嚴重的教條主義傾向。

嘉靖皇帝朱厚熜，和宋英宗一樣，是由小宗繼承的大宗，不同的是，他繼承的是堂兄的皇位，而宋英宗繼承的是堂叔的皇位。因此嘉靖皇帝面對的是和宋真宗一樣的難題，就是他必須認伯父為父親，而稱自己的父親為叔父。這當然讓嘉靖皇帝十分不滿。然而，在濮議事件中還有韓琦、歐陽修等人支持宋英宗，而在這次大禮儀事件中，政府全體官員的見解卻是完全一致，和皇帝站在了對立面。宰相楊廷和和禮部尚書毛澄甚至合寫了一篇《崇祀興獻王典禮》，向文武百官宣布：「大家的行動都要以此為根據，敢有異議的，就是奸邪。」—— 那就是說，凡是反對他的意見的，一律納入小人系統，這就是傳統的古老法術。

皇帝與士人集團正面衝突的結果，是士人集團遭受到嚴重打擊，而皇帝的勝利也顯得極為悲涼，他認為所有的政府官員都在與他作對，從而對政府事務徹底

明王朝最後一個皇帝——崇禎皇帝

太和殿外景

失去了興趣,以消極怠工作為反抗。

在政治指導思想和理論上,除了奴才哲學以外,另外一些有點氣節的文官們卻又掉入另一個陷阱——嚴重僵化的教條主義。他們信奉「存天理滅人欲」的道學,竭力想讓皇帝成為一個堯舜之君,一個聖人——這樣嚴格的要求,連他們自己也做不到,卻動輒以「禮教」為名逼迫別人去做,這正是道學家最讓人難以忍受的一點。因此,明朝的大部分皇帝,都無法忍受這過於苛刻的要求,而又沒有正面的理論依據與他們對抗,所以乾脆選擇了消極怠工,從而創造出了在中國歷史上罕有的「斷頭政治」——皇帝數月、數年甚至數十年的不上朝,不肯接受道學家的批判,而寧願去做自己喜歡做的事情。

這正是專制制度到達極點之後的必然結果。一方面,權力的過於集中導致皇帝無需為其他人負責,缺乏責任感;而另一方面,即使皇帝個人想努力,卻因為目標的不可能實現而充滿挫折感,所以乾脆破罐子破摔。明朝的皇帝比不上清朝的皇帝,其中一個非常重要的原因就在於清朝是少數民族統治多數民族,統治階層時時充滿危機感而不得不勵精圖治。明朝的皇帝,沒有這種危機感。

八

　　清王朝的前半段，曾經為中國創造出一個新的黃金時代。它所統治的疆域，是明王朝的三倍，是元王朝時期的兩倍，共有一千三百餘萬平方公里，在中國歷史上，面積僅次於全盛時期的蒙古帝國。

　　然而，清王朝武功上的輝煌，並沒有反映到國內的政治上。作為一個外來的落後的部落政權，為了能夠統治文明高度發達的漢族人民，它不得不接受漢族的儒家文化，奉其為主導地位的意識形態。但清王朝所繼承的，並不是全盤的儒家文化，而是明朝遺留下來的理學文化，只是儒家文化中的一個部分，而且是非常狹隘的一個部分。

　　像明朝開國皇帝朱元璋一樣，大清王朝的統治者有著較強的自卑和防範心理，尤其是對於漢族的知識份子。所以，清王朝在思想上顯得更加的保守，鉗制得更為嚴密，屢興文字獄。

　　思想的壓制和文字獄，制度上的防範和排擠，使漢族文官集團的處境更為侷促。在學術上，史學、文學，以及對儒家學派經典的評論闡揚，都受到不可測的咒語禁制，知識份子只好走兩條路。其中一條是更加埋頭於傳統的八股、科舉之中，努力做官，將奴才哲學發揮得淋漓盡致——而滿清政權卻也的確將他們看作是奴才。另一條道路，則是知識份子專心從事於考據工作，把畢生精力耗費在故紙堆裏，遠離現實。

　　我們可以發現，清王朝的文官集團在政治上的地位比明王朝更差。在權力中樞上，明王朝的文官集團在皇帝不理政事的情況下還能維持國家機器的運轉，而清王朝的所有政府權力都集中在以皇帝為代表的滿族小集團中。明王朝時民間的學院還能夠通過社會輿論對政府施加影響，而清王朝卻根本不允許在野的知識份子對政府加以評判。當時各地府學縣學前都有一塊臥碑，碑上明確規定，第一生員不得言事，第二禁止立盟結社，第三不得刊刻文字。

318

自秦漢興起，隋唐發展完善，直到宋明，一千多年來一直在政治舞臺上活躍和發揮重要作用的文官集團，到了這個時候已經徹底地沒落了。政治上，他們不再是政權的中堅力量，是異族的附庸；思想上，雖有個別的佼佼者出現，但整體陷於僵化，無力跳出程朱理學這一圈子，缺乏其他任何創建；風骨上，則甚至連明朝的士大夫都不如，習慣了奴性哲學……

直到清朝中葉以後，在作為特權統治集團的滿族整體上墮落以後，漢族的官員才逐漸得到了更多的機會，有了一些氣象。尤其是在太平天國起義後，隨著曾國藩等人的崛起，漢族官員逐漸掌握實際權力。

但到了此時，各國列強紛紛向中國伸出魔爪，整個國家的命運風雨飄搖。滿族也好，漢族也好；文官集團也好，皇族集團也好，都成為政治舞臺上屈辱的角色。傳統的政治制度和文化，已經被西方列強的堅船利炮衝擊得七零八落。維新、改良、革命，中國的新一代知識份子開始探索奮鬥，尋求著中國新的命運……

中國封建王朝的政治舞臺，落下了最後的帷幕。

圈子的智慧／張健鵬, 陳亞明著. -- 一版. --
臺北市：大地，2006〔民95〕
　　面：　公分. --（智慧存摺：1）

ISBN 978-986-7480-57-6（平裝）
ISBN 986-7480-57-0（平裝）

1. 謀略學

177　　　　　　　　　　　　　　95014041

圈子的智慧

作　　者	張健鵬・陳亞明	智慧存摺 01
發 行 人	吳錫清	
主　　編	陳玟玟	
出 版 者	大地出版社	
社　　址	114台北市內湖區內湖路二段103巷104號	
劃撥帳號	0019252-9（戶名　大地出版社）	
電　　話	02-26277749	
傳　　眞	02-26270895	
E - m a i l	vastplai@ms45.hinet.net	
美術設計	普林特斯資訊有限公司	
印 刷 者	普林特斯資訊有限公司	
一版一刷	2006年8月	

定　　價：250元